Jürgen Hillesheim / Piotr Sulikowski

Brecht 5D

Neue Interpretationen und Übersetzungen der Lyrik
Bertolt Brechts für das mediale Zeitalter

Mit 9 Abbildungen

V&R unipress

Bibliografische Information der Deutschen Nationalbibliothek
Die Deutsche Nationalbibliothek verzeichnet diese Publikation in der Deutschen
Nationalbibliografie; detaillierte bibliografische Daten sind im Internet über
https://dnb.de abrufbar.

Die Publikation wurde von der Universität Szczecin und der Stadt Augsburg finanziert.

Umschlagabbildung: © Staats- und Stadtbibliothek Augsburg
Druck und Bindung: CPI books GmbH, Birkstraße 10, D-25917 Leck
Printed in the EU.

Vandenhoeck & Ruprecht Verlage | www.vandenhoeck-ruprecht-verlage.com

ISBN 978-3-8471-1631-8

Inhalt

1   Einleitung

Vorliegendes Buch entstand anlässlich des 125. Geburtstages Bertolt Brechts und präsentiert ausgewählte Gedichte des Autors in deutscher wie auch in polnischer Sprache. So soll sein Werk in Polen noch bekannter gemacht und es in neuartiger Weise zur Diskussion gestellt werden. Die Übersetzungen sämtlicher Gedichte, auch derer, die schon in polnischer Sprache vorlagen, wurden von Piotr Sulikowski auf der Basis seiner langjährigen Forschung zu Bertolt Brecht angefertigt; Forschungen, die im Jahre 2007 u. a. in die Monografie mit dem Titel *Strategie und Technik der literarischen Übersetzung an ausgewählten Beispielen aus Bertolt Brechts ›Hauspostille‹ im Polnischen und Englischen* mündeten und seitdem kontinuierlich fortgeführt wurden.

Den Gedichten folgen jeweils zwei selbstständige, voneinander unabhängige Interpretationen, von denen die erste eine philologische Textanalyse in traditioneller Weise darstellt (von Jürgen Hillesheim). Diese Deutungen enthalten eine Vielzahl neuer Aspekte und Forschungserkenntnisse und bringen die Gedichte überdies immer wieder miteinander in Zusammenhang. Sie zeigen Weiterentwicklungen in der Lyrik Brechts, aber auch Widersprüche und Brüche auf.

Eine solche, sozusagen »vordigitale« Deutung eines Gedichts ist für ein angemessenes Textverständnis unentbehrlich. Sie genügt heute aber längst nicht mehr; in einer Zeit, in der der Leser vielfach kein solides, am humanistischen Bildungsideal des aufklärerischen Zeitalters orientiertes Wissen mehr benötigt, sondern die etwaigen intertextuellen, intersemiotischen und interkulturellen Zusammenhänge mittels digitaler Medien leicht und schnell überprüfen kann. Dies versetzt ihn in die Lage, das alte, gut fundierte philologische Wissen zu verifizieren, zu falsifizieren, aber auch zu erweitern, ihm sogar eine neue Dimension zu verleihen. So ist die traditionelle Textanalyse notwendigerweise durch eine sprachwissenschaftliche zu ergänzen, will man dem digitalen Zeitalter und seinen Herausforderungen, aber auch innovativen Perspektiven gerecht werden. Hierzu gehört zwingend die Einbeziehung übersetzungswissenschaftlicher Aspekte, denn auch die Textübertragung hat sich am Hier und Jetzt jenes digitalen Zeitalters zu orientieren und in diesem Zusammenhang die neuesten Forschungsergebnisse zu berücksichtigen.

Die zweite Interpretation (von Piotr Sulikowski) erfolgt in übersetzungswissenschaftlicher und in medialer Sichtweise. Diese ist einem reflektierten Literaturleser wie auch einem literarischen Übersetzer bestens bekannt. Nur eine grundlegende, aufgeklärte Lektüre, die Aufteilung des Werks in Textschichten, die Suche nach möglichen Bedeutungen, extratextuellen Relationen, nach neuen Kontexten und Leseweisen im digitalen Zeitalter ermöglichen die Erstellung eines angemessenen Zieltextes, welcher dem Original nahe kommt. In diesem Zusammenhang wurde ein Modell einer Interpretation entwickelt, das in Form eines eigenständigen Beitrags dem Buch beigegeben ist.

Nicht nur die Leser des medialen Zeitalters, sondern auch ein erfahrener Brechtkenner wird überrascht sein, da das Buch eher weniger vermeintlich typische und bekanntere Werke des Schriftstellers bietet. Ziel der Autoren war es, durch diese Auswahl Brecht selbst gegen die mit der Zeit entstandenen, klischeehaften Vorstellungen über ihn und sein Werk ankämpfen und – so die Erwartung – gewinnen zu lassen. Es sind nicht zuletzt politische Verkrustungen, die auf diese Weise aufgebrochen werden sollen. Brecht scheint Zeit seines Lebens viel stärker in der Tradition pessimistischer Geistesrichtungen gestanden zu haben als vielfach und nach wie vor wahrgehabt werden will. Alles andere als ein ideologischer Sozialromantiker tritt dem Leser in dieser Lyrik entgegen. Brecht ist ein Autor, der über einen gewaltigen Bildungskosmos – immer wieder in den Vordergrund tretend durch vielfache Anspielungen auf die Literatur- und Musik-, speziell die Operngeschichte – und höchste ästhetische Qualitäten verfügt. Diese spenden, angesichts der »Kälte der Welt«, in der der Mensch lebt, wohl keinen Trost, aber sie bereiten Vergnügen – trotz allem Fatalismus, der in Brechts Gedichten immer wieder in den Vordergrund tritt. Da diese Weltsicht in der Lyrik der zwanziger Jahre besonders signifikant ist, sind bei der Auswahl Gedichte dieser Zeit zahlreicher vertreten als solche aus anderen Schaffensperioden.

Die Gedichte sind in Kapitel gegliedert: Liebe, Freundschaft, Krieg, Frauen, Geschichte, menschliche Fehler, Religionen, Tod, Leben, Zukunft, Ferne. Eine solche Aufteilung bietet sich an, weil sich das Buch gerade auch an den »neuen« Leser, an einen möglicherweise weniger interessierten, mehr gehetzten, informationsüberfluteten Rezipienten wendet, der nicht unbedingt über Fachkenntnisse im Bereich der Poesie oder ein fundiertes Wissen über den Dichter verfügt. Die gewählten Themen sind universell. Sie betreffen jeden Menschen, genauso wie, um nur dieses eine herausragende Beispiel zu nennen, Brechts bedeutendster Lyrikzyklus *Hauspostille* (1927), der auf unterschiedliche Lebenslagen und -situationen abzielt und statt Erbauung einen ironischen wie ernüchternden Einblick auf die Gesellschaft und eine Desillusionierung überkommener Werte bietet.

So wird eine Forschungslücke im heutigen digitalen Zeitalter, das gekennzeichnet ist vom seit 1995 omnipräsenten Internet und unterschiedlichsten elektronischen Medien, geschlossen. *Brecht 5D* vereint bei jedem untersuchten Brecht-Gedicht erstmals drei Perspektiven: eine literatur-, sprach- und übersetzungswissenschaftliche. Nur eine solche, interdisziplinär angesetzte Forschung ist in der Lage, zu einem kompletten Bild eines Textes, seiner Übersetzung und seiner Rezeption zu gelangen.

Es ist eine Art Tradition geworden, diese Perspektiven auseinander zu halten und die Teildisziplinen der Philologie, die Literaturwissenschaft und Linguistik, zu trennen, was immer schon von Nachteil war, da Forschungsergebnisse üblicherweise in separaten, von diesen Disziplinen vorgebebenen Veröffentlichungen erschienen. Dies erschwerte synergiebildende Schlussfolgerungen. Im medialen Zeitalter aber gilt mehr denn je: Nur eine literatur- und sprachwissenschaftlich untermauerte, digital orientierte Übersetzungswissenschaft kann eine solide Brücke zwischen den Teilbereichen der Geisteswissenschaften sein, nur sie kann deren Forschungsparadigmen zusammenführen.

Wie kaum ein anderer der großen deutschsprachigen Autoren hat sich Brecht selbst die neuen Medien, die während der Weimarer Republik ihren Siegeszug antraten, zunutze gemacht, ja, sogar eine eigene Medienästhetik entwickelt. Sein Werk, seine Lyrik nun in angemessener Weise für das digitale Zeitalter rezipierbar zu machen, ist nichts anderes als eine konsequente Umsetzung und Weiterführung seiner eigenen Ideen und Absichten.

Das Buch ist ein Ergebnis des Forschungspraktikums (*staż profesorski*) von Piotr Sulikowski an der Universität Augsburg, der Staats- und Stadtbibliothek Augsburg, der Brecht Forschungsstätte Augsburg (17.–23. 02. 2022, 25. 08. 2022–18. 09. 2022). Dessen Ziel war es, die im Archiv der Brecht-Forschungsstätte gesammelten Manuskripte und Quellentexte zu recherchieren, den Forschungsstand zu seinem Werk und dessen Rezeption in Deutschland und Polen darzustellen sowie neue Übersetzungen ins Polnische und Interpretationen der Texte Bertolt Brechts zu erarbeiten und vorzulegen.

2 Piotr Sulikowski: Die literarische Übersetzung

Bei der Übersetzung eines literarischen Textes, insbesondere eines lyrischen, der auch als gereimte Rede bezeichnet wird, erscheint es notwendig, die wichtigsten Aspekte seiner Konstruktion zu erörtern. Diese haben einen grundlegenden Einfluss auf die Möglichkeiten, die Art, Weise und die Form der Übersetzung. Da ich mich in meiner beruflichen Laufbahn immer wieder mit diesem Thema beschäftigt und dazu publiziert habe, lässt es sich nicht ganz vermeiden, mich hin und wieder selbst zu zitieren.

Es sei darauf hingewiesen, dass sich der Begriff des Textes im Laufe der Jahre entsprechend den Richtungen der Sprach- und in geringerem Maße der Literaturwissenschaft entwickelt hat, was durch die recht frühe Trennung der geisteswissenschaftlichen Forschungsdisziplinen bedingt ist. Die Literaturwissenschaft blickt natürlich auf eine viel längere Geschichte zurück. Ihre Schwächen sind eine weniger auf sprachliche Phänomene ausgerichtete analytische Sichtweise und das Problem einer objektiven, scharfen Begriffsabgrenzung, denn in vielen Fällen können dieselben Phänomene in den einzelnen Disziplinen der Literaturwissenschaft unterschiedliche Namen und unterschiedliche Bedeutung haben. Der linguistische Ansatz hingegen zeichnet sich durch eine gewisse Vernachlässigung der höheren Textebenen aus. Die linguistische Forschung hat sich in den letzten hundert Jahren auf die Analyse einzelner Textebenen beschränkt und ist nur selten auf die Ebene höherer semantischer Einheiten, der Konstruktion der dargestellten Welt, einzelner Charaktere, der Verwendung von Symbolen, Topoi, Archetypen oder außentextlichen Bezügen vorgedrungen.

Ein kurzer Blick auf die Geschichte der Textdefinition zeigt eine Entwicklung vom formalistischen Ansatz (Moskauer Linguistischer Kreis, Opojaz) über die Betrachtung des Textes als eine Einheit, die größer als der Satz ist (strukturalistische Betrachtung: Prager Schule), über den Text als semantische Konstruktion, die eine thematische Progression enthält, den Text als Kommunikationsereignis, als ein Sprechakt (Pragmatik), den kognitiven Ansatz, in dem der Text ein Produkt der Kognition ist und zum Metatext wird, bis zu der Zeit ab 1995 (Entstehung des Internets), als der Text durch die Gleichsetzung von verbaler und nonverbaler Kommunikation in den neuen Medien zum Leidwesen der scholastischen Linguistik zum breiten Ansatz zurückkehrt, in dem sprachliche, grafische, auditive oder haptische Kommunikation die gleiche Rolle spielen. Unabhängig davon hat sich die Annäherung an den Text als kulturelles Artefakt entwickelt, die Gegenstand der Ethnographie und Textologie ist (Bartmiński/ Niebrzegowska-Bartmińska 2009).

Textdefinitionen in der Linguistik in diachronischer Auffassung

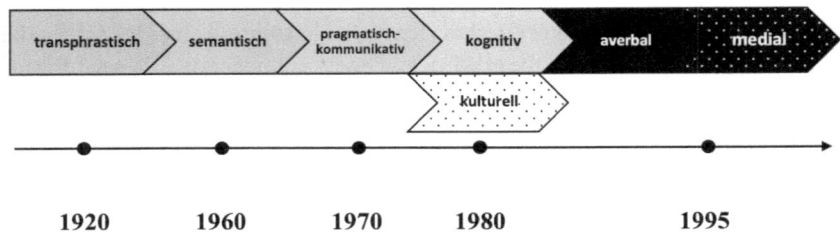

Abb. 1: Aktuelle Entwicklungsphasen des Textbegriffs (nach Sulikowski 2021:14).

Das angeführte Schaubild zeigt in aller Kürze die Phasen der Entwicklung von Definitionen des Textbegriffs in der Linguistik und in der Übersetzungswissenschaft. Sie erschöpft nicht das Thema, das aufgrund seiner Komplexität Gegenstand einer eigenen Publikation sein könnte (vgl. Sulikowski 2022), aber für die Zwecke dieser Arbeit ist sie als Umriss der Problematik der Textdefinition ausreichend.

Man könnte sich fragen, ob es notwendig ist, diese Kriterien in einem typischen Übersetzungswerk zu beschreiben. Nun, auch ein klassischer literarischer Text, der vor vielen Jahren, in der vormedialen Zeit, entstanden ist, unterliegt im Prozess seiner zeitgenössischen Rezeption den Phänomenen der neuen Medien. Mit diesen wächst auch eine neue Publikumsgeneration heran, die einen Autor und sein Werk lediglich als ein Medienphänomen auffasst – daher wird Brecht zum 5D-Brecht.

Wenn man die Definitionen zahlreicher Schulen der Übersetzungswissenschaft analysiert, scheint die von Roman Ingarden vorgeschlagene Definition eines literarischen Textes am treffendsten zu sein:

»Das literarische Werk ist ein mehrschichtiges Gebilde. Es enthält a) die Schicht der Wortlaute und der sprachlautlichen Gebilde und Charaktere höherer Ordnung, b) die Schicht der Bedeutungseinheiten: der Satzsinne und der Sinne ganzer Satzzusammenhänge, c) die Schicht der mannigfaltigen schematisierten Ansichten, in welche die im Werk dargestellten Gegenstände verschiedener Art zur Erscheinung gelangen, [...] d) die Schicht der dargestellten Gegenständlichkeiten, welche in den durch die Sätze entworfenen intentionalen Sachverhalten dargestellt werden« (Ingarden 1968:43)

Seine Definition weist auf die Existenz mehrerer Ebenen des literarischen Textes hin, was im Wesentlichen seine Polyphonie, seine Vielstimmigkeit, begründet, die durch die textuellen Entwicklungen der letzten Jahre und die digitalen Medien noch verstärkt wird.

Ausgehend von der Definition Ingardens und in Abkehr von seiner philosophischen Behandlung des Themas, die sie für die Untersuchung eines konkreten Textes unanwendbar macht, ist es möglich, die grundlegenden Ebenen des Textes abzugrenzen und zwischen ihren Funktionen zu unterscheiden, ergo eine Stratifikation durchzuführen (vgl. Abb. 2).

So verfügt ein Text über eine graphemisch-phonetische Ebene, eine lexikalische Ebene, eine syntaktische Ebene, eine stilistisch-pragmatische Ebene, eine Ebene höherer semantischer Einheiten und eine Ebene extratextueller Bezüge, I-Faktorenebene genannt. Sowohl der sprachliche Text als auch der mediale Blend sind in die Super-Interkultur des Internets eingebettet, die ihre Existenz bedingt. Dieser Begriff ist dem Diskurs übergeordnet, da er die Gesamtheit der in den digitalen Medien vorhandenen menschlichen Diskurse umfasst. Dies wird durch das folgende Diagramm verdeutlicht:

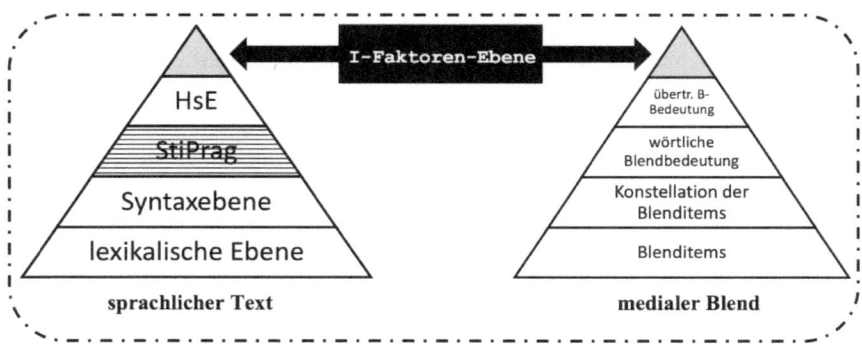

Abb. 2: Stratifikation des Textes und des medialen Blends.

Auf jeder der dargestellten Ebenen des sprachlichen Textes gibt es Phänomene einer bestimmten Art mit unterschiedlicher Überprüfbarkeit – generell gilt: Je höher die Ebene des Textes, desto schwieriger ist es, die Bedeutung und den Sinn bestimmter Phänomene darin zu beurteilen.

Die unterste Graphem-Phonem-Ebene, die in der Grafik nicht dargestellt ist, umfasst die Grundbausteine sprachlicher Formen, d.h. je nach Übertragungskanal die mit dem Schriftsystem des Textinhalts verbundenen Phoneme oder

Grapheme. Fragen dieser Textebene stellen in der vorliegenden Studie kein Problem dar, da beide Versionen der untersuchten Werke in demselben alphabetischen Schriftsystem kodiert sind. Mögliche Quellen für die Überprüfung einer solchen Ebene sind die orthographischen und orthophonischen Normen der betreffenden Sprache.

Auf der lexikalischen Ebene gibt es Phänomene, die sich auf einzelne Lexeme, deren Gebrauch und Bedeutung sowie auf Wortgruppen mit wörtlicher Bedeutung beziehen. Diese lassen sich anhand von einsprachigen Wörterbüchern, Häufigkeitslisten, Korpora und maschinengestützten Übersetzungssystemen nachweisen, sofern es sich bei dem verwendeten Wortschatz um Standardvokabular und nicht etwa um einen Autorenneologismus innerhalb oder außerhalb des Vokabulars der Sprache handelt (Sulikowski 2007, passim, diskutiert solche Konstruktionen in zahlreichen Beispielen aus der polnischen Lyrik und ihrer Übersetzung ins Deutsche).

Die Syntaxebene umfasst alle Phänomene der Satz- und Ellipsenkonstruktionen sowie der Textgliederung (strophischer und rhythmischer Aufbau), was für die in diesem Buch behandelte Lyrik von besonderer Bedeutung ist. Die Korrektheit der syntaktischen Konstruktionen richtet sich nach den in der Syntax der Sprache gesammelten grammatikalischen Regeln. Dies gilt nur für Standardkonstruktionen – wenn ein literarischer Text bewusst eine andere Syntax, wie z. B. den telegrafischen Stil oder die Fantasiesprache verwendet, dann ist sein Normenkatalog die Poetik des jeweiligen Autors, der Gattung oder der Epoche. Klassische, einst verwendete poetische Formen, wie das Epitaph oder das Sonett, regeln verschiedene Formen der Rhetorik und Poetik.

Im linken Diagramm ist die stilistisch-pragmatische Ebene (StiPrag) dargestellt, die die Grenze zwischen literarischen Texten und Standard- und Fachtexten bildet, da letztere ein viel geringeres Niveau an höheren semantischen Einheiten und Interfaktoren-Ebenen aufweisen.

Auf der StiPrag-Ebene tritt jede vom Standardsprachgebrauch abweichende sprachliche Variation auf, z. B. Dialekte, Soziolekte, spezialisierte Sprachphänomene (Vokabeln, Phrasen, Kollokationen), Idiolekte der Autoren, Fantasiesprachen, die sich auf die spezielle stilistische Markierung des Textes und seine situative Bedeutung auswirken (daher der Begriff »pragmatisch« im Namen der Ebene). Gerade auf dieser Textebene gibt es eine signifikante Diskrepanz zwischen literarischen und nicht-literarischen Texten: Während Standard- und Fachtexte nach klar definierten stilistischen und pragmatischen Regeln, dem Usus einer bestimmten Kultur, konstruiert sind, die ihre Norm darstellen und bei deren Überschreitung ein bestimmter Text fehlerhaft wird, nutzen literarische Texte, im Polnischen auch als ›tekst artystyczny‹ (dt. wörtlich ›der künstlerische Text‹) bezeichnet, die bestehende Stilistik einer bestimmten Textsorte, die sich aus ihrer Gattung, literarischen Schule, Epoche ergibt, als Bezugspunkt für die

Schaffung einer stilistischen Abweichung. Dadurch sollte der geschaffene Text innovativ und aufschlussreich werden, was ein Merkmal guter Literatur ist. So nutzte Brecht beispielsweise die *Hauspostille* von Martin Luther für die Konstruktion seines provokativen Textes *Taschenpostille* (1926) oder die Fibel als Leselehrbuch für die *Kriegsfibel* (1955), die den Leser über das wahre Gesicht des Regimes und den von ihm geführten Krieg aufklären sollte. Dieser Prozess ist im Wesentlichen ein intertextuelles Unterfangen.

Die HsE-Ebene wurde im Jahr 2007 ausführlich beschrieben (Sulikowski 2007:112, 115). Sie gilt als eine Art mehrgliedriger Bereich, der Elemente mit metaphorischer Bedeutung, Phraseologismen in ihrer Idiomatizität und Bildhaftigkeit, Topoi, Symbole, Archetypen und semantische Figuren nach Wille umfasst (Wille 2003; Dedecius 1988:82). Diese Ebene beinhaltet auch semantische Konstruktionen höherer Ordnung, z.B. die Konstruktion eines bestimmten Weltbildes, einer Figur oder eines erweiterten Symbols. Hier würde die Gestalt von François Villon (eigentlich François de Montcorbier oder François des Loges), den Brecht im Gedicht *Vom François Villon* in der *Hauspostille* platziert, zweifellos auftauchen: Dichter und Verbrecher, an der Grenze der Welten, ein Modell für die künstlerische Bohème durch die Jahrhunderte.

Die letzte Ebene des Textes ist die Interfaktoren-Ebene, die außersprachliche Bezüge enthält, die das Funktionieren des Textes innerhalb einer Kultur bedingen. Die bisher erwähnten, strukturellen Elemente des Textes sind im Laufe der Jahre gründlich ausgearbeitet worden, was im Rahmen der Rhetorik, der Textlinguistik und der Diskurslinguistik geschah. Dennoch sind extratextuelle Fragen immer noch ein Randbereich der aktuellen Forschung.

Im Rahmen unserer Forschung haben wir drei grundlegende außersprachliche Beziehungen herausgearbeitet: Intertextualität, Intersemiotizität und Interkulturalität, die von Sulikowski 2016, 2021 und 2022 ausführlich beschrieben werden.

Natürlich sind diese Konzepte nicht die Erfindung des Autors, seine Forschung hat diese Beziehungen lediglich zusammengefasst und theoretisch untermauert.

Intertextualität ist kein neues Phänomen, sondern eine Fülle von mimetischen Verweisen auf die bestehende literarische Tradition, wie Poltermann sie definiert (Poltermann 1995:9). Die ersten Arbeiten zur IT stammen von Lotman, Bakhtin und Kristeva. Bakhtin verstand die IT als eine dialogische Struktur der Literatur, die sich in einer Art Austausch mit früheren Strömungen, Werken und Konzepten befindet (Bakhtin 1973). Bei Kristeva beschränkt sich die IT auf Beziehungen zwischen Texten, erst spätere Forschungen erlauben eine Ausweitung des Konzepts auf den gesamten Diskurs, andere Textsorten und Gattungen, kulturelle Artefakte (vgl. Bakhtin 1979; Even-Zohar 1969, 1990, 2000; Genette 1982; Sulikowski 2021).

Für Lotman wird IT in intra- und extratextuelle Beziehungen unterteilt (Lotman 1977: 103), die den Text mit anderen Werken desselben Autors, anderen Autoren, Gattungen oder einer bestimmten geographischen Region verbinden (Lotman, a. a. O. 49, ferner 285). Lotman definiert extratextuelle IT-Relationen in einer sinnvollen Weise – als reale Beziehungen bildende, die den Text in das Polysystem integrieren.

Im Entstehungsprozess eines Werkes trifft jeder Autor eine Auswahl von IT-Bezügen, die sein Werk realistischer und plausibler machen. Das Problem ist jedoch der labile Charakter solcher Beziehungen, die Phänomene von unbestimmter Dauer und Reichweite sind. Lotman nennt die wichtigsten Merkmale von IT-Beziehungen: Sie sind vom Individuum abhängig, sowohl vom Autor als auch vom späteren Leser, und stellen zahlreiche Fragen, die mit dem Individuum zusammenhängen, so dass ein universeller Sinn spezifischer Beziehungen nicht bestimmt werden kann (Lotman, op. cit. 103).

Die Aussage des Autors über die Konstruktion des Textes selbst ist bedeutsam:

> »the author tends to increase the complexity of the extra-textual structure, simplifying the text, creating works that seem simple but cannot be adequately deciphered without complex assumptions and a wealth of extra-textual cultural connections« (Lotman, op. cit., 296).

Der Autor gestaltet also die Struktur des geschaffenen Textes so einfach wie möglich, um ihn in das Polysystem einzubinden, was dazu führt, dass der Text, auch wenn er einfach erscheint, aufgrund der ihn umgebenden kulturellen Referenzen ein ernsthaftes Problem im Rezeptions- und Übersetzungsprozess darstellt.

Die heutige IT-Forschung dehnt ihren Begriff auf ganze Diskurse, Textsorten, Domänen und semiotische Systeme aus, vor allem im Bereich der Neuen Medien, was das Wesen dieses Phänomens weiter verkompliziert (Balcerzan 2009; Broich/ Pfister 1985; Fix 2000; Genette 1982; Holthuis 1994; Lesner/Sulikowski 2013; Linke/Nussbaumer 1997; Nycz 1995; Riffaterre 1978, 1983, 1990; Rolek 2009; Schäffner 2012; Sulikowski 2013, 2016, 2021, 2022; Venuti 2009; Żmudzki 1999 u. a.).

Unsere Definition von IT fokussiert vor allem die extratextuelle Relation zwischen einem bestimmten Textsegment, das ein Stichwort ist, und einem anderen Textphänomen, etwa einem Diskurs, einer Textgattung, einem bestimmten Text oder Textsegment, wobei die Relation die Textualität des anderen Elements voraussetzt. Dabei ist das Medium, in dem dieses Element vorkommt, irrelevant. Die Intertextualität impliziert die Verwendung einer bestimmten sprachlichen Konvention, eines Textmusters, eines sprachlichen Codes, der seine Übersetzung möglich und plausibel macht, was bei den beiden anderen Relationen nicht immer notwendig ist.

Ergänzt werden kann diese Definition durch IT-Marker, ein Konzept von Majkiewicz (Majkiewicz 2008), das eine Skala der Transparenz eines bestimmten Slogans, genannt Marker, IT-Träger, vorschlägt, die von elementaren Markern (Eigennamen, Firmennamen), über explizite Marker (Produktplatzierung), implizite Marker und verdeckte Marker reicht. Die Markertypen sind auf einer Skala von explizit bis verdeckt angeordnet, nach der die Erkennbarkeit einer bestimmten Beziehung abnimmt, bis hin zum Rätsel. Durch die Verwendung verschiedener Arten von Markern mit unterschiedlichem Grad der Erkennbarkeit im Werk kann der Autor ein intertextuelles Spiel mit dem Leser erzeugen, dessen Rätselhaftigkeit durch den zeitlichen Abstand seit der Entstehung des Werks und durch kulturelle Unterschiede noch verstärkt wird, selbst wenn das Werk in derselben Sprachkultur verbleibt.

Ein wichtiges Konzept zum Verständnis der Problematik der I-Faktoren ist das Konzept des Polysystems, das von Even-Zohar seit den 1960er Jahren entwickelt wurde (Even-Zohar 1969; 1990). Angefangen mit der Anwendung dieses Konzepts auf die hebräische Literatur, dehnte er es im Laufe der Zeit auf die gesamte menschliche Kultur aus (Even-Zohar 1990: 2, 6). Jeder literarische Text erhält eine Position im Polysystem als Primärwerk, das Impulse in das Polysystem sendet und zur Entstehung neuer literarischer Phänomene beiträgt, oder er ist ein Sekundärwerk ohne besondere Bedeutung für das Polysystem. Eine Veränderung des Stellenwerts eines bestimmten Werks ist durch eine Veränderung seiner Sprache und seiner Zielkultur (d. h. Übersetzung oder Adaption, z. B. Film) oder durch eine Veränderung seiner Positionierung in der globalen Kultur möglich, die durch die wiederholte Verwendung des Werks oder seiner Fragmente in der Popkultur und im Internet erfolgt. Genau dies ist eines der Ziele dieser Arbeit – die weniger bekannten und daher in der Kultur bisher wenig präsenten Gedichte Brechts werden im Prozess der Rezeption in deutscher und polnischer Sprache und durch unserer Zeit angemessene Interpretationen eine größere Bedeutung erlangen. Sie werden Impulsgeber im globalen Polysystem, die, um dieses konkrete Beispiel zu nennen, das Bild des Autors von *Mutter Courage* beeinflussen und eine Veränderung oder Erneuerung seiner Figur in der Hoch- und Popkultur ermöglichen.

Ob dies definitiv geschehen wird, ist allerdings nicht sicher. Even-Zohar sieht eine besondere Rolle für die Literatur in der Kultur und im menschlichen Handeln im Allgemeinen:

»Literature is [...] conceived of not as an isolated activity in society, regulated by laws exclusively (and inherently) different from all the rest of the human activities, but as integral – often central and very powerful – factor among the latter« (Even-Zohar 1990:6).

Es ist diese besondere Rolle des literarischen Textes, die das Potenzial hat, bestehende Stereotypen zu verändern und Brechts Werk in der globalen Kultur in
ein neues Licht zu stellen.

Die Intersemiotizität ist eine exakte Wiederholung derselben Prozesse wie im
Falle der IT mit einem Unterschied: während der Ausgangspunkt der Referenz
gleichbleibt, sind es verschiedene Arten von Schlüsselwörtern innerhalb eines
Textes, ändert sich das Bezugsobjekt, es gehört zu anderen, nicht-verbalen semiotischen Systemen. Diese Art der Referenz ist wegen der Gleichschaltung der
semiotischen Systeme im medialen Text die am meisten verwendete.

Unter einem anderen semiotischen System ist ein System zu verstehen, das aus
nicht-sprachlichen Zeichen wie Filmen, Bildern, Kunst, Musik, realen Personen
und realen Orten besteht. Diese sind auch meist die Adressaten von Hyperlinks,
die in medialen Texten erscheinen.

IS-Beziehungen können eine von drei Formen annehmen: universell, kultur-
gebunden oder privativ. Wie beim IT-Marker ist die Erkennbarkeit von Relationen bei universellen Relationen am größten, bei kulturspezifischen Relationen
eingeschränkt und bei privativen Relationen fast nicht erkennbar. Dieses Phänomen schafft eine zweite Ebene des Spiels mit dem Leser, indem es auf ver-
steckte Bedeutungen im Text verweist und diese entdeckt.

Es ist zu betonen, dass die Übersetzung im Fall von IS überflüssig sein kann, da
die nicht-sprachlichen Bereiche aufgrund der fehlenden Verwendung des
sprachlichen Codes (oder seiner sekundären Verwendung in diesem Kontext)
universell sind. Eine gewisse Einschränkung für die Verständlichkeit eines solchen IS-Berichts ist lediglich der Zugang zu dem betreffenden Bereich, der sozial
oder geografisch eingeschränkt sein kann oder lediglich ein Produkt der Vor-
stellungskraft des Autors des Werks ist.

Die typischen Bereiche, auf die IS-Erzählungen in literarischen und medialen
Texten anspielen, sind in Abb. 2 hervorgehoben. Sie überschneiden sich, abgesehen von Geschichte und Zeitgeschichte, mit den Bereichen der Sinneswahr-
nehmung und bündeln so deren Elemente.

Innerhalb jeder Domäne lassen sich zwei kulturelle Ebenen beobachten – die
eine ist die literarische Kultur, die Hochkultur, die mit der traditionellen Rezeption eines literarischen Werks verbunden ist, die andere ist die Popkultur, die
in den Neuen Medien in jeder der genannten Domänen vertreten ist. Der
Hauptunterschied zwischen Hoch- und Popkultur ist die größere Verbreitung
der letzteren, ihr hoher Bekanntheitsgrad und ihre große Veränderbarkeit, die
mit der meist kurzen Lebensdauer eines bestimmten Medienlabels einhergeht.
Im Gegensatz zur Hochkultur zeichnet sie auch eine einzigartige Dynamik bei der
Übertragung eines bestimmten Inhalts aus. Das Ziel der zeitgenössischen Po-
pularisierung von Brechts Werk ist es, es in die medialen Produktionen der
Popkultur heimisch werden zu lassen – im visuellen Bereich wären dies theatrale

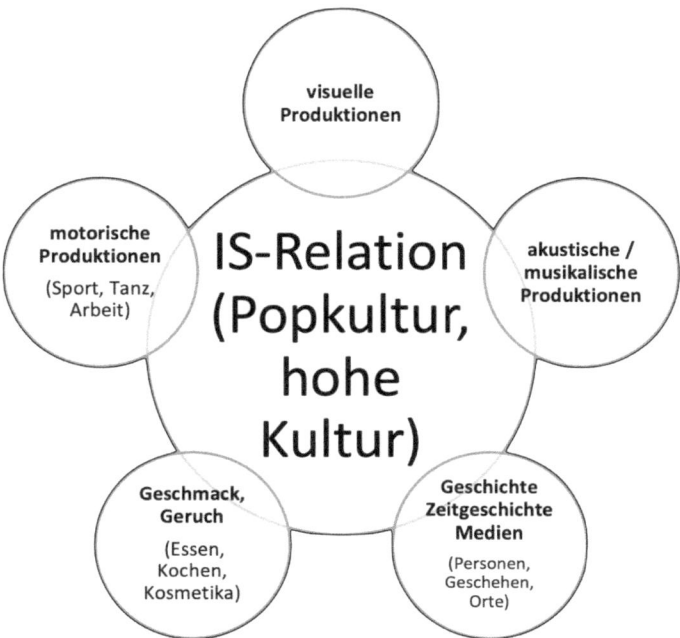

Abb. 3: Typische Domänen für die IS-Relationen.

Aktivitäten, kurze und längere Filme, Mems, Plakate und geflügelte Worte, die auf unterschiedliche Weise vermittelt werden. Im Bereich der akustischen / medialen Produktionen könnten dies verschiedene Umsetzungen der zahlreichen Lieder Brechts durch aktuelle Künstler der Popkultur sein. Derartiges ist immer wieder bei einzelnen Liedern aufgetreten, wie z. B. *Die Moritat von Mackie Messer* (1928), die zu einem Jazzstandard geworden ist, oder spezifisch politischer Lieder, die zur Erreichung bestimmter Ziele eingesetzt wurden und weiterhin werden, z. B. *Lob des Kommunismus* (1934), *Einheitsfrontlied* (1934), *Kinderhymne* (1950).

Einen besonderen Platz nimmt hier ein musikalisches Projekt in Deutschland ein: *Die Kinderhymne: ein Projektseminar des sdw-Musiknetzwerks* (01.–03. 10. 2021) in Kooperation mit der Musikhochschule Dresden. Mit diesem Projekt ist es gelungen, den Text von Bertolt Brecht mit Musik von Hanns Eisler zeitgemäß weiterzuentwickeln und zu einem medialen Faktum in der Popkultur werden zu lassen.

Natürlich dient die Umsetzung von Bertolt Brechts Dramen im zeitgenössischen Theater seit jeher auch dazu, seine Rezeption zu vergrößern und den #Brecht-Bereich in den neuen Medien zu erweitern, aber das Theater dringt mit seinen Möglichkeiten nur selten in den Bereich der Popkultur ein und – leider –

werden Stücke Brechts bis auf wenige Ausnahmen wie die *Dreigroschenoper* oder *Mutter Courage* nicht popularisiert, vielleicht wegen der ihnen zugeschriebenen politischen Bedeutung oder des inzwischen obsoleten Begriffs Agitprop-Theater oder Episches Theater.

Typisch für das Funktionieren der genannten Bereiche sind ihre Verschmelzungen, die mit der Intermedialität und Intermodalität der elektronischen Medieninhalte zusammenhängen.

Die Interkulturalität

Der Begriff der Interkulturalität lässt sich ursprünglich als die Menge aller kulturellen Elemente mit ihren sprachlichen Repräsentationen in einem Text definieren, wobei die Unterscheidbarkeit von Kulturen im Falle der Übersetzung eines Textes zu beachten ist, der dann auf eine andere Kultur (Zielkultur) übertragen wird, in der die verwendeten Elemente anders interpretiert werden können.

Beim Konzept des Polysystems lässt sich feststellen, dass es große Kulturen mit einem besonderen, primären Einfluss auf die Gesellschaft und kleine Kulturen gibt, deren Einfluss auf das Polysystem begrenzt ist, unter anderem durch die Hegemonie der großen Kulturen, was an das Problem der Literatur der Kolonisatoren und der Kolonisierten (*colonists and colonized*) erinnert (Sheeran 1983, passim). Die Übersetzung, kann, kulturell betrachtet, in zwei Herangehensweisen erfolgen, was nichts Neues ist (vgl. z.B. Nida 1964, Venuti 1998), durch »Einbürgerung« oder »Verfremdung« (Schleiermacher 1813:47) – im ersten Fall wird der Text kulturell an die Zielkultur angepasst, im zweiten Fall wird die Kultur des Originaltextes mit einer ganzen Reihe von exotischen Elementen übersetzt. Natürlich kann jede dieser beiden Strategien richtig sein, was von der Art der Kultur und dem Genre des zu übersetzenden Textes abhängt. Der ethnografische Ansatz zielt darauf ab, die Kultur des Ausgangstextes zu übertragen, um sie in der Zielkultur darzustellen. Der adaptive Ansatz ist der umgekehrte Weg: Das Original dient als Ausgangspunkt für ein Adaptionsverfahren und die Übertragung von Elementen des Originals, um einen Übersetzungstext zu erstellen, der ohne besondere Kennzeichnung in der Zielkultur und -sprache funktioniert.

Es gibt jedoch noch eine weitere besondere Situation, die sich bei kulturellen Texten mit spezifischer Bedeutung ergibt. Um einen solchen Text herum entsteht eine eigene Domäne, die von den einzelnen Sprachen unabhängig ist. In ihr entstehen spontan spezifische Bestände an Elementen, Verhaltensmustern, Funktionen und schließlich Traditionen. Ein solcher Bereich kann als *Interkultur* bezeichnet werden. Die Sprachkulturen schaffen darin ihre eigenen Subdomänen, die sich nur durch den verwendeten sprachlichen Code unterscheiden. Die Schaffung interkultureller Domänen ist sicherlich ein typisches Merkmal menschlicher Kulturen. Die Interkulturen sind heterogen aufgebaut: Sie können religiös, sozial, politisch, unterhaltsam oder medial sein. Ihre Merkmale sind ihre begrenzte Kontrollierbarkeit und ihre meist längere Existenz, es sei denn, sie gehören zu den Neuen Medien, die *eo ipso* einen labilen und flüchtigen Charakter haben.

Die IK in der Übersetzung wird markiert, wenn ihre Marker (IK-Marker) im Originaltext verwendet werden. Wie bei IT- und IS-Marker können diese eine von mehreren Formen annehmen: von (einer) elementarer(n) Form, über explizite, implizite bis hin zur verdeckten Form. Die Funktionsweise der IT-Marker ist die gleiche wie die der anderen I-Faktoren: Sie sollen durch die Verwendung eines bestimmten Eintrags auf verschiedene Weisen die vom Autor des Textes beabsichtigte Interkultur aktivieren. Zum Beispiel aktiviert die Verwendung des Begriffs *Auferstehung* in einem Text IK {Christentum}, विष्णु / *Viṣṇu* {Hinduismus}, *Ipad* {Apple}, *Harry Potter* {Harry Potter Literatur}, *samsara* {Buddhismus}. Es gibt zwei Variablen, die sich auf die Dekodierung einer IK-Referenz auswirken: zum einen die Existenz der betreffenden IK im Kopf des Lesers zum Zeitpunkt der Lektüre des Originals und zum anderen seine Existenz in der Zielkultur zum Zeitpunkt der Rezeption der Übersetzung. Das in die Übersetzung übertragene IK-Element verändert oft seine Bedeutung und damit die Bedeutung des Zieltextes.

Ein Sonderfall sind die bereits erwähnten Phantasiebezüge, die in Wirklichkeit nicht vorkommen und der Autor einen bestimmten IK-Faktor als Realisierung seiner Poetik oder nur wegen der phonetischen Form des Wortes, das ihn interessiert, verwendet, z. B. in Brechts *Mahagonny*, *Makedämon*, oder wenn der Bezug fiktiv bzw. irrtümlich ist, z. B. *Mandelay* in *Der Song von Mandelay* im Stück *Happy End* (1929), das sich tatsächlich auf die zweitgrößte Stadt Birmas bezieht, die aber nicht am Meer liegt. In dem Werk beschreibt Brecht sie als einen Hafen, der schließlich in den »grünen Meeren« versinkt, was geografisch nicht möglich ist, es sei denn, Mandalay versank im Sikong Fluss. Er ist dabei wahrscheinlich von einem in seiner Jugend populären Lied inspiriert, Rudyard Kiplings *Mandalay* (1890), das später in der Sammlung *Barrack-Room Ballads* (1892) wiederveröffentlicht wurde. Hier taucht das Meer zweimal in der Anapher auf, aber nicht in Mandalay, sondern in Moulmein, was der Autor nicht bemerkt: »By the old Moulmein Pagoda, lookin' lazy at the sea«.

Die Übersetzungsnormen

Im Bereich der Übersetzung ist es schwierig, sich bei der Auswertung einer fertigen Übersetzung vom normativen Ansatz zu befreien, wobei der Umfang der Normen als Einschränkungen in jeder Epoche und Übersetzungsschule unterschiedlich ist. Wenn man das Schema Textansatz vs. Übersetzungsnormen analysiert, kann man wechselnde Prioritäten für eine ordnungsgemäß erstellte Übersetzung erkennen. In den 1920er Jahren wurde auf die Wiederholung der Textstruktur geachtet, bei der Übersetzung von Gedichten war es wichtig, dass der formale Aufbau des Werks wiedergegeben wurde, auch auf Kosten des Textsinns.

Textansatz vs. Übersetzungsnormen

1920		
	Ansammlung von Sätzen	→ Wiederholung der Satzstrukturen, Erreichen der lexikalischen Äquivalenz
1970	Themen und ihre Progression	→ Wiederholung der Themenstruktur
	kommunikatives Ereignis	→ der gleiche kommunikative Effekt
	Sprechakt, jede Sprechhandlung	→ der gleiche pragmatische Effekt
1981	Ergebnis, Produkt kognitiver Prozesse	→ viele Lösungen richtig
1990	Prätext für den Aufbau des mentalen Textes	→ Aufbau eines ähnlichen Halbprodukts
2000	averbales Konstrukt (medialer Text)	→ keine eindeutigen Normen
2010	kulturelles Artefakt	→ erläuterndes, hermeneutisches Werk

Abb. 4: Textansatz und die Übersetzungsnormen.

In den 1970er Jahren begannen die thematische Struktur, der vermittelte Inhalt und Sinn sowie die kommunikative und pragmatische Wirkung des Textes eine wichtige Rolle bei der Übersetzung zu spielen. Der Schwerpunkt lag darauf, sicherzustellen, dass das Original und die Übersetzung auf die gleiche Weise mit dem Publikum interagieren, was angesichts der kulturellen Unterschiede zu erheblichen Unterschieden in der Konstruktion der beiden Texte führen konnte. Der pragmatische Ansatz konzentriert sich auf den Text als Sprechakt, der Ausdruck einer bestimmten Absicht des Sprechers ist, d. h. eine Illokution, bei der sprachliche Mittel eingesetzt werden, die für die jeweilige Sprache typisch sind, was auch zu einer unterschiedlichen Form des Textes je nach Sprachversion führt.

Der kognitive Ansatz geht davon aus, dass die materielle Repräsentation des Textes nur der Prätext ist, aus dem in verschiedenen kognitiven Prozessen das mentale Bild des Textes, der Metatext, konstruiert wird, der den geistigen Inhalt repräsentiert. Die Übersetzung wird dann zu einem Prozess der Herstellung eines materiellen Textes, des Posttextes, entstehend aus dem produzierten Metatext. Da es sich bei kognitiven Prozessen um individuelle Prozesse handelt, ist es möglich, dass der Übersetzungsprozess zu verschiedenen Ergebnissen kommt. In den 2000er Jahren wird die verbale Struktur des Textes mit der nonverbalen Botschaft gleichgesetzt, der multimediale Text entsteht als digitale Botschaft, so dass die Vielfalt der Lesarten und Rekonstruktionen des Originaltextes zunimmt und die mögliche Realisierung der Übersetzung mehr als ein semiotisches System umfasst, d. h. der verbale Text kann an die Realisierung von Kunst, Film, Malerei, Hörspiel, Happenings angepasst werden. Die literarische Übersetzung verlässt also in solchen Fällen die Domäne des verbalen Textes und beginnt, immer mehr in der Bild- und Medienlinguistik im weitesten Sinne präsent zu sein.

Die letzte Art von Übersetzungsnormen ergibt sich aus der Betrachtung jedes Textes als kulturelles Artefakt, als Produkt einer bestimmten Gemeinschaft. In einer solchen Situation besteht die Hauptaufgabe der Übersetzung darin, den Originaltext, seine akribische Beschreibung, zu erläutern, um der Zielkultur ein möglichst vollständiges Stück der ursprünglichen Kultur zu vermitteln. Dieser Ansatz erlaubt die Verwendung von philologischen Übersetzungen, Übersetzungen mit mehreren Varianten, Fußnoten, Ergänzungen, Kommentaren und Querverweisen, was einerseits ein besseres Verständnis der ursprünglichen Kultur ermöglicht, andererseits aber auch die Verwendung des übersetzten Textes, z. B. als Lied, mit all seinen rhythmischen und zeitlichen Zwängen behindern kann.

Das von Stanisław Barańczak im Jahre 1992 vorgestellte Konzept des kleinen, aber maximalistischen übersetzerischen Manifests erweist sich als besonders vorteilhaft. Es setzt voraus, dass die Besonderheit der jeweiligen Sprache in der Übersetzung maximal genutzt wird, dass man darauf verzichtet, gute Poesie in schlechte Poesie zu übersetzen, weil eine nicht vorhandene Übersetzung besser als eine schlechte Übersetzung ist, und dass man keine Poesie in Prosa übersetzt, weil ein solcher Ansatz, obwohl er praktisch möglich wäre, den lyrischen Text vernichtet. Letztlich verweist Barańczak auf die Existenz einer Übersetzungsinvariante und einer semantischen Dominante des Textes (Barańczak 2007:64–65).

Beide vorgenannten Elemente sollten bei der lyrischen Übersetzung im Vordergrund stehen – eine Übersetzungsinvariante ist eine Menge von Textelementen einer oder mehrerer gegebener Textschichten, die im Zieltext unbedingt wiedergegeben werden sollten. Manchmal handelt es sich dabei um ein einzelnes Wort, eine Phrase, ein Bild oder eine Figur, die sich wie ein Refrain wiederholt. Diese Rolle kann auch ein I-Faktor in Form eines IT-, IS- oder IK-Markers mit unterschiedlichem Wiedererkennungswert spielen, je nach dem hier vorgestellten Konzept.

Die semantische Dominante, von Sulikowski *Metaknoten* genannt (Sulikowski 2008:18):

>»setzt sich zusammen aus dem Aspekt der Überlegenheit dieser Struktur im Verhältnis zu allen Textelementen und aus dem Aspekt der Verknotung, Verflechtung der Textelemente miteinander im komplexen, [poly]dimensionalen Textgewebe« (Sulikowski 2008:17)

und ist das dominante thematische und kommunikative Muster des Werkes. Seine Erkennung und Rekonstruktion in der Übersetzung durch den Übersetzer begünstigt eine adäquate Übersetzung. Die Annahme der semantischen Dominante als Priorität der Übersetzung regelt den Einsatz der anderen Mittel und suggeriert dem Übersetzer eine, wie es Barańczak ausdrückt, Reihe von Normen eines bestimmten Textes und einen Schlüssel zum Verständnis des Werkes.

Gleichfalls bedeutsam bei der literarischen Übersetzung ist die Wahl spezifischer Übersetzungsstrategien und -techniken, die in Sulikowski (2008, passim) beschrieben wird.

Sulikowski analysierte den Forschungsstand zu den oben genannten Übersetzungsstrategien und -verfahren, ordnete sie in die Struktur der Textschichten ein und schlug folgende explizite Verfahrensweisen vor: Amplifikation, Reduktion, Deletion, Transposition, Emulation. Die Verwendung jedes dieser Verfahren kann mit den Besonderheiten der Sprache oder mit der freien Wahl des Übersetzers zusammenhängen. Nur Letzteres entspricht dem Grundgedanken eines Übersetzungsverfahrens.

Bei der Amplifikation handelt es sich um ein Verfahren, bei dem die Hintergrundinformationen des Originaltextes ergänzt werden. Auf der lexikalischen Ebene wäre dies z. B. die Hinzufügung eines Attributs zum Heteronym: *dog → der große Hund*, oder die Verwendung eines Wortes mit einer besonderen Bedeutung, z. B. *dog → der Köter*. Auf der syntaktischen Ebene wird die Erweiterung einer Satzkonstruktion, die Hinzufügung einer Konjunktion, als Amplifikation bezeichnet.

Die StiPrag-Ebene wird mit Amplifikation ausgestattet, wenn der Übersetzungstext seine stilistischen Eigenschaften ändert, z. B. einen neutralen Text in einen in Dialekt geschriebenen Text verwandelt oder in Phantasiesprache.

Auf der Ebene der höheren semantischen Einheiten bedeutet Amplifikation die Hinzufügung von semantischen Figuren, Bildern, die Einführung von Details, die Verschiebung des thematischen und kompositorischen Schwerpunkts des Werks.

Amplifikation auf der I-Faktorebene ist die Ausstattung des Übersetzungstextes mit zusätzlichen I-Faktoren oder deren Veränderung, durch die der Übersetzungstext zusätzliche Bedeutungen erhält.

Das Verfahren der Amplifikation in der Übersetzung im weiteren Sinne muss angewandt werden, wenn ein Werk z. B. für Film- oder Theaterproduktionen übersetzt und adaptiert wird, wo der Ausdruck z. B. *er hat Hunde* nicht allgemein realisiert werden kann, ohne ihre Rasse oder zumindest ihre Anzahl zu spezifizieren, wie es der visuelle Bereich erfordert.

Die Reduktion auf die einzelnen Textschichten ist das entgegengesetzte Phänomen zur Amplifikation. Dieses Verfahren der Reduktion kann notwendig sein, wenn der Reichtum der Stilmittel des Originals und seiner I-Faktoren dazu führt, dass der Sinn und die Bedeutung des Werks verdeckt werden. Dies ist z. B. bei der Übersetzung von Kabarett-, Stand-up- und politisch-polemischen Texten der Fall, deren Bezüge nur innerhalb der Originalkultur verständlich sind.

Unter Deletion versteht man die Entfernung eines bestimmten Abschnitts des übersetzten Textes aus der Übersetzung, wobei damit weder Irrtümer noch technische Fehler bei der Komposition gemeint sind. Sie ist auch eines der sichtbaren Symptome zensierender Eingriffe in den Text in totalitären Systemen. Ein extremes Phänomen wäre die vollständige Entfernung einer problematischen Publikation aus dem Verkehr, die Blockierung aller Formen ihrer Verbreitung und die Verbannung oder Vernichtung ihres Autors (vgl. Verzeichnis der verbotenen Bücher in der katholischen Kirche, Bücherverbrennung im 3. Reich).

Das Verfahren der Deletion ist notwendig bei der audiovisuellen Übersetzung, wenn der Text durch die Länge des Bildschirms und die Anzeigezeit des Untertitels begrenzt ist, bei gesungener Poesie, wenn die Übersetzung den Bedingungen eines mit Musik vorgetragenen Textes entsprechen muss. Manchmal ist die Löschung ein Verfahren, um den Übersetzungstext kulturell angemessen zu gestalten, insbesondere im Hinblick auf unverständliche Anspielungen und I-Faktoren.

Unter Transposition versteht man die Übertragung eines bestimmten Inhalts aus dem Ausgangstext in den Zieltext, ohne ihn zu bearbeiten oder zu verändern. Sie ist ein typisches Verfahren der Onomastik, mit Ausnahme der Frage der doppelten Benennung von Städten oder der kulturellen Prägung bestimmter historischer Varianten, wie *Stalinogród* statt *Katowice*, bzw. *Kattowitz, Lodz / Lodsch / Litzmannstadt, Bautzen / Budyšin*. Die Verwendung einer bestimmten Variante verschiebt den Text der Übersetzung in Richtung eines bestimmten politischen Konzepts oder Regimenamens, was schwerwiegende Folgen für die Rezeption des Übersetzungstextes haben oder seine Bedeutung verfälschen kann.

Traditionell werden Sätze, geflügelte Worte, Zitate, kulturelle Texte, die allgemein bekannt sind, transponiert. Im Falle der Popkultur sind die übertragenen Inhalte allgemein bekannte Trends, Memes, Sprüche, die durch vielfache Mediennutzung zum IK des Internets gehören.

Die Emulation ist eine Technik, die auf jeder Textebene zu einer Änderung eines bestimmten Äquivalents in der Übersetzung führt. Wir schließen Emulationen aus, die durch sprachliche Unterschiede verursacht werden, wie z. B. die Verwendung von Genitivendungen im Deutschen und Englischen, die bei der Übersetzung ins Polnische verschwinden, oder männliche und weibliche Formen von Verben in slawischen Sprachen, die bei der Übersetzung ins Deutsche nicht mehr zum Vorschein kommen (und nicht rekonstruiert werden können). Die Anwendung der Emulation muss das Ergebnis eines Entscheidungsprozesses des Übersetzers sein, der aus den verfügbaren Übersetzungsoptionen für ein bestimmtes Heteronym (exaktes Äquivalent) ein ungenaues Äquivalent oder ein Äquivalent mit einem anderen Bedeutungsumfang auswählt, obwohl ein exaktes Heteronym in der Zielsprache vorhanden ist.

An dieser Stelle sei auf unser Verständnis von Übersetzungsstrategie und -verfahren hingewiesen. Während ein Verfahren / eine Technik eine Ad-hoc-Lösung im Translat ist, die in einer einheitlichen Situation auf einer bestimmten Ebene des Textes angewandt wird, ist eine Strategie eine vorausgeplante Herangehensweise für die Übersetzung eines Werkes, deren Umsetzung vom Übersetzer eine bewusste Auswahl bestimmter Übersetzungsverfahren erfordert. So kann man bei der Übersetzung eines literarischen Textes eine Reduktionsstrategie oder reduktive Deletionsstrategie anwenden, um den Inhalt und die kulturellen Gegebenheiten zu vereinfachen und den Umfang und die Komplexität des Werkes zu reduzieren; eine Amplifikationsstrategie, wenn eine komplexe Ergänzung der Informationen des Originals z. B. aufgrund einer Veränderung des semiotischen Systems erforderlich ist, oder eine Emulationsstrategie, wenn der Inhalt des Werkes mit einer komplexen Anpassung oder Veränderung der kulturellen Gegebenheiten des Originals verwendet werden soll, was im Bereich der Spieladaption im zeitgenössischen Theater und Film häufig der Fall ist.

Ein wichtiges Merkmal bei der Anwendung des strategischen Modells in der Übersetzung ist das hohe Bewusstsein des Übersetzers für die enzyklopädischen und linguistischen Kenntnisse der Originalsprache und der Übersetzung.

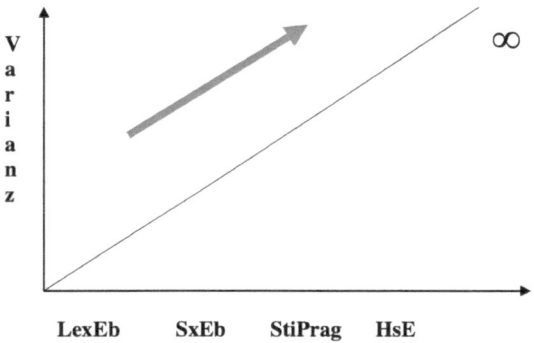

Abb. 5: Varianz der Übersetzungsstrategien (nach Sulikowski 2008:253 mit Ergänzung).

Sulikowski hat 2008 im Fazit seiner Monografie *Strategie und Technik...* das Varianzprinzip von Übersetzungsstrategien beschrieben (vgl. Abb. X). Anhand der analysierten Übersetzungen von Übersetzungseinheiten und der Möglichkeiten, ein bestimmtes Pendant auf einer bestimmten Textebene zu überprüfen, lässt sich feststellen, dass die Möglichkeiten einer solchen Überprüfung für immer höhere Textebenen immer weniger effektiv sind. Während die LexEb-Ebene einzelne Wörter und Wortgruppen enthält, deren Heteronyme anhand von Wörterbüchern, Häufigkeitslisten und Korpora (z. B. dwds.de) überprüft werden können, kann die Syntaxebene nur in groben Zügen anhand des Konstruktionsmusters eines bestimmten Satzes oder einer Ellipse überprüft werden; unter der Voraussetzung, dass diese verständlich und korrekt sind. Auf der StiPrag-Ebene gibt es noch weniger Möglichkeiten, auf der HsE-Ebene ist die Evaluation ohne komplexe Studien kaum möglich. Die StiPrag-Ebene wird in geringem Maße entweder durch allgemeine Stilrichtlinien (z. B. Amtsstil, Amtssprache, gesprochene Sprache, in einem literarischen Text durch den Stil der Epoche, des Genres, des Autors) oder durch allgemeine Illokutionsarten und die Funktion des Segments als Sprechakt reguliert. Die Ebene des HsE ist selbst innerhalb einer einzigen Monokultur nicht exakt überprüfbar. Dasselbe gilt für die I-Faktorenebene mit ihren verschiedenen extratextuellen Beziehungen.

Mit dieser Einschränkung ist auch die zunehmende Varianz, die Beliebigkeit der verwendeten Strategien verbunden. Die Erhöhung der Ebene des übersetzten Segments befreit den Übersetzer von der Notwendigkeit, eine strikt festgelegte Strategie anzuwenden, da die semantische Komplexität es häufig verhindert, eine Typisierung vorzunehmen oder oft sogar den Sinn eines Textsegments zu bestimmen.

Betrachtet man das Problem der Repräsentation spezifischer Übersetzungstechniken auf den oben genannten Textebenen, so lässt sich erkennen, wie sie je nach Kategorie (vgl. Abb. X und X) und Übersetzer verteilt waren.

Die größte Gruppe unter den 596 Beispielen sind lexikalische Emulationen, heteronyme Veränderungen auf Wortebene und wörtlich interpretierbare Wortgruppen (157). An zweiter Stelle stehen die lexikalische Transposition (122), Emulation und stilistische Transposition. Bei den letzten beiden Gruppen handelt es sich um lexikalische und stilistische Erweiterungen und Kürzungen. Erstaunlich ist die Konstanz des Anteils dieser Techniken trotz unterschiedlicher Übersetzer, unterschiedlicher Übersetzungsrahmen und unterschiedlicher Sprachen – Robert Stiller und Piotr Sulikowski übersetzten *Die Hauspostille* ins Polnische, Eric Bentley ins Englische.

Eine optimale Übersetzung, eine solche ist eines der Ziele dieser Arbeit, ist als schrittweises Vorgehen zu verstehen, als Streben nach einem im Verhältnis zum Original optimalen Text, als Umsetzung eines übersetzerischen Maximalismus. Wenn man davon ausgeht, dass nach der Theorie von Barańczak der Originaltext

Übersetzungstechnik	R. Stiller	(%)	E. Bentley	(%)	P. S.	(%)	Σ
Transposition LexEb	29	(14)	75	(24)	18	(19)	122
Amplifikation LexEb	27	(13)	17	(6)	10	(11)	54
Reduktion LexEb	12	(6)	17	(6)	3	(3)	32
Emulation LexEb	54	(28)	74	(25)	29	(30)	157
Transposition StiPrag	12	(6)	48	(16)	6	(6)	66
Amplifikation StiPrag	13	(6)	20	(7)	10	(11)	43
Reduktion StiPrag	5	(2)	8	(3)	1	(1)	14
Emulation StiPrag	51	(25)	39	(13)	18	(19)	108
Insgesamt Beispiele	203		298		95		596

Abb. 6: Mengen der Übersetzungstechniken in Übersetzungen B. Brechts von R. Stiller, E. Bentley und P. Sulikowski (Sulikowski 2008:244).

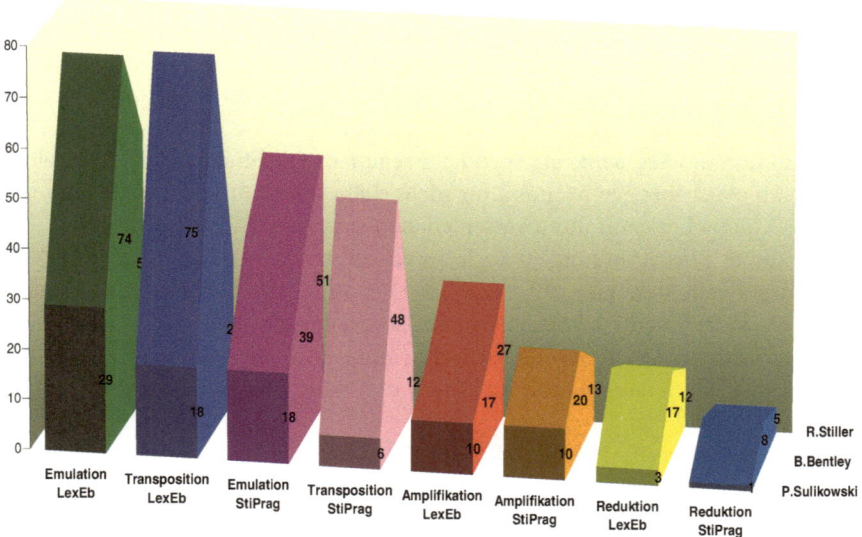

Abb. 7: Aufstellung der Übersetzungstechniken in der »Hauspostille« und in ihren Übersetzungen bei Robert Stiller, Eric Bentley und Piotr Sulikowski (Sulikowski 2008:247).

die Normen für die Übersetzung darstellt und dass er die semantische Dominante, d. h. den Schlüssel für die Interpretation des Werks enthält, sollte man sich an die im Modell einer optimalen Übersetzung festgelegten Prioritäten halten.

Ein literarischer Text gibt durch seine Struktur die Festlegung von vier grundlegenden Übersetzungsaspekten vor, die sich auf die Textstruktur, die Textbedeutung, die höheren semantischen Einheiten und I-Faktoren beziehen. Jeder Aspekt oder eine Kombination von ihnen kann als Priorität im Übersetzungsprozess gewählt werden. Die Wahl der Prioritäten hängt von der beabsichtigten Funktion des Zieltextes und von der Form der semantischen Domi-

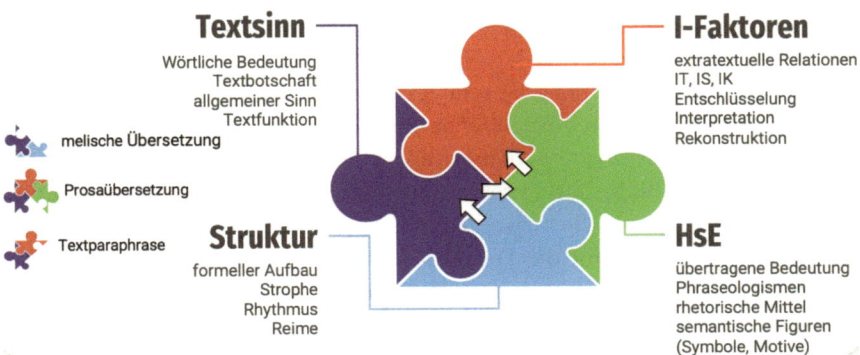

Optimales Übersetzungsmodell

Textsinn
Wörtliche Bedeutung
Textbotschaft
allgemeiner Sinn
Textfunktion

melische Übersetzung

Prosaübersetzung

Textparaphrase

Struktur
formeller Aufbau
Strophe
Rhythmus
Reime

I-Faktoren
extratextuelle Relationen
IT, IS, IK
Entschlüsselung
Interpretation
Rekonstruktion

HsE
übertragene Bedeutung
Phraseologismen
rhetorische Mittel
semantische Figuren
(Symbole, Motive)

Abb. 8: Optimales Übersetzungsmodell für literarische Texte.

nante des Originals ab, die zunächst einmal zur Kenntnis genommen werden sollte.

Der Aspekt der Struktur umfasst Fragen der Textorganisation in Bezug auf Rhythmus, Reim und Stropheneinteilung. Der Übersetzer stellt sich die Aufgabe, eine Art strukturelle Kopie in der Zielsprache zu erstellen. Der Preis für ein solches Vorgehen ist die Verletzung der anderen Aspekte, einschließlich des Sinns der Übersetzung als Ganzes. Die Begründung für eine solche Priorität kann eine melodische Übersetzung sein (siehe Abb. 7), die ebenfalls Textsinn-Elemente mit Struktur verbindet, aber in begrenztem Umfang, oder eine Medienübersetzung mit Untertiteln, die sich an den wechselnden projizierten Inhalt im Film anpassen muss.

Eine Fokussierung des Textsinns entfernt sich von den Strukturelementen und konzentriert sich auf die wörtliche Bedeutung der Elemente und den Sinn des Textes, die Textbotschaft. Die Pragmatik und die Funktion des geschaffenen Textes spielen hier eine große Rolle. Zum Beispiel basiert die Übersetzung von Abzählreimen als Kinderspiel auf der Aufzählung und der Länge des Verses, die anderen Strukturelemente spielen keine große Rolle. Bei der Konzentrierung auf den Textsinn bleibt die Textbotschaft, d.h. die Atmosphäre des Spiels, die Funktion der Aufzählung und die Personenwahl, erhalten. Dabei spielt es keine Rolle, ob der Aufzählungstext selbst dieselben Wörter oder Phrasen enthält.

Ein Sonderfall der Kombination beider Aspekte in einer optimalen Übersetzung ist die melische Übersetzung, die durch die Musik und den Rhythmus beschränkt bleibt, so dass die Anpassung hinsichtlich dieser Faktoren im Vordergrund steht. Dabei bleiben einige Elemente des Textsinns erhalten, sofern das Original und die Sprache der Übersetzung dies ermöglichen. Häufiger jedoch wird eine melische Übersetzung zu einer freien Interpretation des Originals, die dieses unweigerlich verfälscht. Im Fall von Bertolt Brecht erweisen sich die Übersetzungen seiner Lieder meist als sehr nah am Original, mit vielen Bezügen zu klassischen poetischen Formen und der Konventionalität der von ihm verwendeten Bildsprache.

Die Priorisierung der höheren semantischen Einheiten des HsE kann hinter den strukturellen Aspekt zurücktreten. Eine solche Übersetzung konzentriert sich auf die Wiedergabe von figurativen Bedeutungen, Phraseologismen mit ihrem Aspekt der Bildlichkeit, rhetorischen Mitteln und semantischen Figuren, die den Aufbau der im literarischen Text dargestellten Welt ausmachen. Die Übersetzung nimmt dann die Form einer philologischen Übersetzung, einer Paraphrase oder einer Inspiration an. Der strukturelle Aspekt wird in der Regel aufgrund der grammatikalischen Unterschiede zwischen der Ausgangs- und der Zielsprache erheblich verändert.

Die höchste Stufe des Modells einer optimalen Übersetzung literarischer Texte erreicht man durch die Einbeziehung der Interfaktoren, d.h. der außersprachlichen Beziehungen des Textes, die ihn mit bestimmten textlichen, nichttextlichen und kulturellen Phänomenen verbinden. Die Rekonstruktion dieser Ebene stellt die größte Herausforderung bei der literarischen Übersetzung dar, da zwei grundlegende Variablen des Systems berücksichtigt werden müssen: die zeitliche Variable und die räumlich-kulturelle Variable. Die zeitliche Variable betrifft die Variabilität der I-Faktoren auf der Zeitachse – zum Zeitpunkt der Entstehung des Textes durch den Autor, im Prozess jeder Rezeption des Textes in der ursprünglichen Kultur, im Prozess jeder Rezeption des Textes in einer der Übersetzungen. Bei dieser Variablen geht es um die ständige Aktualisierung einer Referenz, die ihren Wert, ihre Bedeutung oder ihren Umfang im Laufe der Zeit verändern kann und meistens diametral verändert.

Die zweite Variable betrifft spezifische Orte, kulturelle Bereiche, die zum Zeitpunkt der Rezeption des Werks aktiviert werden. Je nach dem Standort der Zielkultur im medialen Polysystem können die I-Faktoren wiederum rekonstruiert oder deformiert werden. Es ist also davon auszugehen, dass jede Rezeption eines literarischen Textes den Sinn der in ihm enthaltenen Ich-Faktoren sowohl zeitlich als auch räumlich verändert.

Das hier vorgestellte Modell verortet die übersetzerische Realisierung der einzelnen Aspekte des Ausgangstextes als das Optimum der Übersetzung, d.h. die maximale Rekonstruktion aller vier Aspekte im Zieltext, was den von Barańczak (a.a.O.) vorgeschlagenen Prämissen des übersetzerischen Maximalismus entspricht.

3 Analysen der Gedichte

3.1 Liebe

Ich habe Dich nie je so geliebt, ma soeur

Als wie ich fortging von dir in jenem
Abendrot.
Der Wald schluckte mich, der blaue Wald, ma
soeur
Über dem immer schon die bleichen Gestirne
im Westen standen.

Ich lachte kein klein wenig, gar nicht, ma
soeur.
Der ich spielend dunklem Schicksal entge-
genging –
Während schon die Gesichter hinter mir
Langsam im Abend des blauen Walds ver-
blaßten.

Alles war schön an diesem einzigen Abend,
ma soeur
Nachher nie wieder und nie zuvor –
Freilich: mir blieben nur mehr die großen
Vögel
Die abends im dunklen Himmel Hunger
haben.

(GBA 13, 153)

Nigdy cię tak nie kochałem, ma siostro

Jak wtedy, gdy od ciebie odszedłem czerw-
onym wieczorem.
Ten las, niebieski las, mnie pożarł, ma siostro
Nad którym na zachodzie blado skrzyły
gwiazdy.

Nie uśmiechałem się ani trochę, wcale, ma
siostro
Podążając figlarnie naprzeciw ponurego
losu –
Podczas gdy już twarze za mną
Bledły powoli w wieczorze niebieskiego
lasu.

Wszystko było piękne w ten jedyny wieczór,
ma siostro
Jak nigdy znowu i nigdy dotychczas –
W zasadzie: dla mnie zostały jeszcze tylko
wielkie ptaki
Które w ciemnym niebie wieczorem szukają
jedzenia.

Ich habe dich nie je so geliebt, ma soeur ist ein Liebesgedicht ex negativo, ein solches, das die traditionelle Vorstellung von Liebe desillusioniert. Für sich alleine betrachtet, ist der Fatalismus des Gedichtes schwer verständlich. Zwei Aspekte, die einer Deutung ihren Weg weisen, sind unbedingt zu beachten: Entstanden Februar oder März 1920, ist es überliefert in einem Notizheft Brechts, das er von Januar bis März dieses Jahres führte. Es enthält Gedichte, von denen viele äußerst düster gestimmt sind und ähnliche Bilder und Motive aufweisen. Fast scheint es so, als habe Brecht eine Reihe von Gedichten geschrieben und hier gesammelt, die den baalschen Vitalismus bewusst unterminieren. Baal, die berühmte frühe Dramenfigur Brechts, nimmt in Kauf, dass sein »Abgrasen der Welt« um jeden Preis auch Leid mit sich bringt. Dieses akzeptiert er, orientiert an der Philosophie Nietzsches, als dem Leben zugehörig.

Ich habe dich nie je so geliebt, ma soeur und andere Gedichte aus diesem Notizbuch hingegen strahlen einen gewissen Erkenntnisekel des lyrischen Ich aus. Alles, auch die Liebe und was man darunter verstehen mag, ist sinnlos, und folgt letztlich vordergründigen wie barbarischen Gesetzmäßigkeiten. Dies anders zu sehen ist Einbildung, Selbstbetrug. Bacchanale feiern kann die erzählende Instanz nicht, sie würden ihm im Halse stecken bleiben. Besser also, man entzöge sich, wie auch immer, der »Kälte der Welt«, die Brecht so oft lyrisch zu fassen versucht; in den Gedichten der *Hauspostille* und vielen anderen.

Des Weiteren handelt es sich um eine von mehreren Varianten des berühmtesten Liebesgedichts Brechts überhaupt, *Erinnerung an die Marie A.*, zu etwa gleicher Zeit entstanden; nur, dass jetzt die Variation zu diesem Thema, *Ich habe Dich nie je so geliebt, ma soeur*, derart niederdrückend ist, dass eine sentimentale Stimmung beim Leser erst gar nicht aufkommen kann.

Dabei verspricht der Titel, für sich allein betrachtet, anderes: Um große Gefühle scheint es im Folgenden zu gehen, auch um Ausschließlichkeit: nämlich um die Liebe zu einer bestimmten, einzigen Frau – wir unterstellen einmal, dass das lyrische Ich männlich ist – um eine Liebe, die in einem Moment, in einer gewissen Situation ihren emotionalen Höhepunkt, so wird einem glauben gemacht, erfahren habe. Doch der Titel ist doppeldeutig, er hat eine Oberflächen- und eine Tiefenstruktur. Tatsächlich nämlich geht es um nichts Anderes als um Promiskuität. Nur im Sexualakt war das lyrische Ich der Frau kurz nahe, weder davor noch danach; einer Frau, die ihn ansonsten nicht weiter interessiert. Die sich wiederholende Formulierung »ma soeur«, »meine Schwester« drückt keine emotionale Verbundenheit, sondern herablassende Distanzierung aus. Nähme man sie wörtlich, würde sogar eine inzestiöse Verbindung hinter dieser kurzen Affäre stehen. Doch das scheint zu weit hergeholt, und Georg Trakls Nähe zu seiner Schwester wird Brecht 1920 kaum bekannt und damit auch nicht Material für eine Anspielung gewesen sein.

Dem lyrischen Ich, das weiß es selbst nur zu gut, geht es nicht besser als der von ihm wohl einmalig Benutzten: Es verschwindet im Dunkel des Waldes, verliert seine Konturen, so wie die Gesichter, die es hinter sich lässt, »verblassen«; auch das der kurz Geliebten. »Und ihr Gesicht/ Das weiß ich wirklich nimmer«[1] heißt es in betörend schöner Poesie in *Erinnerung an die Marie A.* Doch in diesem Gedicht »erinnert« sich das lyrische Ich in guter, wenn auch melancholischer Stimmung dem Liebesakt von einst. Nichts davon in *Ich habe dich nie je so geliebt, ma soeur*: Das Lyrische Ich löst sich auf, wird von den großen Vögeln, vom Wald gefressen, absorbiert, so wie der Sterbende im frühen *Hauspostillen*-Gedicht *Vom Tod im Wald.*[2] Von der erzählenden Instanz bleibt nichts; besser sie wäre niemals da gewesen. Brecht wartet mit verschiedensten, traditionell oft positiv konnotierten Farben auf: Abendrot, blauer Wald, denen gegenüber solche des Verblassens und des Düsteren stehen, die die Zukunft des Lyrischen Ich antizipieren: es wird in »dunklem Schicksal« verschwinden. Dass es diesem »spielend«, also mit Leichtigkeit entgegengeht, kauft ihm niemand ab.

Im übernächsten Gedicht jenes Notizbuchs kehren die großen Vögel wieder. »Auf sie fiel schwarzer Regen«[3] – wie scheinbar auch auf das Lyrische Ich aus *Ich habe dich nie je so geliebt, ma soeur* und letztlich auf alle Menschen, alle Kreatur in dieser sinnlosen Welt.

Das Gedicht mit dem Titel *Ich habe Dich nie so geliebt, ma soeur* entpuppt sich trotz der Erwartung des Übersetzers, dass es von der Struktur her regelmäßig sein würde, wie es die drei vierzeiligen Strophen andeuten, bei näherer Betrachtung als ein »weißes Gedicht« mit nur einem Paar ungenauer Reime, d. h. *gegenging – hinter mir* und unregelmäßigen rhythmischen Füßen.

Die semantische Dominante des Werkes ist zweifellos die wiederholte adressative Form *ma soeur*, die im Grunde auch eine Art Reim ist. Die Schlüsselwörter des Gedichts sind auch *blauer Wald*, eine von Brecht erfundene Bezeichnung, die in deutschen Sprachkorpora (DWDS 0 Belege) nicht verzeichnet ist, das Adjektiv *dunkel: dunkles Schicksal, dunkler Himmel* und *dunkler Abend*, das viermal vorkommt.

Auf lexikalischer Ebene stellt das Gedicht aufgrund seiner Konventionalität kein Übersetzungsproblem dar; Neologismen, Archaismen oder besonders stilistisch aufgeladene Einheiten sind hier nicht zu erkennen. Ein starker lexikalischer Akzent ist die bereits erwähnte französische Phrase *ma soeur*, die einen zeitgenössischen Barbarismus in der deutschen Sprache darstellt, ein fremdgeschriebenes und unverändliches Element. Zur Zeit der Abfassung des Werkes

---

1 GBA 11, 93.
2 Vgl. ebd., 80–82.
3 Vgl. ebd. 13, 154.

wurde das Französische allerdings in der Literatur manchmal noch als Überbleibsel der früheren Sprachmode des Adels verwendet. Eine gewisse Erleichterung für den Übersetzer ist das im Original verwendete unregelmäßige Metrum mit unterschiedlich langen Versen und rhythmischen Pausen, das dem Übersetzer keine formalen Beschränkungen auferlegt.

Was die Syntax betrifft, so weicht das Originalwerk nicht vom Standardgebrauch der deutschen Sprache ab – es erscheinen hier Temporalsätze *wie…*, *während…* Relativsätze z. B. *über dem…*, *der ich spielend…*, *Vögel, die abends…* Die auf diese Weise konstruierte Syntax, die nicht durch die besondere Poetik des Autors gekennzeichnet ist, ermöglicht eine freie Übersetzung und lässt viele Alternativen offen.

Bei den verwendeten Übersetzungstechniken spielen lexikalische Emulationen eine besondere Rolle. Zum einen besteht die Notwendigkeit, sich für eine der Verbformen zu entscheiden – das Polnische kennt, wie andere slawische Sprachen auch, zwei gleichberechtigte Endungsformen in der Konjugation – männlich und weiblich, je nach Geschlecht des Sprechers. Solche Formen kommen im Deutschen nicht vor, was das lyrische Werk noch rätselhafter macht, da das Geschlecht des Sprechers auf der Textoberfläche nicht bezeichnet ist. Ich habe mich für die Verwendung der männlich-persönlichen Formen *kochałem, odszedłem, uśmiechałem* entschieden, wobei ich das Gedicht als autobiografisch interpretierte, jedoch könnte auch eine weiblich-persönliche, gleichberechtigte Version dieses Textes erstellt werden.

Eine weitere lexikalische Emulation ist *bleiche Gestirne → blado skrzyły gwiazdy*. Das Lexem *Gestirn*, der zweite Begriff neben *Stern* für die am Firmament leuchtenden Himmelskörper, erscheint im Ausgangstext. Die polnische Sprache hat hier lediglich ein Heteronym, nämlich *gwiazda*. In der Übersetzung wurde von der Wortgruppe *bleiche Gestirne* auf die Satzform *bleich funkten die Sterne* umgestellt, die sich rhythmisch besser in die gewählte Übersetzungsform im Polnischen einfügt.

Bei der Strophe *Der Wald schluckte mich → las mnie pożarł* habe ich eine expressive Variante verwendet: Das Verb *połykać* (dt. ›schlucken‹) wurde durch die ausdrucksstarke Form *pożerać* (dt. ›fressen, verschlingen‹) ersetzt, anstatt *połykać* (dt. ›schlucken, verschlingen‹), was der dargestellten Welt etwas mehr Ausdruck verleiht und den *blauen Wald* räuberischer macht.

Ähnlich ist es in der Strophe *dunklem Schicksal entgegen*, wo dunkel mit düster (dt. ›düster, finster‹) übersetzt wird. Diese Änderung ist auf die Konventionen der polnischen Sprache zurückzuführen, in der *finsteres Schicksal* häufiger als *dunkles Schicksal* verwendet wird; das Adjektiv *ciemny* hat im Polnischen die Konnotation von unkultiviert, ungebildet, unaufgeklärt, z. B. *ciemny lud* (dt. ›dunkles Volk‹).

Der letzte Ausdruck *Hunger haben* kann trotz des Vorhandenseins beider Lexeme in der polnischen Sprache nicht wörtlich übersetzt werden, da eine solche Kollokation ein Germanismus **Hunger haben* wäre, der nur in Dialekten und Pidginformen vorkommt. Aus diesem Grund wurde diese Form als *nach der Nahrung suchen* emuliert, was semantisch dem Original zu entsprechen vermag (statt »vermag« »scheint«).

Die adressative Form *ma soeur* wurde im Translat zu *ma siostro* (dt. ›meine Schwester‹), weil die französische Sprache in der polnischen Sprachkultur nicht mehr funktioniert und von den meisten Lesern nicht verstanden wird. Das polnische Possessivpronomen *ma* ist dabei eine stilistisch gehobene Variante der regulären Form *moja*, die nur in literarischen Texten vorkommt, sie ist aber dem französischen Apostroph verblüffend ähnlich. Ihr stilistischer Wert in der Übersetzung verhindert gleichzeitig jene mögliche, in der literaturwissenschaftlichen Analyse angesprochene »herablassende Distanzierung« des lyrischen Ich zugunsten einer hymneähnlichen Hinwendung an die Person.

✳ ✳ ✳

<table>
<tr><td>1</td><td>1</td></tr>
<tr><td>

Und immer wieder gab es Abendröte
Geruch von Asphalt und von Thymian
Sie harrten immer drauf, daß Er sie töte
Er aber, lässig, dachte nicht daran.

</td><td>

I ciągle pojawiały się zachody
Zapach asfaltu i tymianku
Ich przekomarzania, że on ich zabije
On jednak, luzak, nie myślał wszak o tym.

</td></tr>
<tr><td>2</td><td>2</td></tr>
<tr><td>

Die Himmel strahlend wie die großen Lügen
Sie narrten sie: das alles hielt sie auf.
Er wollte wissen, wie lang sie's ertrügen
Sie aber, hilflos, kamen nicht darauf.

</td><td>

Nieba świeciły jak ogromne fałsze
Droczyli się: wszystko ich wstrzymuje.
On chciał usłyszeć, jak długo to zniosą,
Oni bezradni nie wiedzieli wcale.

</td></tr>
<tr><td>3</td><td>3</td></tr>
<tr><td>

Und wenn sie fragten, ob er denn dann wünsche
Daß sie verzichteten, dann schwieg er auch.
Und ließ sie stehen in den dunklen Büschen
Und sagte nichts und hüllte sich in Rauch.

</td><td>

Kiedy pytali, czy on sobie życzy
Żeby zrezygnowali, wtedy milczał stale.
Kazał im stać wśród ciemnych zarośli
I nic nie mówił, i wciąż w ciszy palił.

</td></tr>
</table>

4	4
Sie aber sagten ja ins Ungewisse	Oni potakiwali bez żadnej pewności
Und gaben's auf und sanken in die Knie	Zrezygnowali, padli na kolana
Und schon vergingen ihre Bitternisse	I już znikęły wszystkie ich przykrości
(Und etwas früher noch vergingen sie.)	(a chwilę wcześniej sami przeszli do
	przeszłości)

(GBA 13, 175f.)

Wieder ist ein Notizbuch Brechts aus etwa derselben Zeit der erste Überlieferungsträger, wieder sammelt der Autor zutiefst fatalistische Gedichte, die teilweise wie Fingerübungen für die *Hauspostille*, Brechts wohl bedeutendsten Lyrikzyklus, wirken. Genauso könnte es auch sein, dass diese Gedichte ein und demselben Themenfeld entsprangen, dann aber von Brecht nicht für wert erachtet wurden, in die *Hauspostille* aufgenommen zu werden. Einem Notizbuch, das Brecht Mitte 1920 führte, entstammt *Und immer wieder gab es Abendröte*. Betrachtet man den Kontext, so fällt auf, dass die Abendröte aus *Ich habe dich nie je so geliebt, ma soeur* nun eine titelgebende Funktion hat und sie in dem Notizbuch folgenden Gedicht *Sie sind vorübergegangen* wiederkehren wird. Somit liegt eine Isotopieebene auf der Basis des Motivs jenes Abendrots vor, mit der Brecht die klischeehaft-romantisierende Vorstellung des Begriffs ins Gegenteil kehrt und die Gedichte dieser Notizbücher so in einen Zusammenhang stellt. Die Stimmung, die das Abendrot erzeugt, ist nicht erbaulich-sentimental, im Gegenteil: Es gehört zu einer nur auf den ersten Blick schön anzusehenden Kulisse tiefster Depression und Ernüchterung, vor der sich die leidvolle Existenz des Menschen vollzieht.

Im Notizbuch unmittelbar vorangestellt ist ein Gedicht gleichfalls tiefster Depression, dessen ersten beiden Strophen lauten:

Die schwarzen Wälder aufwärts	Wgórę czarnych lasów
In das nackte Gestein	W gołe skały
Es wachsen schwarze Wälder bis	Czarne lasy wrastają aż
In den kalten Himmel hinein.	Do zimnego nieba.
Es schreien die Wälder vor Kummer	Krzyczą lasy z troski
Von Frost und Oststurm zerstört –	Zniszczone przez mróz i burze ze wschodu –
Wir aber haben dort unten	My jednak słyszeliśmy na dole
Die flüsternden Worte gehört.[4]	Szeptane słowa.

---

4 Ebd., 175.

Verschlangen die Wälder in *Ich habe dich nie je so geliebt, ma soeur* noch das lyrische Ich, so sind sie nun selbst Opfer einer Welt, deren Himmel leer ist und in den sie hineinwachsen. Ein deutsches Sprichwort, das vor Überheblichkeit warnt, sagt, dass Bäume nicht in den Himmel wachsen bzw. Gott keine in den Himmel wachsen lässt. Sie aber können es nun in ihrer Verzweiflung, weil der Himmel ihnen Platz gewährt. Denn Gott ist abhandengekommen. Doch das ist den anthropomorphisierten Bäumen keine Genugtuung. Kein Übermut, keine Eitelkeit treibt sie an, sie leiden, »schreien vor Kummer«.

Daran schließt *Und immer gab es Abendröte* an, indem sich der Autor nun jenem Gott zuwendet, der den Himmel verlassen hat, nicht existiert, aber für die Gläubigen immer noch präsent und wirklich ist. Brecht nennt ihn subtil nicht Gott. Aber das traditionell großgeschriebene Pronomen »Er«, wenn es um Gott geht, gleich in der ersten Strophe, lässt keine Zweifel daran, wen oder was er meint. Die Menschen warten darauf, dass er handele, doch vergebens, wie schon in Brechts frühem Gedicht *Der Himmel der Enttäuschten*[5] aus dem Jahr 1917 – dies ist eine markante Motiventsprechung. Erlösen, heim holen in sein Reich soll er sie. Er soll sie befreien von einem Geruch, einer Welt, die aus Asphalt und Thymian, aus dem Moloch, dem Elend der Großstadt und Weihrauch, dessen Bestandteil Thymian sein kann, besteht. Die harte Realität der modernen Welt und die süßen oder süßlichen metaphysischen Verheißungen, die »großen Gebärden des Himmels«,[6] wie es im selben Notizbuch heißt, stehen in Widerstreit. Gott aber kümmert sich nicht um seine Kinder. Er lässt sie sitzen, wie schon im *Himmel der Enttäuschten*.[7]

Es ist noch viel schlimmer. Gott erlöst die Menschen nicht, sondern macht, aus Langeweile, ein Experiment mit ihnen: Dessen Grundfrage lautet: Wie lange halten sie es wohl aus im irdischen »Jammertal«, angesichts der »großen Lügen des Himmels«? Ziemlich lange, viel zu lange, so die Antwort, das Resultat des Experiments. Die »Menschenkinder«, »kommen nicht drauf«, was mit ihnen angestellt wird. Sie stehen damit der eigenen Befreiung und Weiterentwicklung im Wege und bieten Gott in vorauseilendem Gehorsam sogar an, Verzicht zu üben, allen weltlichen Reizen und Genüssen, damit einem wesentlichen Teil ihrer selbst, zu entsagen. Aber wieder erfolgt nichts, nur Stillschweigen, keine Antwort eines Gottes, der sich lieber hinter den Weihrauchschwaden verbirgt.

Dann zeigt sich, dass Religion, frei nach Marx, tatsächlich »Opium fürs Volk« ist. Die Reaktion der alleingelassenen Gotteskinder nämlich ist kein Aufbegehren, sondern ein »Aufgeben«, der Kniefall vor dem nicht Existierenden, sich jeglicher Wahrnehmung Entziehenden. Tatsächlich bringt dieser Kniefall Lin-

---

5 Vgl. ebd., 100f.
6 Vgl. ebd., 177.
7 Vgl. ebd., 101.

derung. Das Leid, jegliche »Bitternis«, ist verschwunden; für eine Zeit zumindest. Dann geht alles von vorne los. Darüber merken sie gar nicht, dass das, was sie in ihrem Menschsein eigentlich ausmacht, schon längst nicht mehr existiert. Dieses kaum Wahrnehmen der eigenen Situation realisiert Brecht poetisch, indem er den letzten Vers in Klammern setzt; so als handele es sich um eine Nebensächlichkeit, eine unbedeutende Ergänzung. Dabei läuft das Gedicht als seinen Höhepunkt auf ihn hinaus.

Dieses Gedicht ist eine gelungene Fortsetzung der Tradition der deutschen Regelpoetik mit hohem literarischem Anspruch. Es ist in vier Strophen gegliedert, die jeweils aus vier abwechselnden Zeilen mit regelmäßigem Rhythmus mit 9- und 11-silbigen Versen bestehen, die durch exakte Kreuzreime ABAB miteinander verbunden sind, mit Ausnahme der Reime in der dritten Strophe, d.h. *Wünsche –Büschen*, wo ungenaue Reime auftreten.

Die melodisch aufgebaute formale Seite sowie die Schlüsselwörter ähneln dem vorherigen Lied: *Abendröte – Himmel – Dunkelheit – Gegensatz er vs. sie* bilden in der dargestellten Welt die semantische Dominante.

Auf der lexikalischen Ebene stellt das Gedicht keine besondere Herausforderung für den Übersetzer dar, da der Autor, wie schon im vorangegangenen Gedicht, innerhalb der Semantik und Lexik der Standardsprache bleibt, das verwendete Vokabular stilistisch nicht charakteristisch ist und Heteronyme sowie zahlreiche Synonyme im Polnischen aufweist.

Was die Syntax betrifft, so verwendet Brecht, abgesehen von einer Ellipse *Geruch von Asphalt und von Thymian*, untergeordnete und koordinierte komplexe Sätze, die durch die Konjunktionen *dass, wie lang, wenn, und* verbunden sind, wobei die Wortfolge für die Nebensätze, soweit erforderlich, beibehalten wird. Syntaktische Unregelmäßigkeiten sind aus diesem Grund nicht feststellbar.

Die Schwierigkeiten bei der Übersetzung beginnen auf der formalen Ebene, da die verwendete Verslänge (11 und 9 Silben) im Polnischen als Kurzvers behandelt wird, was die Arbeit des Übersetzers erheblich einengt. Ähnlich kompliziert ist die Reimstruktur, die im Zieltext nur mit einer grundlegenden Rekonstruktion der semantischen Ebene des Werkes und leider auf deren Kosten wiedergegeben werden kann. Aus diesem Grund habe ich mich für ein reguläres, akzentuierendes Versprinzip entschieden, um die Verslänge der Übersetzung so ähnlich wie möglich zu halten. Anstelle der aufwändigen ABAB-Reimstruktur des Originaltextes erscheint in meiner Übersetzung die approximierende Struktur ABCA', ABCD, ADCA', ABAA. Ein zusätzliches Element ist der Reim zwischen der 8. und 10. Zeile der Übersetzung, der im Originaltext nicht auftaucht, was die unvollkommenen Reime im polnischen Text zumindest teilweise ausgleicht. Die Harmonisierung des Gedichts im Polnischen wird also von einer akzentuierenden und versifizierenden Konstruktion übernommen.

Auf der lexikalischen Ebene besteht eine gewisse Übersetzungsschwierigkeit im Lexem *Abendröte → zachody*, was wörtlicher, z. B. als »die Röte des Abends«, übersetzt werden könnte, was jedoch das Äquivalent um 3 Silben verlängern und den konzipierten Translataufbau verändern würde. Die im Polnischen eher üblichen Assoziationen mit Abend sind *dunkel, schnell fallend*, die Farben der Dämmerung sind dafür eher mit der Sonne, mit ihrem Untergang konnotiert, weshalb diese Variante gewählt wurde.

Das Adjektiv *lässig → luzak*, das den Protagonisten des Werks beschreibt und hier adverbial verwendet wird, hat im Polnischen zahlreiche Entsprechungen, z. B. *wyluzowany, niedbały, odprężony, niedokładny* (dt. ›entspannt, lässig, ungenau‹). Es ist anzumerken, dass jede Variante aus mindestens drei Silben besteht, weshalb in der Übersetzung ein kürzeres Substantiv *luzak* (dt. »der Lässige« (von Personen), bzw. »ein frei laufendes Tier«) mit ähnlicher Bedeutung auftaucht.

Ein großes Problem war die Übersetzung der Phrase *strahlend wie die großen Lügen → świeciły jak ogromne fałsze*. Im Deutschen hat der Begriff *große Lügen* eine lange Tradition; die Innovation des Autors besteht jedoch darin, diesem Phänomen Licht zuzuschreiben, trotz der üblichen kulturellen Assoziationen über die Helligkeit der Wahrheit und die Dunkelheit des Bösen, des Betrugs, der Lüge. Die großen Lügen, die hier beschrieben werden, sind wahrscheinlich wegen ihrer Offensichtlichkeit eine Quelle des Lichts für das lyrische Subjekt.

Wie im vorangegangenen Beispiel musste eine Auswahl getroffen werden, um die kürzest mögliche Entsprechung zu finden. *Strahlen* kann übersetzt werden mit *świecić, błyszczeć, promienieć* (pons) (dt. ›leuchten, glänzen‹).

Das Verb *narren* hat im Deutschen eine lange Tradition, die bis ins 8. Jh. zurückreicht. Derzeit ist die Häufigkeit seiner Verwendung rückläufig. Es gibt 38 Synonyme in seinem semantischen Feld, darunter zum Beispiel

> (jemandem) ein X für ein U vormachen, foppen, narren, nasführen, täuschen, veralbern, zum Besten haben, zum Besten halten, zum Narren halten, (jemandem etwas) weismachen (wollen), (jemandem) einen Bären aufbinden, ugs. (jemanden) für dumm verschleißen ugs., rheinisch, veraltend (mit jemandem) sein(e) Spielchen treiben ugs., an der Nase herumführen ugs., anführen ugs., anmeiern ugs., anschmieren ugs. auf den Arm nehmen ugs., fig., auf die Rolle nehmen (dwds)

Viele von ihnen können auch wörtlich ins Polnische übersetzt werden, aber jedes Mal ist die Lösung länger als drei Silben. Daher wurde *narren* mit *droczyć* (dt. ›necken‹) übersetzt, im Polnischen im Sinne von »sich im Scherz so verhalten, als ob man mit jemandem streitet oder versucht, diese Person nervös zu machen« (wsjp). Die Folge einer solchen Handlung wird darin bestehen, die andere Person in Verlegenheit zu bringen oder zu verärgern, eine Wirkung, die der Reaktion auf das Narren ähnelt.

Das Verb *auf etw. kommen* im Sinne von ›auf eine Idee, Lösung kommen‹ wurde als lexikalische Emulation mit ›sie wussten gar nicht‹ übersetzt: *sie kamen nicht darauf → nie wiedzieli wcale*, um eine rhythmische Konsistenz der Strophe zu erreichen. Andere Lösungen würden in Polnisch länger als 6 Silben sein.

Im Beispiel *in den dunklen Büschen → wśród ciemnych zarośli* findet sich das Lexem *zarośla* Dies ist ein Poetizismus, der eine stilistisch gehobene Variante eines Lexems mit literarischer Prägung ist. Eine wörtliche Übersetzung als *w krzakach* verursacht eine Reihe von derben Konnotationen, die in diesem Fall unerwünscht wären, wie *pić alkohol / spać / ukryć się / leżeć w krzakach* (dt. ›Alkohol trinken / pennen / sich verstecken / liegen in Büschen / im Gestrüpp‹).

Das Lexem *Bitternis* (gehoben Bitterkeit, bitteres Gefühl) (dwds) kann mit zweisilbigen Heteronymen übersetzt werden *gorycz, przykrość*. Die zweite Variante wurde für die Übersetzung verwendet, zumal sie einen exakten Reim mit der ersten und vierten Zeile der Strophe bildet: *pewności / trudności / przeszłości*.

Aus demselben Grund habe ich bei der Übersetzung des Verbs *vergehen* die beschreibende Variante *przechodzić do przeszłości* (dt. ›in die Vergangenheit übergehen‹) verwendet, die viel länger als *przemijać* (dt. ›vergehen‹) ist. Sie ermöglicht jedoch den korrekten Aufbau des Rhythmus und die Vervollständigung des Satzes.

Auf der HsE-Ebene besteht eine gewisse Schwierigkeit in der Verwendung des Personalpronomens *sie*, das bei schnellerem Lesen als 3. Person Singular wahrgenommen werden kann. Die Leserkonnotationen führen zu einer gängigeren Interpretation – ein Abschied von Geliebten, auch wenn der Text eine größere Freundesgruppe voraussetzt.

Brechts Beschreibung des rauchenden Protagonisten ist sehr malerisch – *er hüllt sich in Rauch*. In der Zielsprache wurde der Vers angepasst, um einen Reim zu erzeugen, daher verändert sich das Bild in ein semantisch einfacheres *Rauchen*. Hier muss der den Protagonisten umhüllende Rauch als eine Folge des Rauchprozesses verstanden werden.

* * *

Vom Geld	**O kasie**
»Vor dem Taler, Kind, fürchte dich nicht.	*Kasy się nie bój, dziecino.*
Nach dem Taler, Kind, sollst du dich sehnen«	*Za kasą tęsknić powinnaś, dziecino*
Wedekind	Wedekind

Ich will dich nicht zur Arbeit verführen.	Nie chcę ciebie do pracy nakłaniać.
Der Mensch ist zur Arbeit nicht gemacht.	Człowiek nie jest do pracy stworzony.
Aber das Geld, um das sollst du dich rühren!	Ale kasa, ta cię powinna poganiać.
Das Geld ist gut. Auf das Geld gib acht!	Kasa dobra. Na kasę każdy patrzy uciesz-
	ony.

Die Menschen fangen einander mit Schlin-	Ludzie łapią siebie nawzajem na stryki.
gen.	Wielkie jest zło tego świata, który cię otacza
Groß ist die Bosheit der Welt.	Dlatego musisz mieć banknotów pliki,
Darum sollst du dir Geld erringen	Ich miłość do kasy to bowiem przekracza.
Denn größer ist ihre Liebe zum Geld.	

Hast du Geld, hängen alle an dir wie Zecken:	Jak masz kasę, wszyscy przyssani jak kles-
Wir kennen dich wie das Sonnenlicht.	zcze
Ohne Geld müssen dich deine Kinder ver-	Znamy cię doskonale, jak słoneczne błyski.
stecken	Bez kasy twoje dzieci cię chowają wreszcie
Und müssen sagen, sie kennen dich nicht.	I mówią, my nie wiemy, kim jest ten typ
	bliski.

Hast du Geld, mußt du dich nicht beugen!	Jak masz kasę, nie musisz nikomu honorów
Ohne Geld erwirbst du keinen Ruhm.	oddawać.
Das Geld stellt dir die großen Zeugen.	Bez kasy sława twoja nisko się położy.
Geld ist Wahrheit. Geld ist Heldentum.	Kasa da ci wielkich świadków, co będą
	zeznawać.
	Kasa to prawda. Kasa bohaterów tworzy.

Was dein Weib dir sagt, das sollst du ihr	Co twoja baba ci mówi, wierz w to nie-
glauben.	zachwianie.
Aber komme nicht ohne Geld zu ihr:	Lecz nie przychodź do niej bez kasy, mój
Ohne Geld wirst du sie deiner berauben	drogi.
Ohne Geld bleibt bei dir nur das unvernünf-	Bez kasy kobitę weźmie ci los srogi,
tige Tier.	Bez kasy tylko durne zwierzę przy tobie
	zostanie.

Dem Geld erweisen die Menschen Ehren.	Kasie ludzie oddają honory.
Das Geld wird über Gott gestellt.	Kasę sobie stawiają nad Boga,
Willst du deinem Feind die Ruhe im Grab	By wróg w grobie niepokój miał spory
verwehren	Napisz nań: tu leży kasa, to kara dlań kara
Schreibe auf seinen Stein: Hier ruht Geld.	sroga.

(GBA 13, 332f.)

In Form eines Rollengedichts parodiert Brecht die kapitalistische Gesellschaft. Er fokussiert das Zahlungsmittel, das Geld, von dessen Haben oder Nichthaben alles abhängt. Deshalb streben alle danach, entwickeln eine »Liebe« zu ihm, die eher

als Abhängigkeit verstanden werden muss. Geld ist das Einzige, das, im engen
Sinne des Wortes, »zählt«. Dies ist besonders eindrücklich angesichts der Tatsache, dass zur Entstehungszeit, während des ersten Halbjahres 1926, gerade in
den Großstädten die soziale Not immer mehr wuchs, Armut, als Folge von
Geldmangel, überall wahrnehmbar war.

Das lyrische Ich verleiht sich den Gestus des Lehrenden. Gleich seine erste
Unterweisung räumt mit einem Missverständnis, einer Illusion auf: dass man
sein Geld mit Fleiß, mir redlicher Arbeit selbst zu verdienen habe. Tatsächlich, so
die Einsicht, zählt nur, dass man es hat, egal wie erworben und woher bekommen
– und sei es auf rücksichtslose oder gar kriminelle Art und Weise. Dies muss man
wissen, wenn man im »Moloch der Großstadt« überleben will. Auch wenn der
Ton des Gedichts ein humoristischer ist, erinnert es mit solcherlei Erkenntnissen
an Brechts Zyklus *Aus dem Lesebuch für Städtebewohner*.[8] Dieser ist eine Art
lyrisches Kompendium, das Erfolg im Überlebenskampf in der »Asphaltstadt«
verspricht, wenn man sich an seine Maximen und Regeln hält.

Dass die Welt und die Menschen schlecht sind und man sich demzufolge selbst
der Nächste zu sein hat, stellt das lyrische Ich nüchtern fest. Geld ist auch in
zwischenmenschlichen Beziehungen das Allheilmittel. In verschiedenen Bildern
und Lebenssituationen erfährt der Leser, wie gut es ihm geht, wenn er über Geld
verfügt und – vor allem – was ihm blüht, wenn es ihm fehlt. Er würde von seinen
Kindern verachtet, sie schämten sich seiner. Schlimmer noch: Er würde von
seiner Frau nicht einfach aufgrund einer Entscheidung verlassen, sondern hätte
durch Geldmangel selbst einen Zustand herbeigeführt, der es ihr unmöglich
macht, bei ihm zu bleiben. Es handelt sich um einen nüchternen Tun-Ergehen-
Zusammenhang: Ist kein Geld vorhanden, muss sie gehen; ohne Wenn und Aber.

Geld zu haben hingegen bringt Ruhm, Ehre und die Möglichkeit, sich »Zeugen« auch zu kaufen, wenn es keine gibt, aber welche nötig sind; möglicherweise,
um kriminelle Methoden des Kapitalerwerbs zu vertuschen. Geld verleiht Allmacht, und daher würde es niemanden wundern, dass – so die satirische Spitze
am Schluss – auch Tote ausgegraben würden, wenn man denn Geld bei ihnen
vermuten könnte.

Das Gedicht ist nicht sonderlich originell, auch qualitativ nicht überragend.
Doch es erscheint komplexer und auch ambivalenter hinsichtlich seines par-
odierenden Potenzials, wenn man einen Blick auf Brechts Leben und Persönlichkeit zur Entstehungszeit des Gedichts wirft, es also biografisch kontextuali-
siert. Das legt auch das Motto zu Beginn nahe, mit dem Brecht sich der Autorität
Frank Wedekinds, einem der wichtigsten literarischen Gewährsmänner seiner
Jugend, versichert. War Brecht, wie das Gedicht glauben machen könnte, dabei,
ein moralischer Sozialkritiker zu werden – das wird ihm ja oft genug unterstellt?

---

8 Vgl. ebd. 11, 155–176.

Das Gegenteil ist der Fall! Er war auf dem Weg nach oben, gerade in dieser Gesellschaft, die das lyrische Ich seines Gedichts aufs Geld reduziert. Er tat alles, um zur intellektuellen Elite der Weimarer Republik zu gehören, auch mit dem entsprechenden gesellschaftlichen Ansehen. Dass dies auch mit sozialkritischen Themen gelingen konnte, führte niemand anderer so beeindruckend wie Brecht vor.

Im Frühjahr 1927, exakt zu der Zeit, in der *Vom Geld* in der berühmten satirischen Zeitschrift *Simplicissimus* erstmals veröffentlicht wurde, machten Brecht und der Komponist Kurt Weill sich an das Songspiel *Mahagonny*, das sich später zur großen Oper *Aufstieg und Fall der Stadt Mahagonny* auswuchs. Es handelt sich um eindringlichste Kapitalismusanalyse und -kritik, in deren Zentrum das Geld steht. Vorgeführt wird, was geschieht, wenn in der Genusswelt Mahagonnys die Dollars ausgehen, man gar in finanzielle Verbindlichkeiten gerät. Man kommt unter die Räder des Systems, wird umgebracht. Motive des Gedichts *Vom Geld* werden weitergedacht. Gleichzeitig jedoch entzieht sich die Oper jeglicher ideologischen Vereinnahmung, man kann mit ihr keinen Klassenkampf betreiben. Sie ist apolitisch, ein kulinarisches Werk, hatte großen Erfolg – und Brecht und Weill mit ihr entsprechende Einnahmen.

Unterbrochen wurde die Arbeit an *Aufstieg und Fall der Stadt Mahagonny* durch die *Dreigroschenoper*, die als Auftragswerk sozusagen »dazwischenkam« und von Komponist und Autor als das noch vielversprechendere Werk erkannt wurde. Zum größten Bühnenerfolg der Weimarer Republik wurde es, abermals mit Kapitalismusanalyse, und auch finanziell zum Durchbruch für Brecht und Weill. Letzteren hatte Brecht bei den Vertragsverhandlungen übervorteilt; also dort, wo es ums Geld ging.

Nur wenige Jahre später, gerade im Exil, in Dänemark angekommen und seines Wirkungsbereichs weitgehend beraubt, schreibt Brecht in einer Art von Selbstreflexion:

> »Dabei bin ich nicht etwa unpraktisch, schwebe keineswegs in großen Höhen, meide durchaus nicht das »Getriebe der Welt«, bin kaum ein »unschuldiges Gemüt«. Ich habe vorteilhafte Verträge abgeschlossen, die mir ein meinen Wünschen entsprechendes Leben ermöglichten, ich besitze Häuser, einen Wagen, ich unterhalte eine Familie, beschäftige Sekretäre.«[9]

Vom Geld ist und bleibt ein Rollengedicht, und ein Lyrisches Ich mit dessen Schöpfer gleichzusetzen verbietet sich. Aber muss man deshalb offensichtlichste Analogien zwischen Fiktion und Realität, zwischen »Dichtung und Wahrheit« ignorieren? Sie wahrzunehmen macht das Gedicht raffinierter, reicher, denn es

---

9 Ebd. 26, 302.

eröffnet sich eine zweite Ebene der Selbstironie. Sie ist für Brecht nicht untypisch und belebt den Spaß an seinen Werken.

Das Gedicht *Vom Geld* besteht aus sechs fast regelmäßigen Strophen, denen ein Wedekind-Zitat vorangestellt ist. Jede Strophe hat vier Zeilen, die durch einen exakten Kreuzreim ABAB miteinander verbunden sind. Die Strophen haben kongruente rhythmische Füße, abgesehen vom zitierten Motto, das stattdessen durch die Anapher *Vor dem Taler, Kind / Nach dem Taler, Kind* gekennzeichnet ist.

Die semantische Dominante des Gedichts ist das sechzehnmal vorkommende Substantiv *Geld*, das in der folgenden thematischen Reihe erscheint:

Arbeit – sich um Geld rühren – aufs Geld achtgeben – Geld verdienen – Liebe zum Geld – mit Geld begehrt – ohne Geld sich verstecken – ohne Geld kein Ruhm – mit Geld Zeugen / Heldentaten / kluge Frauen kaufen – Geld über Gott – Grab mit Aufschrift Geld begehrt

Die grundlegende Priorität der Übersetzung ist die Rekonstruktion der vorgegebenen thematischen Reihe, die zusammen mit der formalen Struktur des Werkes dessen Metaknoten bildet (Sulikowski 2008).

Zweifelsohne wird die polnische Sprache aufgrund ihrer Eigenheiten eine exakte Nachkonstruktion der Zeilenlänge unmöglich machen, aber eine Nachahmung der Reime ist möglich. In der Übersetzung gelang es, exakte Reime mit ihrer ABAB-Anordnung wiederzugeben, mit Ausnahme von Strophe fünf, wo der umschließende Reim ABBA gebildet wurde.

Auf lexikalischer Ebene ist das Werk innerhalb der Standardlexik aufgebaut, es finden sich keine lexikalischen Neuerungen, Archaismen oder Neologismen. Die in der thematischen Reihe erwähnten Begriffe sind ins Polnische übersetzbar, wobei manchmal kleinere Umformungen erforderlich sind, wie weiter unten erläutert wird.

Auf der syntaktischen Ebene unterscheidet sich das Gedicht *Vom Geld* nicht von Äußerungen in der gesprochenen Standardsprache und weicht nicht von den stilistischen Mustern des Deutschen ab.

Auf der pragmatischen Ebene zeichnet sich der Text durch eine Konstruktion aus, die auf der Domäne {Geld} basiert und ein wenig an Sprachübungen erinnert, bei denen das vorgegebene Wort in verschiedenen grammatischen Fällen und Kontexten verwendet wird.

Die HsE-Ebene enthält den Begriff Geld und ein ausgeklügeltes Merkmalsystem, das sein Verständnis auch um überraschende Elemente erweitert, z. B. *ohne Geld bleibt bei dir nur das unvernünftige Tier*, ein mehrdeutiger Begriff, der sich auf den Besitz von Haustieren bezieht bzw. eine Frau »offensiv beschreibt«, oder die Aufforderung, das Grab eines Feindes mit *Hier ruht Geld* zu beschriften, was die Suche nach Geld dort garantiert und damit die Ruhe des Verstorbenen stört.

Im Rahmen der I-Faktoren wird im Leseprozess eine Vielzahl von universellen intersemiotischen Bezügen sowohl zur Hoch- als auch zur Popkultur hergestellt, auf die aus Platzgründen hier nicht näher eingegangen werden soll.

Bei der Übersetzung habe ich mich um eine rhythmische und reimtechnische Übereinstimmung mit dem Zieltext bemüht, weshalb ich an acht Stellen lexikalische und syntaktische Erweiterungen vorgenommen habe, die ich mit ihrer Rückübersetzung in der folgenden Tabelle wiedergebe:

Zeilen im Originaltext	Rückübersetzung der amplifizierten Zeilen
groß ist die Bösheit der Welt	groß ist die Bösheit der Welt (die dich umgibt)
hängen alle an dir wie Zecken	hängen alle an dir (angesaugt) wie Zecken
sie kennen dich nicht	sie kennen nicht, wer (der nahe Typ ist)
die großen Zeugen	die großen Zeugen (die aussagen werden)
das sollst du ihr glauben	das sollst du ihr (unerschüttert) glauben
ohne Geld komme nicht zu ihr	ohne Geld komme nicht zu ihr (mein Lieber)
wirst du sie deiner berauben	die Frau (nimmt dir das böse Schicksal weg)
Schreibe auf seinen Stein: Hier ruht Geld	Schreibe da: hier ruht Geld (es wird eine harte Strafe für ihn sein)

Diese Vorgehensweise hat es ermöglicht, in fünf Fällen exakte Reime zu erhalten, in einem Fall: *przyssani jak kleszcze* (dt. ›wie Zecken angesaugt‹) konnte die rhythmische Struktur der Zielversion des Gedichts verbessert werden.

Die Suche nach Reimen führte zu zahlreichen Emulationen und Amplifikationen von einzelnen Wörtern, die im Folgenden charakterisiert werden.

zur Arbeit verführen → do pracy nakłaniać

Das Verb *verführen* bedeutet ›so auf jemanden einwirken, dass er etwas ursprünglich von ihm nicht Beabsichtigtes tut, jemanden zu etwas verlocken, verleiten‹ (dwds). Im Zieltext wurde eines der gängigen Heteronyme verwendet. Ein Unterschied besteht in der von mir gewählten, für die polnische Sprache untypischen Wortfolge, die eine syntaktische Emulation ausmacht, bei der die Verbform zwecks Endreims mit *poganiać* (dt. ›antreiben‹) am Zeilenende erscheint.

Das weitere Beispiel ist eine lexikalische Amplifikation:

sich ums Geld rühren → kasa pogania

Die Wendung *sich ums Geld rühren* beschreibt man als ›sich (ein wenig) bewegen‹ (dwds). Im Translat erscheint des Reims und der Semantik wegen eine amplifizierte Form *poganiać* (dt. ›(an)treiben, beschleunigen, jemanden auf Trab bringen‹), die die weniger aktive Bewegung zu einer Tätigkeit mit größerer Intensität verstärkt.

Das von Brecht erfundene *fangen mit Schlingen → łapać na stryki* wurde als eine lexikalische Emulation realisiert. Die wörtlich übersetzte Form *mit Schlingen fangen* ist in der Zielsprache wegen der Polysemie des Lexems *Schlinge* (pol. ›pętla‹) unverständlich. Eine Möglichkeit wäre die Verwendung eines mit dem amerikanischen Wilden Westen konnotierten Ausdrucks *łapać na lasso* – *mit Lasso fangen*, welcher die dargestellte Welt des Gedichts in den »Wilden Westen« der USA verschieben würde.

Der Ausdruck *Geld erringen → mieć banknotów pliki* (dt. ›Batzen / Bündel von Banknoten haben‹) emuliert das allgemeine *Geld* zu seiner materiellen, greifbaren Form und verhilft zum Reimaufbau mit *stryki / pliki*.

Die Beschreibung der menschlichen Liebe zum Geld in *ihre Liebe zum Geld ist größer → ich miłość to przekracza* (dt. ›ihre Liebe übersteigt das‹) wurde in der Zielsprache konkretisiert. Die menschliche Liebe zum Geld übersteigt nämlich die *Banknotenbündel*, die man besitzen sollte, um dem allgemeinen Weltübel entgegenzuwirken.

Der sich an der Grenze zum Kitsch bewegende Ausdruck *wie das Sonnenlicht → jak słoneczne błyski* wurde semantisch modifiziert und als *wie Sonnenfunken* wiedergegeben, was einerseits den Reim *błyski / bliski* aufzubauen vermag, andererseits die Bezeichnung stilistisch erfrischt.

Der originale Ausdruck *erwirbst du keinen Ruhm → sława twoja nisko się położy* wurde in Bezug auf die Semantik in der Zielsprache erheblich umgestaltet, indem *Ruhm* als materielles Objekt und nicht als Ziel menschlichen Handelns dargestellt wurde. Daher kann er sich *niedrig legen*. Eine solche Formulierung gibt es in der polnischen Sprache eigentlich nicht, sie wurde von mir speziell für dieses Gedicht erfunden.

Die nächste semantisch einfache Aussage ist nach dem Metaphermuster *x ist y* aufgebaut: *Geld ist Heldentum → kasa bohaterów tworzy*. Der Ausdruck musste auch in das semantisch verwandte *Das Geld schafft die Helden* geändert werden, was in der Zielsprache die Konstruktion eines Verses mit gleichmäßiger rhythmischer Grundlage ermöglichte, der zum Rest des Textes passt.

Die Aufforderung *das sollst du ihr glauben → wierz w to niezachwianie* wurde in der Zielsprache mit dem Adverb *niezachwianie* (dt. ›unerschüttert‹) amplifiziert, welches in der gesprochenen Sprache recht häufig verwendet wird.

Die zwei nächsten Beispiele verbindet die gleiche Zielsetzung, der Reimaufbau *drogi / srogi*. In der Zeile *ohne Geld komme nicht zu ihr → nie przychodź do niej bez kasy, mój drogi* ergänzte ich sie mit der emotional gefärbten, adressativen Form *mój drogi* (dt. ›mein Lieber‹), die in beiden Sprachen in eher inoffiziellen Situationen vorkommt.

Die nächste Zeile unterliegt einer starken Emulation. Während im Original das Verschwinden der Frau nur vom finanziell schwachen Mann verschuldet wird, erscheint im Translat das Schicksal, welches die Frau, falls ohne Geld gelassen, dahinraffen wird: ohne Geld wirst du sie deiner berauben → bez kasy **kobitę** weźmie ci los srogi

Auf der StiPrag-Ebene verwendete ich beim Substantiv *kobieta* ihre stilistisch gekennzeichnete (verachtende, satirische) Variante *kobita*, die, genauso wie das im Gedicht auch verwendete derbe Heteronym von *Weib* – *baba*, in polnischen Dialekten und in der informellen Umgangssprache des Öfteren vorkommen kann.

Die Bezeichnung im nächsten Vers *das unvernünftige Tier* → *durne zwierzę* wurde nicht als *nierozumne zwierzę*, sondern mit dem stilistisch schärferen Adjektiv *durny* (dt. ›blöd, närrisch‹) übersetzt. Auf diese Weise ersparte ich eine Silbe im Zieltext, zusätzlich wurde der Kontext scherzhafter gestaltet.

Die Schlusszeile des Gedichts *Schreibe auf seinen Stein: Hier ruht Geld* → *napisz nań: tu leży kasa, to dlań kara sroga* wurde sinngemäß mit *es wird eine harte Strafe für ihn sein* ergänzt. Diese pragmatische Amplifikation, zusammen mit der kurzen Version der polnischen Präposition *na nim – nań* (dt. ›auf ihm‹), beschließt das Translat hinsichtlich des Rhythmus und der geplanten Reimstruktur.

* * *

Gründungssong *der National Deposit Bank*	*Pieśń założycielska* *Banku Rezerw Narodowych*
Nicht wahr, eine Bank zu gründen Muß doch jeder richtig finden Kann man schon sein Geld nicht erben Muß man's irgendwie erwerben. Dazu sind doch Aktien besser Als Revolver oder Messer Nur das eine ist fatal – Man braucht Anfangskapital. Wenn die Gelder aber fehlen Woher nehmen, wenn nicht stehlen? Ach, wir wolln uns da nicht zanken Woher haben's die andern Banken Irgendwoher ist's gekommen Irgendwem haben sie's genommen.	Każdy lubi bank zakładać, Bo to cenne jest działanie. Jak nie możesz odziedziczyć Skądś koks trzeba wziąć, mój panie. A do tego lepsze akcje Niż rewolwer albo nóż. Jeden szkopuł – na początek Mieć kapitał trzeba wprzód. Ale, gdy pieniędzy brak, Skąd je wziąć, ukraść wszak. Nie będziemy tu awantur Robić skąd je banki mają, Skądś napłynął im kapitał, Komuś banki zabierają.

(GBA 14, 96)

Brecht schrieb das Gedicht 1930 für einen Entwurf des *Dreigroschenfilms*, den er in dieser Zeit plante. Der Song gehört nicht nur zum engsten Umfeld der *Dreigroschenoper* und deren Folgeprojekten, sondern Brecht bedient auch einen der bekanntesten Topoi der Oper, der längst zu einem »geflügelten Wort« wurde: Mackie Messer sagt: »Was ist ein Dietrich gegen eine Aktie? Was ist ein Einbruch in eine Bank gegen die Gründung einer Bank?«[10]

Immer wieder begegnet dieses Bild in abgewandelter Form in Zusammenhang mit der *Dreigroschenoper*; so auch im *Dreigroschenroman*, wenn Brecht darauf hinweist, dass zwischen einem Bankeinbruch und der Art und Weise, wie Rothschild sich eine Bank aneignet, ein gravierender Unterschied bestehe,[11] Letzteres also viel schlimmer und krimineller sei als der Einbruch und das Entwenden von Geld. Es sind die Kapitalmärkte, die Börsen und Banken, also geschäftlich »kriminelle Vereinigungen«, die Brecht in dieser Zeit bei seiner Kapitalismuskritik fokussiert. Bezeichnenderweise hat auch die Stadt Mahagonny, in Brechts und Weills Oper *Aufstieg und Fall der Stadt Mahagonny* ins Leben gerufen, um Menschen auszubeuten und Gewinn zu maximieren, einen »Gründungssong«.[12]

Das scheinbar Selbstverständliche, Gute, Nützliche und Harmlose in der Wahrnehmung des Zuschauers oder des Lesers »fremd« zu machen, ist, im Sinne der Theatertheorie Brechts, »Verfremdung« und damit ein wesentliches Element seines Epischen Theaters. Die *Dreigroschenoper* versteht Brecht explizit als einen »Versuch innerhalb dieses Epischen Theaters«.[13] Im Fokus steht hier eine Gesellschaft, die am nahesten derjenigen des Berlin der zwanziger Jahre mit seinen sozialen Verhärtungen und der gnadenlosen Geschäftswelt kommt. Aus den Ganoven und Mördern von einst allerdings sind, dem Anschein nach, »feine Leute« geworden. Sie sind nicht mehr ohne weiteres als Verbrecher erkennbar, tragen ihre Waffen nicht mehr offen, sondern arbeiten filigraner und indirekter.

Der moderne »Städtebewohner« handelt in diesem neuen Haifischbecken der Metropole unauffällig. Zwar wird Macheath in der *Dreigroschenoper* »Mackie Messer« genannt, aber seine Waffe kann man nicht sehen. Er ist kein gewöhnlicher Messerstecher mehr, sondern richtet mit finanziellen Transaktionen Unheil an. Meist sieht man seine Taten nicht, nur die Ergebnisse, Unheil, Tote, und Macheath hat deren Geld. Am Schluss wird Mackie Messer von der Königin in den Adelsstand erhoben und damit tatsächlich ein »feiner Mann«; vermutlich Geschäftsmann, Direktor einer Bank. Vielleicht gründet auch er eine. Er ist am Ziel.

---

10 GBA 2, 305.
11 Vgl. ebd. 16, 202.
12 Vgl. ebd., 2, 336f.
13 Vgl. ebd., 230.

Die Bank galt seit jeher und sogar sprichwörtlich als Synonym für Sicherheit und Solidität; auch dem »kleinen Mann«. Man konnte ihr das ersparte Geld anvertrauen, das sie zuverlässig verwahrte und sogar mehrte. Seriosität und Glaubwürdigkeit schrieb man der Bank zu, auch deren Krediten, die man gegen Zins erhalten konnte, um sich Lebensträume zu verwirklichen oder die eigene Existenz zu sichern.

Tatsächlich aber, so die Zuspitzung Brechts, handelt es sich bei einer Bank, auch bei der neu zu gründenden des Gedichts, um ein gut durchorganisiertes und knallhartes Geschäftsunternehmen, das einzig darauf aus ist, den eigenen Gewinn zu maximieren, den Anleger zu betrügen, den Darlehensnehmer durch Wucherzinsen in den Ruin zu treiben. Durch ihre Finanzbewegungen vermag es die Bank, das gesamte Staatsgebilde zu beeinflussen, zu manipulieren und ganze Bevölkerungsschichten ins Elend zu stürzen. Mit Aktienspekulationen kann das gelingen, mit »Revolver oder Messer« nicht. Soll eine Bank neu ins Leben gerufen werden, so wird Kapital beschafft, egal wie, egal woher und egal, welche Folgen es hat, wer ruiniert wird. Dies alles sieht man nicht hinter der feinen Fassade.

So wird die Bank bei Brecht zu einem Synonym für die kapitalistische Gesellschaft und ihre gnadenlosen Marktmechanismen. Besonders pikant aber ist, dass er es inzwischen selbst mit der *Dreigroschenoper* geschafft hatte, in genau dieser Gesellschaft emporzukommen und Erfolg zu haben; nicht zuletzt finanziellen. Wenn er im *Gründungssong der National Deposit Bank* mit dieser »Haltung des Zeigens« die gesellschaftliche Doppelmoral in virtuoser und unterhaltsamer Eindringlichkeit nicht nur vorführt, sondern sie geradezu genüsslich zelebriert, dann ist es eben auch die eigene; auch seine eigene Liebe zum Geld.

Wie der Titel schon andeutet, handelt es sich um ein Melodiestück, ein Lied, das von Kurt Weill vertont wurde. Daher ist der Übersetzer gezwungen, eine Übertragung anzufertigen, die sich auf ein bestimmtes Metrum und, soweit wie möglich, auf eine klare Reimstruktur beschränkt.

Der Originaltext ist ein Gedicht mit Paarreimen AABB mit regelmäßigem Rhythmus und im Wesentlichen einer Strophenlänge von 8 Silben, mit Ausnahme der Zeilen 7, 8, 12 und 14, wo das Lied leicht verändert wird (7, 12, 14 Silben), was jedoch durch die innovative Musik gerechtfertigt ist, zu der diese Veränderungen passen. Die semantische Dominante des Gedichts ist also ihr formaler Aufbau, und solch eine Priorität wurde auch im polnischen Translat realisiert.

Hinsichtlich des Metrums entstand ein Text mit vorwiegend 8 Silben, mit Ausnahme der 6., 8., 9. Zeile (7 Silben) und 10. Zeile (6 Silben).

Das Translat musste zwecks formaler Anpassung an drei Stellen erweitert werden. Die Zeile *Muß man's irgendwie erwerben* wurde mit der adressativen

Form *mój panie* (dt. ›mein Herr‹) ergänzt, weswegen ein Reim *działanie / mój panie* möglich wurde.

Die Zeile *Man braucht Anfangskapital* erscheint im Polnischen als *Man muss zuerst Kapital haben.* Für die Übersetzung des Lexems *zuerst* fand sich im Polnischen ein einsilbiges Wort *wprzód* (dt. ›erst, zuerst‹), das einen ungenauen Reim *nóż / wprzód* bildete.

Die 9. und 10. Zeile des Originaltextes enthält ein Reimpaar *fehlen / stehlen*, das mit Hilfe von zwei einsilbigen Wörtern *brak* (dt. ›es fehlt‹) und *wszak* (dt. ›doch, allerdings‹) im Zieltext rekonstruiert werden konnte.

An einer Stelle verwendete ich ein Enjambement, da der Inhalt der Originalzeile Nr. 11 in der Zielsprache die geplante Zeilenlänge überschritt. Daher schrieb ich an Stelle von *Ach, wir wolln uns da nicht zanken / Woher haben's die andern Banken Nie będziemy tu awantur / Robić skąd je banki mają* (dt. ›wir werden hier nicht darüber streiten, woher es die Banken haben‹), wodurch zwei weitere Zeilen des polnischen Liedes 8-silbig sind.

Bei der Lexik entschloss ich mich an einer Stelle für ein einsilbiges, stilistisch gekennzeichnetes (Umgangssprache) Heteronym zu *Geld*, d. h. *koks.* Das Heteronym *pieniądze* wurde ebenfalls in Kauf genommen, erschien jedoch zu lang und konnte im Lied nur an einer Stelle (Zeile 9.) eingebaut werden.

3.2 Freundschaft

Ballade von der Freundschaft	*Ballada o przyjaźni*
1.	1.
Wie zwei Kürbisse abwärts schwimmen	Jak dwie dynie co płyną z prądem rwącej
Verfault, doch an einem Stiel	wody
In gelben Flüssen: Sie trieben	Zgniłe, wspólną łodygą jednak połączone
Mit Karten und Worten ihr Spiel.	W żółtych rzekach: zabawy i wspólne zaw-
Und sie schossen nach den gelben Monden	ody
Und sie liebten sich und sahn nicht hin:	Przez karty i słówka doby wypełnione.
Blieben sie vereint in vielen Nächten	I strzelali wspólnie do żółtych miesięcy
Und auch: wenn die Sonne schien.	I kochali się nie patrząc w twarze
	Zjednoczeni przez wiele nocy
	A także: w słonecznym pożarze.

2.

In den grünen harten Gesträuchern
Wenn der Himmel bewölkt war, der Hund,
Sie hingen wie ranzige Datteln
Einander sanft in den Mund.
Und auch später, wenn die Zähne ihnen
Aus den Kiefern fieln, sie sahen nicht hin:
Blieben doch vereint in vielen Nächten
Und auch: wenn die Sonne schien.

2.

W twardych i zielonych zaroślach nad rzeką
Kiedy wredne niebo było zachmurzone
Wisieli sobie nawzajem jak stare daktyle
Miękko w ustach kochanków zanurzone.
I także później, gdy ich uzębienie
Wypadło już ze szczęk, nie patrzyli w twarze:
Zjednoczeni przez wiele nocy
A także: w słonecznym pożarze.

3.

In den kleinen räudigen Häusern
Befriedigten sie ihren Leib
Und im Dschungel, wenn daran Not war
Hinterm Strauch bei dem gleichen Weib.
Doch am Morgen wuschen sie die Hemden
Gingen Arm in Arm fort, Knie an Knien
Vereint sie in vielen Nächten
Und auch: wenn die Sonne schien.

3.

W małych domkach, co słabo sklecone tam stały
Zaspokajali gorące żądze swego ciała
Jak i w dżungli, gdy się potrzeby zjawiały
Za krzakami ta sama kobieta ich miała.
Ale rankiem prali już koszule
Szli ramię w ramię, noga w nogę, dwaj kpiarze
Zjednoczeni przez wiele nocy
A także: w słonecznym pożarze.

4.

Als es kälter auf Erden wurde
Dach fehlte und Zeitvertreib
Unter anderen Schlingpflanzen lagen
Umschlungen sie da, Leib an Leib.
Wenn sie reden in den Sternennächten
Hören sie mitunter nicht mehr hin:
Vereint sie in vielen Nächten
Und auch: wenn die Sonne schien.

4.

A gdy zimniej się na ziemi stało
Brakowało dachu i nowych rozrywek
Wtedy w bluszczach wspólnie się leżało
Ciało w ciało wówczas wtulone leniwie.
I gdy rozmowy długie wiele nocy
Prowadzili z sobą, nie słuchali prawie
Zjednoczeni przez wiele nocy
A także: w słonecznym pożarze.

5.

Aber einmal kam jene Insel
Manchen Mond wohnten beide sie dort
Und als sie fort wollten beide
Konnte einer nimmer mit fort.
Und sie sahn nach Wind und Flut und Schiffen
Aber niemals nach dem andern hin
Vereint sie, in vielen Nächten
Und auch: wenn die Sonne schien.

5.

Lecz któregoś dnia przyszła owa wyspa
Na niej mieszkali wspólnie przez miesięcy parę
I gdy obaj chcieli ją opuścić
Zawsze jeden musiał na niej zostać jak za karę
Wypatrywali wiatru, statków, fal przypływu
Nie patrzyli sobie jednak nigdy w twarze
Zjednoczeni, przez wiele nocy
A także: w słonecznym pożarze.

6.

»Fahr du, Kamerad, denn ich kann nicht.
Mich frißt die Salzflut entzwei
Hier kann ich noch etwas liegen
Eine Woche noch oder zwei.«
Und ein Mann liegt krank am Wasser
Und blickt stumm zu einem Manne hin
Der ihm einst vereint, in vielen Nächten
Und auch: wenn die Sonne schien.

7.

»Ich liege hier gut! Fahr zu, Kamerad!«
»Laß es sein, Kamerad, es hat Zeit!«
»Wenn der Regen kommt und du bist nicht fort
Faulen wir schwarz zu zweit!«
Und ein Hemd weht, und im Salzwind steht ein
Mann und blickt aufs Wasser hin und ihn
Der ihm einst vereint in so vielen Nächten
Und auch: wenn die Sonne schien.

8.

Und jetzt kam der Tag, wo sie schieden!
Die Dattel spuck aus, die verdorrt!
Oft sahen sie nachts nach dem Winde
Und am Morgen ging einer fort.
Gingen noch zu zweit in frischen Hemden
Arm in Arm und rauchend, Knie an Knien
Vereint sie, in vielen Nächten
Und auch: wenn die Sonne schien.

9.

»Kamerad, der Wind geht ins Segel!«
»Der Wind geht bis morgen früh!«
»Kamerad, ich bitte dich, binde
Mir dort an den Baum meine Knie!«
Und der andre Mann band rauchend fest ihn
Mit dem Strick an jenem Baume ihn
Der ihm einst vereint in vielen Nächten
Und auch: wenn die Sonne schien.

6.

»Jedź ty, przyjacielu, ja nie jestem w stanie
Mnie słone fale przeżrą jak kadłub dre-
wniany
Ja tutaj mogę jeszcze poleżeć nad wodą
Jeden lub dwa tygodnie schorowany«.
Jeden z nich leży chory nad brzegiem
Patrzą sobie obaj milcząc w twarze
Zjednoczeni przez wiele nocy
A także: w słonecznym pożarze.

7.

»Dobrze się tu leży! Jedź już przyjacielu!«
»Przestań, drogi mój, jeszcze zdążymy!«
»Kiedy deszcze przyjdą, a ty nie wyjedziesz
Zgnijemy obaj, czarni, na tej ziemi!«
Wiatr szarpie koszulą, w słonej bryzie w
oczy
Stoi mężczyzna, patrząc na niego, na wodne
pejzaże
Zjednoczonego z nim przez wiele nocy
A także: w słonecznym pożarze.

8.

Wtedy nadszedł dzień, gdy się rozstali!
Wypluj daktyla, wyschnął już zupełnie!
Często nocą wiatru wyglądali
Rankiem jeden poszedł w dal oddzielnie.
Jeszcze razem szli w świeżych koszulach
Szli ramię w ramię, noga w nogę, w cygar
żarze
Zjednoczeni, przez wiele nocy
A także: w słonecznym pożarze.

9.

»Przyjacielu, wiatr dmie w żagle!«
»Będzie na pewno wiał jeszcze do rana!«
»Bracie, proszę cię przywiąż
do tamtego drzewa me kolana!«
I ten drugi paląc przywiązał go mocno
pętlą na drzewa owego konarze
Zjednoczonego z nim przez wiele nocy
A także: w słonecznym pożarze

10. »Kamerad, vor dem Mond sind schon Wolken!« »Der Wind treibt sie weg, es hat Zeit.« »Kamerad, ich sehe dir nach noch: Von dem Baum aus sieht man weit.« Und nach Tagen, als der Strick durchbissen Schaut er immer noch aufs Wasser hin In den wenigen und letzten Nächten Und auch: wenn die Sonne schien.	10. »Przyjacielu, księżyc za chmurami!« »Wiatr je na pewno rozpędzi, poczekamy.« »Bracie, widzę cię jeszcze: Od mego drzewa widać jest daleko.« A po wielu dniach, gdy pętlę już przegryzł Ciągle jeszcze spogląda na wodne pejzaże Przez kilka ostatnich nocy A także: w słonecznym pożarze
11. Aber jener, in vielen Wochen Auf dem Meer, bei der Frau, im Gesträuch: Es verblassen viele Himmel Doch der Mann am Baum wird nicht bleich: Die Gespräche in den Sternennächten Arm in Arm und rauchend, Knie an Knien Die sie stets vereint, in vielen Nächten Und auch: wenn die Sonne schien.	11. Ale tamten, za wiele tygodni, Na morzu, u kobiety, w gęstym krzewie: Wiele nieb jeszcze wyblaknie Poza tamtym mężczyzną przy drzewie: I rozmowy w gwiaździste noce ramię w ramię, noga w nogę, w cygar żarze Jednoczyły ich przez wiele nocy A także: w słonecznym pożarze.

(GBA 11, 95–97)

Wer schreibt, möchte, dass seine Werke veröffentlicht und gelesen werden – eine Binsenweisheit, die auf Brecht besonders zutrifft – von Beginn seines literarischen Schaffens an. Schon als Fünfzehnjähriger schickte er Gedichte an Zeitschriften; erfolglos. Das sollte sich schnell ändern. Die Gedichte der *Hauspostille* beispielsweise, entstanden zwischen 1916 und 1925, wurden fast alle bereits vor Erscheinen des Zyklus in Zeitschriften und Anthologien publiziert.

Mit der *Ballade von der Freundschaft* tat Brecht sich diesbezüglich schwer. Sie entstand im Juli 1920, und er selbst schätzte sie sehr.[14] Er bekam sie aber zunächst nirgendwo unter. Ganze fünf Jahre lag sie in der Schublade, bis sie 1925 erstmals in der von Carl Einstein und Paul Westheim herausgegebenen Anthologie *Europa* erscheinen konnte. Diese vereinigte äußerst provokante Beiträge verschiedener künstlerischer Sparten in sich.

Doch was war so herausfordernd an der Ballade, deren Titel so »unschuldig« daherkommt, dass sie zuvor niemand abdrucken wollte? Die offen ausgestellte Homosexualität, die vielleicht noch einen autobiografischen Hintergrund hat? Brecht schreibt ein paar Tage vor der Entstehung des Gedichts in sein Tagebuch:

»Nachmittags mit Cas in Possenhofen. Es ist besser mit einem Freund als mit einem Mädchen. Wir liegen im Wasser (20° R) und im Wald und dann im Boot,

---

14 Vgl. GBA 26, 130.

und da schwimmen wir noch einmal, wie es schon Nacht ist. Liegt man auf dem
Rücken, dann gehen die Sterne mit, oben, und die Flut läuft durch einen durch.
Nachts fällt man ins Bett wie eine reife Frucht: mit Wollust«.[15]

Gemeint ist Caspar Neher, in der Augsburger Zeit Brechts engster Freund und
später Bühnenbildner von Geltung, dessen Bisexualität dokumentiert ist,[16] und
mit dem Brecht auch – offenbar heterosexuelle – Gruppensexerfahrungen teilte.[17]
Doch mit der Darstellung von Sexualität, gleich welcher Art, war doch im geradezu zelebrierten Hedonismus der Weimarer Republik kein Hund mehr hinter
dem Ofen hervorzulocken. Später hätte das möglicherweise Irritationen ausge-
löst, in der Bundesrepublik der Adenauer-Ära vielleicht, ganz gewiss auch in
Ostdeutschland: Nicht ohne Grund bezeichnet DDR-Brechtforscher Klaus
Schuhmann die im Gedicht beschriebene Homosexualität als »Perversion«, re-
sultierend aus der Inhumanität der kapitalistischen Gesellschaft.[18]

Die Provokation des Gedichts ist eine andere, weitaus schlimmere. Letztlich
handelt es sich um Religionskritik. Brecht nämlich erlaubt sich, in der *Ballade
von der Freundschaft* aus einer in christlicher wie bürgerlicher Sicht illegitimen,
verwerflichen Verbindung Werte erwachsen zu lassen, die sich gerade das
Christentum zum Ideal gemacht hat: Es geht um Opferbereitschaft, Gatten- bzw.
Nächstenliebe, Agapé, bei Hintenanstellung eigener Belange, wenn man denen
des anderen nicht mehr gerecht zu werden vermag.

Die Herausforderung zeigt sich des Weiteren darin, dass das homosexuelle
Paar auf Jahre, wenn nicht gar Jahrzehnte einer glücklichen Verbindung zu-
rückschauen darf. Größte Zuneigung und Treue bestimmen das Beisammensein
der beiden Männer, die Kämpfe des Lebens liegen längst zurück, Konflikte gibt es
nicht, Sanftheit, Gleichmut haben Einkehr gehalten in den »gelben Flüssen« ihres
Lebens, in denen sie gemeinsam »wie zwei Kürbisse abwärts schwimmen«. Dass
sich ihr Weg allmählich dem Ende zuneigt, zeigt dieses Bild der Kürbisse, die
bereits »verfault« sind, also Spuren der Vergänglichkeit aufweisen. Damit ist
antizipiert, dass der Tod Einzug halten wird in diese – geradezu idyllisch wirkende – Konstellation.

Bezeichnenderweise stellt sich lediglich heterosexuelle, also außerhalb der
homosexuellen Beziehung stattfindende Erotik in vulgärem, anrüchigem Vokabular dar. Innerhalb der Männer-Konstellation dominieren zurückhaltende
Bilder. Im sich in abgewandelter Form wiederholenden Refrain verdichtet sich
das Hohe Lied dieser Lebensgemeinschaft als Bollwerk gegen die immer »kälter
werdende Erde«. Die – ebenfalls wiederkehrende – Formulierung »Knie an

---

15 Ebd., 128f.
16 Vgl. z.B. Rosteck, 139.
17 Vgl. GBA 13, 154–157.
18 Vgl. Schuhmann, 122.

Knien« ist gewiss sexuell konnotiert,[19] gleichzeitig aber ist sie Ausdruck für Wärme, Nähe, aber auch für die Harmonie, den Gleichklang, der unter den Männern herrscht: Sie schreiten im selben Takt, im selben Tempo durchs Leben; entspannt, symbiotisch.[20]

Krankheit und Tod jedoch brechen ein, wie bei fast allen homosexuellen Figuren Brechts.[21] Sie bedrohen einen der beiden Partner, sodass sie ihren Lebensweg nicht mehr gemeinsam fortsetzen können. Doch der des Überlebenden, der die »Insel der Glückseligkeit« verlässt, möglicherweise in die Zivilisation zurückkehrt, ist bestimmt, beseelt von dieser Liebesbeziehung. In der Erinnerung bleibt ihm der verstorbene Partner.

Brechts Text ist, trotz seiner sexuellen Direktheiten und der von ihm gezeichneten Atmosphäre des Verkommenen und Verwilderten – von der Kopulation in »räudigen Häusern« bis zu solchen hinterm »Gesträuch« – von größter Sensibilität, beinahe Zartheit geprägt; nicht dem bürgerlichen Leser, jedoch seinen Figuren gegenüber. Kein verächtliches Wort weist er ihnen zu. Im Gegenteil: Er verhehlt in der *Ballade von der Freundschaft* nicht die Sympathie oder den Respekt, den er seinen Protagonisten entgegenbringt. Daraus resultiert ein Sentiment, das, trotz seiner Realitätsferne, alles andere als ein Mittel der Parodie ist und das der *Terzinen über die Liebe*[22] antizipiert.[23]

Schon der vom Autor verwendete Titel weist mit der Zuordnung des Gedichts zum Genre der Ballade auf eine erste Bandbreite von Übersetzungsprioritäten hin.

Zweifellos erfordert der melodische Charakter des Werks und seine mögliche Aufführung mit Musik eine Struktur, die rhythmisch und reimtechnisch dem Original entspricht, möglicherweise in demselben oder einem ähnlichen Metrum und mit einem ähnlichen Reimschema.

Der Originaltext besteht aus elf ähnlich aufgebauten achtzeiligen Strophen von ähnlicher Länge. Die erste Zeile jeder Strophe hat in der Regel neun Silben, mit Ausnahme der Strophen 7 und 10, in denen – vermutlich aufgrund von Eigenarten der deutschen Sprache – zehn Silben vorkommen.

Hinsichtlich der Reime ist jede Strophe zweisilbig. Die ersten vier Zeilen reimen sich nach dem ABCB-Schema, die restlichen vier, die eine Art Refrain bilden, reimen sich ebenfalls nach diesem Schema, aber nur im Verhältnis zueinander. Die letzten beiden Zeilen sind graphisch kursiv gesetzt und bilden eine Art Anapher, die von Strophe zu Strophe leicht variiert.

---

19 Vgl. Frenken, 82f.
20 Vgl. Arendt, 201.
21 Vgl. Pietzcker, 235.
22 Vgl. GBA 14, 15f.
23 Vgl. Hillesheim: *Bertolt Brechts Hauspostille*, 174–178.

Die semantische Dominante des Gedichts ist seine formale Struktur und der anaphorisch strukturierte Refrain, der auftritt. Ich ging davon aus, dass zahlreiche Amplifikationen und Emulationen erforderlich sein würden, wenn man einen melodischen Charakter der Übersetzung erreichen, den Rhythmus erhalten und eine ähnliche Reimstruktur schaffen will.

Ich begann die Konstruktion der Übersetzung mit dem Refrain. Die Übersetzung der Strophe »wenn die Sonne schien« konnte nicht wörtlich erfolgen, da es schwierig war, in Vers 6 jeder Strophe einen Reim zu finden. Daher wurde eine Amplifikation genutzt – die Sonne wurde zu *Sonnenfeuer / Sonnenbrand*, was die Temperatur in der dargestellten Welt erhöhte und gelungene Reime in den einzelnen Strophen ermöglichte z. B. *twarze / kpiarze / pejzaże / żarze / konarze* vs. *pożarze*. Ein ungenauer Reim erschien an einer Stelle *prawie / pożarze*, durch die polnische Sprache bedingt.

An einigen Stellen verwendete ich Amplifikationen für die Wiederherstellung der Reimstruktur und des Rhythmus.

Im *Beispiel wie zwei Kürbisse abwärts schwimmen → jak dwie dynie co płyną z prądem rwącej wody* (dt. ›wie zwei Kürbisse, die im Strom reißenden Wassers schwimmen‹) habe ich das Bild mit einer schnellen Wasserströmung ergänzt, die die beschriebenen Kürbisse bewegt, die weiterhin zusammen *bleiben an einem Stiel → łodygą jednak połączone* (dt. ›doch mit einem Stiel verbunden‹). Hier ergänzte ich nur das Partizip *verbunden*.

Aus der unbeschwerten Lebenseinstellung der Protagonisten könnte man schließen, dass sie Spötter der bürgerlichen Realität sind, daher die Amplifikation im Polnischen: *gingen sie → szli ... dwaj kpiarze* (dt. ›zwei Spötter‹).

Das im Original karge Bild des Genusses wurde in der Übersetzung durch einen an Kitsch grenzenden Begriff erweitert, d. h.: *befriedigten sie ihren Leib → zaspokajali gorące żądze swego ciała* (dt. ›sie befriedigten heiße Lüste ihrer Leiber‹, was den Rhythmus der Zeile rettete.

Ich habe das Bild des von der Salzflut verschlungenen Protagonisten zu einer Metapher für ein hölzernes Schiff weiterentwickelt, das der Zerstörung durch Salz (und wahrscheinlich Stachelhäuter) ausgesetzt ist und in den Kontext der in der Ballade dargestellten maritimen Welt passt: *mich frißt die Salzflut entzwei → mnie słone fale przeżrą jak kadłub drewniany* (dt. ›mich fressen die salzigen Wellen wie einen Holzrumpf entzwei‹).

Das Wasser verwandelte sich in der Übersetzung in *wodny pejzaż*, was ästhetisch interessanter erscheint: *blickt aufs Wasser → patrząc na wodne pejzaże* (dt. ›auf die Wasserlandschaften schauend‹).

Das Bild des weggehenden Mannes musste durch ein Lexem ergänzt werden, das mit dieser Handlung semantisch begründet wird: *ging einer fort → jeden poszedł w dal oddzielnie* (dt. ›ging einer in die Ferne alleine‹).

Gesträuch wurde um das Adjektiv *dicht* erweitert, wodurch die Szene in der Strophe etwas konkreter wird: *im Gesträuch* → *w gęstym krzewie* (dt. ›im dichten Gesträuch‹)

Ich habe auch, aus rhythmischen Gründen, das Bild der Häuser erweitert, die im Polnischen deminutiviert worden sind: *räudige Häuser* → *domki parszywe, co słabo sklecone tam stały* (dt. ›räudige Häuser, die dort schlecht gebaut standen‹).

Bei den Emulationen wurde der Himmel, der als Hund bezeichnet wird, durch ein Adjektiv aus der Umgangssprache an die polnische Kultur angepasst *wredny* (dt. ›boshaft, gemein‹): *Himmel... der Hund* → *wredne niebo* (dt. ›gemeiner Himmel‹).

Das Lexem *Schlingpflanzen* (poln. ›pnącza‹) hat im Polnischen keine passende Entsprechung, daher habe ich eine Amplifikation benutzt und die Gattung *Efeu* (lat. *Hedera helix*) in die Übersetzung aufgenommen: *Schlingpflanzen* → *bluszcze* (dt. ›Efeus‹).

Die Bezeichnung »an jenem Baume« wurde ebenfalls konkretisiert und auf einen dicken Ast beschränkt, an dem der Protagonist festgebunden ist: *an jenem Baume* → *na drzewa owego konarze* (dt. ›auf dem Ast jenes Baumes‹).

In zwei Fällen wurde in der Übersetzung die Perspektive gewechselt: Es ist nicht das Hemd, das weht, sondern der Wind, der daran zerrt: *ein Hemd weht* → *wiatr szarpie koszulą* (dt. ›der Wind zerrt am Hemd‹), und eine außergewöhnliche Umsetzung, die mit dem sprachlichen Bild der Welt zusammenhängt: Im deutschen Original erscheinen Wolken vor dem Mond, was auf Brechts möglicherweise noch aristotelisches Bild vom Universum verweist und die gedachte Flachheit des Mondes betont: *vor dem Mond sind Wolken* → *księżyc za chmurami* (dt. ›Mond hinter den Wolken‹). In der Übersetzung ist es der Mond, der sich hinter den Wolken befindet, was ein eher gewöhnliches Bild ist.

* * *

Über die Verführung von Engeln	*O uwodzeniu aniołów*
Engel verführt man gar nicht oder schnell.	Anioły uwodzi się szybko albo wcale
Verzieh ihn einfach in den Hauseingang	Wciągnij go po prostu w sień bramy
Steck ihm die Zunge in den Mund und lang	Wetknij język w usta i wytrwale
Ihm untern Rock, bis er sich naß macht, stell	Pieść go pod suknią, aż się zwilży dosko-
Ihn, das Gesicht zur Wand, heb ihm den Rock	nale.
Und fick ihn. Stöhnt er irgendwie beklom-	Potem postaw twarzą do ściany, podnieś
men	szaty
Dann halt ihn fest und lass ihn zweimal	I ruchaj go. Jeśli wzdycha coś nieśmiało
kommen	Złap go fest i zrób to po raz drugi,
Sonst hat er Dir am Ende einen Schock.	Żeby ci szoku nie doznał, bo mało.

Ermahn ihn, daß er gut den Hintern schwenkt	Każ mu podrzucać solidnie siedzeniem,
Heiß ihn dir ruhig an die Hoden fassen	I niech cię lekko za jądra potrzyma
Sag ihm, er darf sich furchtlos fallenlassen	Powiedz mu, że może śmiało upaść,
Dieweil er zwischen Erd und Himmel hängt –	Bo teraz między niebem a ziemią przebywa –
Doch schau ihm nicht beim Ficken ins Gesicht	Nie patrz mu nigdy w twarz podczas ruchania
Und seine Flügel, Mensch, zerdrück sie nicht.	I skrzydeł mu nie pognieć, stary, do latania.

(GBA 15, 193)

Über die Verführung von Engeln gehört zu Brechts vermeintlich »pornographischen« Gedichten, die während des ersten Halbjahres 1948 entstanden. In seiner sexuellen Direktheit ist es eindeutig an die *Augsburger Sonette* von einst angelehnt, aber auch an den amoralischen Vitalismus der frühen Dramenfigur Baal. Weitere Anregungen sind nachweisbar. Wie auch das Sonett *Saune und Beischlaf* aus derselben Zeit unterzeichnete Brecht das Gedicht mit »Thomas Mann«. Veröffentlicht wurde es erst 1982. Es ist durchaus denkbar, dass Brecht selbst es als derben lyrischen Spaß auffasste, der für die eigene Schreibtischschublade, nicht aber für eine Publikation bestimmt war.

Die unverschämte Zuschreibung »Thomas Mann« stellt das Gedicht vor einen konkreten Hintergrund, nämlich die Auseinandersetzung Brechts mit dem berühmten bürgerlich-repräsentativen Dichter, dem er stets das größere Ansehen neidete. Brecht baute sich Thomas Mann als ästhetisches »Feindbild« auf, an dem er sich reiben und die eigene Auffassung von Literatur konkretisieren konnte. Als weltfern, behäbig und langweilig wollte er das Werk Manns verstanden wissen. Hinzu kam nun, 1948, dass Mann sich, der in den USA als »Verkörperung« deutscher Kultur galt und wesentlich erfolgreicher und geschätzter als Brecht war, in einer Weise über den Nationalsozialismus äußerte, die ihm ein Gräuel war. Mann war schon zuvor von einer Art »Kollektivschuld« des deutschen Volkes am Nationalsozialismus ausgegangen, und meldete sich jetzt abermals zu Wort, z. B. am 23. Mai 1948 mit seiner *Botschaft an das deutsche Volk*, die in der Presse heftige Kontroversen hervorrief; doch auch in seinem dichterischen Werk, im Künstlerroman *Doktor Faustus*, erstmals 1947 veröffentlicht. Vieles spricht dafür, dass Brecht mit seinem Gedicht dessen Protagonisten, den zwar »gefallenen«, durch den Teufelspakt schuldig gewordenen, aber dennoch weltenthobenen, »engelsgleichen« Komponisten Adrian Leverkühn, aufs Korn nahm.[24]

Diese Engelsfigur, in der christlichen Tradition Mittler zwischen Himmel und Erde, zwischen Gott und den Menschen, holt Brecht, auf der Basis seines provo-

---

24 Vgl. hierzu: Hillesheim: Über die Verführung Adrian Leverkühns, 180–188.

kanten Materialismus, auf den Boden der Tatsachen zurück. Das fängt schon mit dem Schauplatz an. Aus himmlischen Sphären wird ein schäbiger Hausflur. Unerhörtes geschieht: der Engel wird »gefickt« bzw. soll »gefickt« werden, denn Brecht gestaltet das Gedicht ja als Handlungsanweisung. Als sei das nicht schon schlimm genug, unterstellt er, dass jener Engel während des Geschlechtsaktes Lust entwickeln, Freude daran finden werde. Obwohl er sich weitestgehend passiv verhält, wird der Engel keineswegs vergewaltigt, im Gegenteil: der Partner täte ihm letztlich Gutes. Dass er schnell zu verführen sei, hat nichts mit einem Überfall oder Ähnlichem zu tun. Vielmehr soll ihm durch die Überraschung die Gelegenheit genommen werden, nachzudenken und sich einzureden, dass das nun Kommende einem Engel nicht angemessen, höchst ungebührlich sei. Und, Jan Knopf weist darauf hin: Man kann das Gedicht sogar ambivalent, mehrdimensional, also auch homosexuell lesen.[25] Rezeptionsästhetisch, also vom heutigen Blickwinkel aus betrachtet, könnte man auch sagen: transgendergemäß, divers.

Gewiss, es ist amüsant, das Gedicht vor dem Hintergrund der gepflegten Vornehmheit Thomas Manns zu lesen. Doch Brecht wäre nicht Brecht und das Gedicht letztlich reizlos, wenn er Leverkühn, die Thomas Mann-Figur, zerstören würde. Brecht zieht sie zwar vom Himmel auf die Erde, aber nicht in den Dreck. Er lässt den Engel Engel bleiben. Das verdeutlicht die letzte Anweisung, jene, die apodiktisch, gar schroff vorgetragen wird: Auf keinen Fall habe man ihm sein Engelsein zu nehmen und ihm die Flügel zu zerbrechen – das, was ihn als Engel kennzeichnet.

Dies ist ein bekanntes Motiv aus der abendländischen Tradition. Brecht hat es wohl aus der Operngeschichte, aus einem Werk Puccinis. Einige dessen Opern waren Brecht bekannt, nicht zuletzt über seine erste Frau Marianne Zoff, die Mezzosopranistin war und am Augsburger Stadttheater sang. Eine Figur aus Puccinis *Turandot* spielte eine Rolle bei der Gestaltung des »jungen Genossen« aus Brechts Lehrstück *Die Maßnahme*; jenes altruistischen Menschen, der dem kommunistischen Barbarismus zum Opfer fällt.

Bei dem »Engel-Gedicht« nun scheint Puccinis *Madama Butterfly* (1904) Pate gestanden zu haben. Marianne Zoff sang 1921 in Wiesbaden eine Nebenrolle, Brecht saß im Publikum. Auch wenn es hier, in übertragenem Sinne, um einen Schmetterling, eine ins Unglück gestürzte Frau geht, die zerstört wird, deren Flügel zerbrochen werden, die, wie vielfach Schmetterlinge, »mit einer Nadel durchbohrt und an ein Brett geheftet wird«, entspricht das Motiv in markanter Weise. Die Vorstellung, den Engel nicht wegzulassen und ihm dabei sexuelle Freude zu bereiten – »Dann halt ihn fest und lass ihn zweimal kommen« – ist dem Liebesduett am Ende des ersten Aktes der Puccini-Oper eng angelehnt.[26]

---

25 Vgl. Knopf: »Die mit Recht berühmte Stelle«, 265.
26 Vgl. Puccini: Madama Butterfly, 50f.

Brecht aber, für ihn typisch, denkt das Motiv weiter und stellt es auf den Kopf: Genau das, so mahnt die sprechende Instanz, was in *Madama Butterfly* geschieht, darf beim Koitus im Hausflur keinesfalls passieren: dass jemandem die Würde, die Identität genommen werde; egal, wen man »vor sich« hat.

Formal besteht das Gedicht aus zwei unterschiedlich langen Strophen, die im Original in regelmäßigen 10-silbigen Versen geschrieben sind. In Bezug auf die Reime ist das Gedicht unregelmäßig strukturiert, die Reimstruktur ist ABBA-CDDC, ABBACC.

Die semantische Dominante ist ohne Zweifel das im Gedicht vermittelte Bild des Engels als Sexualobjekt, der in der Art eines Kochrezepts bzw. Tutorials beschriebene Kopulationsakt selbst sowie die regelmäßige Struktur des Gedichts, die einen Vortrag mit Musikbegleitung ermöglicht.

Was den Wortschatz betrifft, so gibt es im Gedicht keine lexikalischen Innovationen oder Archaismen, abgesehen vom Rock, der sowohl als unterer Teil der Frauengarderobe als auch, im historischen Sinne, als ein Rock unter dem Mantel verstanden werden kann.

Aus dem Rahmen fallend ist das Verb *ficken*, das im Polnischen zahlreiche wörtliche Heteronyme hat (*ruchać, pierdolić, jebać, posuwać, rżnąć* – dt. ›bumsen, ficken, stoßen‹), von denen ich mich für eine weniger anstößige Option entschieden habe: *ruchać*, die in der Alltagssprache ein zulässiges Wort ist. Sicherlich könnte man auch eine andere Variante wählen: *pierdolić* bzw. *jebać*, mit einer Präferenz für die letztere aufgrund ihrer prägnanten Kürze, die jedoch beim Leser möglicherweise einen Schock auslösen würde, ähnlich wie bei dem »zu wenig gefickten« Engel aus dem Gedicht. Die vulgärere Version der Übersetzung würde wahrscheinlich dazu führen, dass sich diese im Internet außerordentlicher Beliebtheit erfreut, was durch ein passendes, pornografisches Bild noch verstärkt werden könnte.

In der Übersetzung konnte ich aufgrund der morphologischen Unterschiede zwischen dem Deutschen und dem Polnischen die Länge der Strophen des Originals nicht wiedergeben: Die Strophen sind daher 13–9–10–13–12–12–10–11 und 11–11–10–13–11–13 lang. Eine Besonderheit ist die Einführung einer 13-strophigen Strophe, die im Polnischen eine lange Tradition hat.

Auch das Reimschema in der Übersetzung erweist sich als weitgehend zufällig: ABAACDED, ABCB′DD. Die Wiedergabe des Originalarrangements würde drastische Änderungen am Gedicht erfordern und den Kontrast zwischen den Texten verstärken.

Zu beachten sind die beiden Enjambements im Original: *lang / ihn unterm Rock und stell / ihn*, von denen nur eines im Polnischen erscheint: *i wytrwale / pieść go pod suknią*.

Im Sinne einer Emulation wird der Hauseingang zu der im städtischen Polnisch seit langem präsenten Form *w sieni bramy* (dt. ›im Torflur‹). Sie betont die

Dämmerung und verlegt den Ort der Handlung vom hellen Hauseingang in die alten Mietshäuser an den Stadträndern Augsburgs und hebt damit die unheilige Absicht des lyrischen Subjekts, das Philistertum zu erschüttern, hervor.

Das Substantiv *Hintern* wurde in eines der stilistisch leichteren Heteronyme übersetzt, nämlich *siedzenie*, das ich wegen seiner drei Silben gewählt habe, da die anderen Entsprechungen, die die gleiche Bedeutung haben: *dupa, tyłek*, zweisilbig sind und den Rhythmus des Gedichts stören würden.

In der letzten Zeile gibt es eine Interjektion, eine Form aus der Umgangssprache, *Mensch*, die z. B. als Ausdruck der Ungeduld des Sprechers verwendet wird. In der Übersetzung habe ich eine kürzere Variante gewählt, nämlich *stary* (dt. ›Alter‹), eine im Deutschen gängige Form mit ähnlicher Bedeutung.

Sehr ansprechend ist in der dargestellten Welt das Bild eines zwischen Himmel und Erde schwebenden Engels, der nicht im Himmel bei Gott wohnt, wie es in der Bibel heißt, eine Metapher, die in der Popkultur wiederholt wird, zum Beispiel in dem Lied »Engel« der Gruppe Rammstein. Dort müssen sich die Engel sogar »an die Sterne krallen, damit sie nicht auf Erde fallen«, sie sind nicht glücklich oder erfüllt, was sie im Refrain feststellen: »Wir haben Angst und sind allein«. Auch solche Engel würden durch den Protagonisten des Gedichts »erlöst« werden und in ihrer tristen Existenz ein wenig Wollust erfahren.

In der Übersetzung musste, zugunsten des Rhythmus im Translat, das Hängen des Engels zu *przebywać* (dt. ›verweilen‹), emuliert werden.

* * *

Der Abschied	*Pożegnanie*
Wir umarmen uns.	Obejmujemy się.
Ich fasse reichen Stoff	Ja dotykam kosztownego materiału.
Du fassest armen.	Ty dotykasz taniego.
Die Umarmung ist schnell.	Obejmujemy się krótko.
Du gehst zu einem Mahl	Ty idziesz na wieczerzę.
Hinter mir sind die Schergen.	Za mną są siepacze.
Wir sprechen vom Wetter und von unsrer	Rozmawiamy o pogodzie i naszej
Dauernden Freundschaft. Alles andere	Trwałej przyjaźni. Wszystko inne
Wäre zu bitter.	Byłoby zbyt gorzkie.

(GBA 14, 374f.)

Das kurze, pointierte Gedicht *Der Abschied* ist wahrscheinlich um 1937 entstanden und nur indirekt durch eine Abschrift Elisabeth Hauptmanns überliefert. Der Text muss also in vorliegender Form als nicht gesichert gelten.[27] Dennoch: Kaum ein anderes Gedicht Brechts verdichtet in solcher Knappheit die Wahrnehmung und die Lage eines Emigranten.

Brecht selbst war zur Entstehungszeit im dänischen Exil. Er hatte sich, so gut es ging, mit der Situation arrangiert, reiste viel umher, nach Paris, London, in die Sowjetunion, nach New York. Er verfügte in Dänemark für sich und seine Familie über ein eigenes Haus, residierte dort beinahe, empfing Gäste. Dennoch war die Lage bedrückend, Brecht einem großen Teil seiner künstlerischen Entfaltungsmöglichkeiten beraubt, und die Gefahr durch das nationalsozialistische Regime wurde größer und größer. Es wütete gerade einmal gute hundert Kilometer von seinem dänischen Unterschlupf entfernt.

Brecht überhöht und abstrahiert, das Gedicht ist parabelartig. Die bittere Realität wird dem Leser oder Hörer in geradezu bedrückender Art und Weise nahegebracht, indem dieser Realität gerade aus dem Wege gegangen und sie durch Bilder ersetzt wird. Brecht wird sprachlich nicht ausschweifend, das sehr ansprechende poetische Raffinement liegt im Gegenteil, in einem klaren, parataktischen Satzbau.

Auf der Ebene der Realität geht es um Alltägliches, um eine kurze Umarmung zweier Personen, die sich verabschieden. Unklar und damit für eine Deutung variabel bleibt, von wem sich das lyrische Ich trennt. Es kann sich um eine Frau, eine Geliebte handeln, ebenso gut aber um einen Freund, einen Kollegen, einen Mitarbeiter, dem es nahesteht. Klar ist nur, dass es sich um eine engere Beziehung, eine »dauernde Freundschaft« handelt. Wo findet diese Verabschiedung statt? Im Exil, in irgendeinem Land, am Ende eines Besuchs, den das lyrische Ich empfangen hat? Das ist nicht gesagt. Es könnte auch sein, dass das Gedicht die Situation des Abschieds aus dem Heimatland reflektiert, in dem das lyrische Ich nicht mehr bleiben kann.

Die Grundstruktur ist antithetisch, und der literarische Effekt am Schluss verdankt sich der Tatsache, dass auch hier ein Gegensatz erwartet wird, die Antithese aber gerade nicht erfolgt. Es beginnt mit der sinnlichen Wahrnehmung bei der Umarmung. Die zu verabschiedende Person scheint wohlhabend, gut situiert. Zumindest ist sie gut gekleidet, denn das lyrische Ich fühlt »guten Stoff«. Dem gegenüber steht der der eigenen Kleidung: er ist »arm«. Entweder deutet dies auf die Entbehrungen, gar Verwahrlosung, die ein Leben im Exil mit sich bringen mag, oder das lyrische Ich konnte sich bei eiliger Flucht aus der Heimat nicht mehr um angemessene Kleidung kümmern.

Dazu passt die Eile, auf die im nächsten Vers hingewiesen wird. Die Umarmung muss »schnell« gehen. Denn tatsächlich scheint das lyrische Ich gejagt zu werden – entweder noch zuhause oder in einem unsicheren Exilland oder aber es

---

27 Vgl. GBA 14, 649.

fühlt sich auch in der Exilsituation von »Schergen« verfolgt, weil sie, bei Veränderung der politischen Lage, schon morgen vor der Tür stehen könnten. Die Person hingegen, von der Abschied genommen wird, geht zu einem Essen. Sie fühlt sich nicht getrieben. Der Begriff »Mahl« deutet abermals auf eher Üppiges, darauf, dass der Gehende wirtschaftlich in einer guten Lage ist und er an gesellschaftlich Üblichem teilnimmt; so als sei alles »normal«. Offenbar folgt er einer Einladung zum Essen.

Es ist also eine ungute Situation, die beidseitige Verlegenheit generiert. Diese wird überspielt, es wird »drumherumgeredet«. Man versucht einvernehmlich, Konversation zu betreiben und benutzt gängige Klischees: das vom »schönen Wetter« und – schlimmer noch – das einer »dauernden« im Sinne von die prekäre Lage überdauernden »Freundschaft«. Dies scheint, in diesem Moment und angesichts der politischen Situation, geradezu absurd.

Dann aber wird das Spiel mit den Antithesen plötzlich durchbrochen. Das künstliche Geschwätz wird gerechtfertigt, offen erklärt, mit drei prägnanten Worten, die den Abschlussvers bilden. Über die Wahrheit kann nicht gesprochen werden, sonst gelangte sie nämlich zu voller Bewusstheit: Die privilegierte Situation des Ungefährdeten, entspannt zum Essen Gehenden, das Leid und die Not des Flüchtenden oder Geflüchteten und vor allem: die Wahrscheinlichkeit, dass es ein Wiedersehen, jene »dauernde Freundschaft« nicht gibt. Denn es ist nicht ausgeschlossen, dass der Exilant sein Leben verliert.

Der Abschied stellt aufgrund seiner reimlosen Struktur und seines regelmäßigen Rhythmus keine große Herausforderung für den Übersetzer dar, im Gegensatz zu manch anderem unserer Gedichte. Dennoch fällt neben dem traurigen Bild des Exilanten, der mit einem reichen Bekannten konfrontiert wird, auf, dass das lyrische Subjekt zwei Begriffe verwendet, die bei der Lektüre intertextuelle Bezüge zum Neuen Testament herstellen. Zum einen sind dies die *Schergen*, die im Buch Hesekiel (Hes 28,9), im Buch Daniel (Daniel 11,20) und im Lukasevangelium (Lk 12,58) vorkommen, und zum anderen der Begriff *Mahl*, der im AT und NT oft erwähnt wird.

Das Motiv der Begegnung selbst kann als Reminiszenz an die Begegnung Jesu nach seiner Passion und Auferstehung mit den Aposteln auf dem Weg nach Emmaus gesehen werden, die ihn erst beim Brechen des Brotes erkannten.

In der dargestellten Welt des Gedichts ist das anders. Vielleicht begegnet das lyrische Subjekt auf seinem steinigen Weg Jesus, Gott, gekleidet in Gewänder von außergewöhnlicher Schönheit, wie bei der Verklärung auf dem Berg (Matth 17,1–9; Markus 9,2–10; Lukas 9,28–36). Das düstere Schicksal des Exilanten erlaubt es ihm nicht zu sagen, wie es ihm wirklich geht, wie er zurechtkommt, jemandem seine Sorgen anzuvertrauen. Ein Leben im Krieg, voller dramatischer Erlebnisse, Leiden und Tod, scheinen kein Thema zu sein, von dem man Jesus erzählen könnte. So bleibt dem Protagonisten und Jesus nur eine flüchtige Umarmung, eine Versicherung der Freundschaft, und sie gehen getrennte Wege.

Eine solche oberflächliche Begegnung mit dem Absoluten ist für die Zeitgenossen typisch, die ihre Gebete ohne tiefes Nachdenken sprechen und auch die Sakramente leidenschaftslos und unreflektiert empfangen, ohne ihre Sünden zu bekennen oder ihre wahren Bitten zu formulieren.

Auch eine weniger metaphysische Interpretation der geschilderten Szene ist möglich – in dieser Sicht wäre das Gedicht eine bittere Kritik am angelsächsischen Konversationsstil, der Art von *How do you do? Thank you, I am fine.* Ein sympathisches und heiteres Thema ist dabei ausschließlich das Wetter. Niemand erwartet in einem solchen Dialog eine Beschreibung der tatsächlichen Probleme des Auswanderers. Es fehlt allen die Zeit und die Lust, sich in die seelische Verfassung eines Mannes in ärmlichen Kleidern und fern der Heimat einzufühlen und sie zu durchdringen.

* * *

Der Politiker

Ich ging zur Stadt, die Kräuter zu verkaufen
Die ich gepflückt. Da es noch früh am Tag war
Verschnaufte ich vom Weg mich unter ein
Paar Pflaumenbäumen am östlichen Tor.
Dort war's, daß ich die Wolke Staubs gewahrte.
Herab die Straße kam ein Reiter geritten.
Gesicht: grau. Blick: gejagt. Ein kleiner Haufe
Wohl Freunde und Verwandte, die auf ihn
Gewartet hatten, Lebewohl zu sagen
Drängten sich eifrig um ihn. Aber
Er wagte nicht zu halten. Ich, erstaunt,
Fragte die Leute um mich, wer er war
Und was ihm zugestoßen war. Sie sagten:
Das war ein Staatsrat. Einer von den größten.
Zehntausend Käsch Diäten jährlich auf den Tisch.
Der Kaiser
Kam dreimal täglich in sein Haus. Erst gestern
Aß er zur Nacht noch mit Heroen. Heute
Ist er verbannt ins hinterste Yai-chou.

Polityk

Poszedłem do miasta by sprzedawać zioła
Które zerwałem. Jeszcze było wcześnie
Dlatego zszedłem z drogi i odpoczywałem
Pod kilkoma śliwami przy wschodniej bramie.
I tam dostrzegłem nagle chmurę kurzu.
W dół ulicy pędził jeździec na koniu.
Twarz: szara. Wzrok: zbiega. Mała grupka
Chyba przyjaciół, krewnych, którzy
Na niego czekali, żeby go przywitać
Cisnęli się pilnie wokół niego. Ale
On nie odważył się stanąć. Ja, zdziwiony,
Pytałem ludzi wokół, kim on jest
I co mu się stało. Powiedzieli:
Był radcą stanu. Jednym z tych największych.
Dziesięć tysięcy monet żołdu rocznie na wydatki.
Cesarz
Trzy razy dziennie bywał w jego domu.
Jeszcze wczoraj
Jadł nocą z herosami. Dzisiaj
Jest wypędzony w najdalsze Yai-chou.

So ist es immer mit den Räten der Könige.	Tak się zawsze dzieje z radcami od królów.
Gunst und Ungnade zwischen zwölf Uhr und Mittag.	Łaska i niełaska na zmianę, w jedno przedpołudnie.
Grün, grün das Gras der östlichen Vorstadt, durch das	Zielona, zielona jest trawa wschodniego przedmieścia, przez które
Die Straße zu den Hügeln führt! Zuletzt	Droga prowadzi do wzgórz! Na końcu
Hat er den »Coup« gemacht, der nicht fehlgehn kann.	Zrobił skok, który mu wyszedł bez wpadki.

(GBA 11, 257 f.)

Gleichfalls parabelartig ist *Der Politiker* aus den *Chinesischen Gedichten*, die zwischen 1938 und 1949 entstanden. Es handelt sich um Übersetzungen bzw. Nachdichtungen – die Grenze dazwischen ist fließend – gerade nicht zeitgenössisch-revolutionärer, sondern traditioneller chinesischer Lyrik. Basis ist die englische Übersetzung dieser Gedichte von Arthur Waley. Der Autor von *Der Politiker* ist Po Chü-yi, der einer der bedeutendsten chinesischen Lyriker ist und von 772 bis 886 lebte. Seine Werke haben ausdrücklich belehrenden Charakter.[28] Dass Brecht Lyrik nachdichtete, war eher selten, kam jedoch vor, wenn er von etwas eingenommen war. Ein weiteres, recht bekanntes Beispiel ist *Regen im Kieferhain* von 1952/53,[29] die Übersetzung eines Gedichts von Gabriele d'Annunzio.

Brecht, im Exil, war der Überzeugung, dass jene alten Gedichte ein hohes Deutungspotenzial der aktuellen politischen Lage besitzen und allgemeingültige Lehren vermitteln. Unter aus Deutschland Geflohenen waren dann seine Bearbeitungen, die *Chinesischen Gedichte*, durchaus bekannt. Man nahm jedoch deren politische Dimension,[30] die freilich poetisch verklausuliert ist, nicht wahr.

Warum aber übertrug Brecht solche Gedichte? Brecht, der sich politisch angeblich doch so eindeutig positionierte und, um aus der Exilzeit nur dieses eine Beispiel zu nennen, mit der Inszenierung seines Dramas *Die Mutter*, Ende 1935 in New York, die amerikanischen »Arbeitermassen« beeinflussen, sie dem Kommunismus näher bringen sollte?[31] Die Antwort findet sich in Brechts Skepsis allen politischen Systemen gegenüber; einer Skepsis, die umso größer war, je autoritärer die jeweilige Gesellschaftsform ist. Das bezog sich in der Entstehungszeit der *Chinesischen Gedichte* selbstverständlich in erster Linie auf den nationalsozialistischen Barbarismus, vor dem er fliehen musste. Doch auch dem Kommunismus war er seit jeher mit großem Misstrauen begegnet. Dieses sollte er niemals hinter sich lassen, trotz anderslautender Lippenbekenntnisse. Die dro-

---

28 Vgl. hierzu ebd. 11, 387 f.
29 Vgl. ebd. 15, 263 f.
30 Vgl. ebd. 11, 388.
31 Vgl. ebd. 28, 535.

hende Räterepublik in Deutschland sah er als Fortsetzung des Krieges unter anderer Flagge und plädierte schon in seiner frühen Komödie *Trommeln in der Nacht* dafür, grundsätzlich keine Waffe in die Hand zu nehmen, gleich für welche politischen Ziele, für welche Befehlshaber. Andernfalls droht das Individuum unter die Räder zu geraten, das je eigene, sein Selbst und möglicherweise auch sein Leben zu verlieren. Wie heißt es, in frappanter Entsprechung, in einem anderen der *Chinesischen Gedichte?*

> Eines einzigen Generals Reputation
> Heißt: zehntausend Leichen.[32]

Vor diesem Hintergrund kamen Brecht diese alten fernöstlichen Vorlagen, die vielfach politische Strukturen und Gesetzmäßigkeiten verallgemeinern, geradezu entgegen. Es ist, um auf das gerade zitierte Gedicht zurückzukehren, gleich, in welchen Diensten der General steht: er fordert und vernichtet immer Menschenleben.

In *Der Politiker* wird eine solche Gesetzmäßigkeit vorgeführt, die allerdings nicht das Volk, sondern dessen Führung betrifft. Dargestellt, erzählt, wird sie allerdings von einem lyrischen Ich, das das Volk repräsentiert: von einem Armen, der in die Stadt geht, um Kräuter feil zu bieten. Diese hat er mühsam gesammelt, gepflückt, irgendwo. Einen Acker, der Ertrag bringt, den man verkaufen könnte, besitzt er nicht. So also treffen in dieser Situation Extreme aufeinander: ein Unterprivilegierter, quasi Mittelloser traut seinen Augen kaum. Er beobachtet einen eben noch hohen Funktionsträger, der gerade vertrieben wird. Der Ruhe des unter den Pflaumenbäumen verweilenden Beobachters steht die wilde Flucht des Reiters entgegen. Er wird aus der Stadt gehetzt und hat so große Angst, dass er nicht einmal kurz Halt macht, um sich von ihm Nahestehenden zu verabschieden.

Auf Nachfrage erfährt das lyrische Ich, dass es sich um einen hohen Politiker handelt, um einen, der wohlhabend war, Ansehen besaß. Mit dem höchsten Herrscher, der auf seinen Rat hörte, pflegte er vertrauten Umgang. Das ist nun vorbei, abrupt, innerhalb kürzester Zeit. Die Ursache wird in der Schlusspointe des Gedichts erklärt: Er hat sich verschätzt, den Kaiser falsch beraten, in einer Angelegenheit, deren erfolgreicher Ausgang ihm sicher schien. Da nutzt es dem Staatsrat auch nichts, dass er offenbar lange Zeit treue und gute Dienste verrichtet hatte. Brecht verwendet für jenes gescheiterte Projekt, das nicht näher erklärt ist, den modernen Begriff »Coup«. Das ist innerhalb des durch die Vorlage bestimmten schlichten, aber traditionell wirkenden Sprachduktus ein bewusst herbeigeführter Anachronismus. Er deutet darauf hin, dass es sich möglicher-

---

32 Ebd. 11, 259.

weise um ein »krummes Geschäft« gehandelt haben könnte; um eines, das vielleicht die Armen noch ärmer und die Reichen noch reicher gemacht hätte.

Aber wie dem auch sei: Letztlich kommt nun auch der Staatsrat unter die Räder jener Gesetzmäßigkeiten, die menschliches Miteinander bestimmen und scheinbar unveränderbar sind. Da hilft es auch nicht, sich irgendeiner Utopie oder Ideologie zu verschreiben. Was bleibt, ist Resignation, ein Fatalismus, der an Brechts frühe Gedankenwelt, an den Einfluss Schopenhauers und Büchners erinnert. Denen hielt er die Treue, auch noch weit über die Exilzeit hinaus.

Eine Besonderheit: Das Gedicht *Der Politiker* entpuppt sich als Übersetzung einer Übersetzung. Das Original des Werks stammt von Po Chü-yi (772–846 v. Chr.). Brecht übertrug dieses Werk ins Deutsche mit Hilfe der vorliegenden Übersetzungen des chinesischen Originals ins Englische, sein Verhältnis zum Original ist also ebenso distanziert wie das meiner Übersetzung von Brecht aus dem Deutschen. Das Werk in deutscher Sprache erschien in der Sammlung *Chinesische Gedichte*. Seine Geschichte ist eine gelungene Parabel der literarischen Übersetzung, ein Palimpsest im Sinne von Gérard Genette (1982)[33], wiederholt gelesen und in verschiedene Sprachen transkribiert, mit Ergänzungen durch nachfolgende Autoren und Übersetzer, mit wechselnder Versifikation, Metaphorik und Ressourcen der Kulturen und Sprachen. In der Tat erweisen sich nur wenige literarische Werke als Originale ohne einen Originaltext, und dies ist auch hier der Fall.

Das Gedicht *Der Politiker* ist nach einem syllabotonischen Konzept aufgebaut, ohne Reime. Das einzige Konstruktionsmittel ist hier die Großschreibung jeder Zeile und der gleichbleibende Rhythmus des Verses, der nur beim lauten Lesen wahrnehmbar wird. Ein auffälliges Element dieses Aufbaus ist die von Brecht verwendete Abkürzung des Nebensatzes im Perfekt »die ich gepflückt«.

Die Konstruktion des Werkes erlaubt es dem Übersetzer, sich auf die semantische Ebene des HsE des Gedichtes zu konzentrieren, natürlich unter Berücksichtigung der Rekonstruktion des Rhythmus, die durch die verwendeten Übersetzungstechniken realisiert werden kann.

Der Kausalsatz »Da es noch früh am Tag war« beginnt im Original mit der Konjunktion »da«, die in der Übersetzung in die nächste Zeile verschoben wird. Im Polnischen wäre ein solcher untergeordneter Satzbau mit einer Konjunktion *ponieważ* (dt. ›da, weil‹) möglich, die am Anfang des Satzes stehen sollte, aber den Rhythmus des Gedichts stören würde. Daher die Entscheidung für eine andere Konjunktion *dlatego* (dt. ›weil‹) im dritten Vers.

Interessant ist die Verwendung einer einzigartigen Syntax in Strophe fünf: »Dort war's, daß ich die Wolke Staubs gewahrte«, die im Wesentlichen in die

---

33 Genette, G. (1982). *La littérature au second degré*. Seuil, Paris.

Zielsprache übersetzt werden könnte, z. B. als *I stało się tam, żem zobaczył tuman kurzu*. Die Übernahme eines archaischen Stils in der Übersetzung wäre wohl ein guter Bezug zum chinesischen Original gewesen, hätte aber eine Rekonstruktion des gesamten Textes im Sinne einer Archaisierung erfordert, die den vermittelten Inhalt von der heutigen Leserschaft entfernt hätte. Sie wäre nur in einem größeren Werk, mit diesem Gedicht als Bestandteil, zu rechtfertigen. Ich habe daher eine syntaktische Reduktion vorgenommen und den Versstil vereinfacht.

Die Zeile »Zehntausend Käsch Diäten jährlich auf den Tisch« mit ihrem gleichmäßigen Rhythmus wurde ebenfalls in einem regelmäßigen Rhythmus übersetzt. Um ihn in der Übersetzung beizubehalten, war es notwendig, die Adverbialbestimmung *auf den Tisch* (pl. ›na stół‹) gegen eine um zwei Silben längere Variante und mit anderer Bedeutung, d. h. *na wydatki* (dt. ›für die Ausgaben‹) auszutauschen.

Der im Original verwendete Ausdruck für die veränderliche, labile Gnade der Könige: »Gunst und Ungnade zwischen zwölf Uhr und Mittag« habe ich etwas anders übersetzt, indem ich diese Zeitspanne einfach als *Vormittag* bezeichnete und um *na zmianę* (dt. ›im Wechsel‹) ergänzte, die den Aufbau eines rhythmischen Verses erleichterte: *Łaska i niełaska na zmianę, w jedno przedpołudnie* (dt. ›Gunst und Ungunst im Wechsel, an einem Vormittag‹).

Der Protagonist führt am Ende einen *Coup* unter den Hügeln aus, der nach der Bedeutung des Lexems: »Coup m. ›Schlag, Streich, überraschendes Vorgehen‹, Entlehnung (17. Jh.) von afrz. frz. coup ›Schlag, Stich‹ [...] einen Coup starten, landen, ausführen; ein großer, unverhoffter, lange vorbereiteter Coup« (dwds), ein Streich, eine Evolution, ein Sprung auf ein Pferd sein kann. Nach dem antiken, von Aristoteles formulierten Prinzip des Anstands wird es vermieden, blutige, drastische Szenen auf der Bühne oder im Werk zu zeigen, die nur durch den Chor vermittelt werden. Auch in diesem Gedicht verwendet das lyrische Subjekt bei der Beschreibung des finalen Sprungs des Protagonisten den Euphemismus *Coup*, allerdings in Anführungszeichen geschrieben, ohne das Ereignis direkt zu benennen, so dass der Leser nicht erfahren kann, was letztlich mit dem Politiker geschehen ist.

3.3   Krieg

Von einem Maler

Neher Cass reitet auf dem Dromedar durch die Sandwüste und malt mit Wasserfarben die Dattelpalme
(Unter schwerem Maschinengewehrfeuer)

Es ist Krieg. Der furchtbare Himmel ist blauer als sonst. Mancher fällt tot in das Sumpfgras.
Man kann braune Männer totschießen. Abends kann man sie malen.
Sie haben oft merkwürdige Hände.

Neher Cass malt den bleichen Himmel über dem Ganges im Frühwind
Sieben Kuli halten seine Leinwand; vierzehn Kuli halten Neher Cass, der getrunken hat.
Weil der Himmel schön ist.

Neher Cass schläft nachts auf den Steinen und flucht, weil sie hart sind.
Aber er findet auch das schön (Das Fluchen mit inbegriffen)
Er würde es gerne malen.

Neher Cass malt den violetten Himmel über Petschawar weiß:
Weil er kein Blau mehr in der Tube hat.
Ihn frißt langsam die Sonne. Seine Seele verklärt sich. Neher Cass malt immerdar.

Auf der See von Ceylon nach Port Said malt er auf die Innenwand des alten Segelschiffes
Sein bestes Bild mit drei Farben, beim Licht zweier Luken.
Dann ging das Schiff unter, er rettet sich. Auf das Bild ist Cass stolz. Es war unverkäuflich

(GBA 13, 108f.)

O pewnym malarzu

Neher Cass jedzie na dromedarze przez pustynię i maluje akwarelami palmę daktylową
(Pod ciężkim ostrzałem broni maszynowej)

Jest wojna. Straszne niebo jest bardziej niebieskie niż zwykle. Niektóry pada martwy w bagienne trawy
Brunatnych można zabijać. A wieczorem ich malować.
Mają często przedziwne dłonie.

Neher Cass maluje blade niebo nad Gangesem w porannym wietrze.
Siedmiu kulisów trzyma jego płótno; czternastu kulisów trzyma Cassa, który się upił.
Bo niebo jest piękne.

Neher Cass śpi nocą na kamieniach i klnie, bo są twarde.
Ale i to mu się podoba (włączając w to przekleństwa)
Chętnie by to namalował.

Neher Cass maluje fioletowe niebo nad Peszawarem na biało:
Bo skończył mu się niebieski w tubce.
Powoli pożera go słońce. Jego dusza się rozpromienia. Cass maluje dalej.

Na morzu, na trasie z Cejlonu do Port Said maluje na wewnętrznej ścianie starego żaglowca
Swój najlepszy obraz, trzema kolorami, przy świetle dwóch luków.
A potem statek tonie, on się ratuje. Cass jest dumny z obrazu. Nie był na sprzedaż.

Der autobiografische Hintergrund des Gedichts liegt auf der Hand: Er wird gleich
am Anfang mit der Namensnennung »Neher Cass« hergestellt. So eindeutig dies
ist, so klar ist auch, dass diese Bezugnahme zunächst nur vom engeren Augsburger Umfeld Brechts, von seinem Freundeskreis, zugeordnet werden konnte.
Denn wer war schon »Neher Cass«, die Umdrehung von Caspar Neher? Später ein
weltbekannter Bühnenbildner, zur Entstehungszeit aber einfach ein künstlerisch
begabter Jugendfreund aus Augsburg, einer der engsten, mit dem Brecht frühzeitig auch zusammenarbeitete.

Zahlreiche Bühnenausstattungen für Brecht-Stücke schuf Neher dann, zum
Beispiel für die *Dreigroschenoper* und *Aufstieg und Fall der Stadt Mahagonny*,
darüber hinaus manche Buchillustration, so auch den »Wasser-Feuer-Men-
schen« für die *Taschen-* bzw. *Hauspostille*. Vorher aber, 1917, zur Entstehungszeit
des Gedichts, war er im Krieg, schon seit 1915. Während Brecht mit allen Mitteln
versuchte, sich vor einem Fronteinsatz zu drücken, hatte sich Neher freiwillig
gemeldet und blieb bis Kriegsende Soldat. Er wurde verwundet, verschüttet und
marschierte nach seiner Wiederherstellung abermals zur Front. In der berühmten *Legende vom toten Soldaten*[34] nimmt Brecht dieses Motiv auf und will
damit Neher ausdrücklich vor den Folgen seiner nationalen Willfährigkeit war-
nen. Über den fiktiven Christian Grumbeis ist das Gedicht sogar ausdrücklich
Neher gewidmet. Denn Grumbeis trägt Nehers Geburtsdatum.[35] Auch in einer
Vielzahl von Briefen warnt Brecht Neher immer wieder und fordert ihn dazu auf,
alles zu tun, um dem Kriegswahn zu entkommen, was einer Aufforderung zur
Fahnenflucht gleich kommt.[36]

Dies ist der Kontext des Gedichts *Von einem Maler*. Brecht entwirft ein Aben-
teuer-Szenario, das durch seine frühesten Leseerlebnisse, durch die Lektüre Karl
Mays, deutlicher aber noch durch die Rudyard Kiplings motiviert ist. Konkret steht
eine Episode aus dessen Roman *The Light that Failed* dahinter, in der es auch um
einen Maler geht.[37] So also stolpert »Neher Cass« durch diese exotische Abenteu-
erwelt, und kaum verhohlen wird, dass Brecht ihm, wie auch in der Realität, eine
gewisse Naivität unterstellt. Wie im Drama *Baal* wechselt der Himmel seine Farben.
»Neher Cass« malt ihn. Wenn ihm die passende Farbe fehlt, nimmt er eben eine
andere. Alles ist schön, alles sieht er durch die Perspektive des Künstlers, will alles
in seinen Werken festhalten. Dabei ist der Himmel in Wahrheit »furchtbar«, weil

---

34 Vgl. GBA 11, 112–115.
35 Vgl. Hillesheim: *Bertolt Brechts Hauspostille*, 222.
36 Vgl. Vgl. GBA 28, 60.
37 Vgl. ebd. 11, 437.

»Krieg ist.« Dies ist eine Art von Ästhetizismus, wie man ihn später in der Prosa Ernst Jüngers wiederfinden sollte. So werden »braune Männer« – gemeint sind wohl farbige Soldaten, z.B. solche aus der französischen Armee, oder aber die Formulierung ist einfach dem exotischen Flair des Gedichts geschuldet – »totgeschossen«, massakriert. Auch deren Leichen werden zu Vorlagen der Gemälde des »Neher Cass«, der genaueste Detailbeobachtungen macht, vom Grauen des Krieges aber letztlich unberührt bleibt.

Aber werden diese Werke überdauern? Eines, das »Neher Cass« hoch schätzte, geht mit einem Schiff, auf dessen Innenwand es gemalt ist, unter. Ob er selbst zurückkehrt, ist fraglich. Denn: »Es ist Krieg.« Gut möglich scheint, dass Neher, wie viele andere, auf dem Feld bleibt, vom sog. »Weltenbrand« verzehrt wird, mitsamt seinen Bildern.

Wie aber ging es mit Caspar Neher tatsächlich weiter? Den Krieg überlebte er. Seine und Brechts Wege trennten sich mit der nationalsozialistischen »Machtübernahme«. Brecht ging ins Exil, Neher blieb daheim und »marschierte« abermals: unter anderem schuf er auch Bühnenausstattungen von – zum Teil explizit antisemitischen – NS-Propagandawerken.

Es war Brecht, der nach dem Zweiten Weltkrieg die Zusammenarbeit mit Neher unbedingt wiederaufnehmen wollte, was gelang. Einige gemeinsame Projekte kamen zustande, z.B. die *Antigone* in Zürich. Auch in der DDR arbeitete Neher mit Brecht wieder zusammen. 1953 jedoch zerbrach die Freundschaft. Nicht zuletzt, weil Neher mit Brechts Lavieren und Taktieren den DDR-Funktionären gegenüber nicht recht klarkam.

Auch hier stellt das Gedicht keine große Herausforderung für den Übersetzer dar, da seine formale Struktur der Prosa ähnelt und die syntaktische recht einfach ist. Das einzige formale Element, das dieses Gedicht mit der klassischen Poesie verbindet, ist die Einteilung in Strophen und Zeilen.

Das Werk erinnert an das *I-Ching* oder an Abschnitte aus dem Hagakure, dem *Weg der Samurai*. Die vereinfachte Sprachwelt ermöglicht eine gleichfalls einfache und tiefgründige Botschaft, die dieses Gedicht mit den Weisheitstexten des Ostens verbindet.

Das Gedicht wirft allerdings mehrere Übersetzungsprobleme auf der Ebene der Lexik auf:

Der Begriff »Sandwüste« hat eine Entsprechung im Polnischen: *pustynia*, die ein Hyperonym des deutschen Begriffs ist, d.h. er schließt auch die Steinwüste ein, aber eine wörtliche Übersetzung aus dem Deutschen würde als Pleonasmus empfunden werden, daher habe ich mich für die Verwendung des Begriffs *pustynia*, ohne Adjektiv *piaszczysty* entschieden.

Auffällig ist die Verwendung der Metonymie im Original – »Mancher fällt tot ins Sumpfgras« – der Autor schildert das Schicksal der Soldaten anhand eines konkreten Beispiels. Im Polnischen muss der Begriff emuliert werden, denn im Fall von *Sumpfgras* ist es nicht möglich, ihn im Singular zu beschreiben, da er mit dem standardmäßigen Substantiv geschrieben werden kann *trawa*, d. h. *padać w trawę* (dt. ins Gras fallen).

Die Verwendung des seltenen Adverbs *immerdar* lässt sich durch die phonetische Ähnlichkeit zu anderen Wörtern im Gedicht rechtfertigen, d. h. *immerdar – Dromedar – Petschawar*, was einen entfernten Reimbezug und eine kompositorische Klammer im Gedicht schafft. Es ist nicht möglich, ein Äquivalent in der Übersetzung zu verwenden, das diese Konstruktion hätte, so dass ich gezwungen war, ein polnisches Adverb mit einer anderen phonetischen Konstruktion *dalej* zu verwenden.

Das Substantiv *Wasserfarben* kann wörtlich übersetzt werden mit *farby wodne*, aber der gängige Begriff im Polnischen ist aus dem Französischen entlehnt: *akwarele*, und diese Variante habe ich gewählt.

Die Zusammensetzung *Maschinengewehrfeuer* ist ins Polnische nur als Wortgruppe *ostrzał broni maszynowej* (dt. ›Beschuss durch Maschinengewehre‹) übersetzbar. Die Schaffung eines gleichwertigen Begriffs als Neologismus ist nicht möglich.

Der Begriff *braune Männer* kann ins Polnische übersetzt werden mit *brązowy* (dt. ›braun‹), bzw. als *brunatny* (dt. ›bräunlich‹). Unabhängig von der gewählten Bezeichnung erscheint der Satz »Man kann braune Männer erschießen« semantisch als eine rassistische Aussage oder, im zweiten Fall, als Ausdruck einer politischen Orientierung, da *brunatny* im Polnischen für *nationalsozialistisch* nach 1933 steht.

Ich habe den folgenden Satz vereinfacht, indem ich die Wiederholung des Verbs *können* entfernt habe: »A wieczorem ich malować« (dt. ›Und am Abend malen sie‹, was dem ganzen Vers Leichtigkeit verleiht.

Der Begriff *Frühwind* ist kein Fachbegriff, er kann mit *Brise* übersetzt werden, wörtlich als *wczesny wiatr*, bzw. wenn man die Zeitform emuliert, als *poranny wiatr* (dt. ›Morgenwind‹).

Eine gewisse Schwierigkeit bei der Übersetzung ist das Verb *sich verklären*, mit der Bedeutung ›einen beseligten, glücklichen Ausdruck bekommen‹ (dwds). Polnische Äquivalente sind: *rozpromieniać* (dt. ›aufhellen, aufleuchten‹) und *pięknieć* (dt. ›sich verschönern‹).

Ich habe mich für die erste Entsprechung entschieden, weil sie eine mehr wörtliche, weniger ästhetisierte Bedeutung hat. Ich habe das Verb im Satz »Seine Seele verklärt sich« mit *rozpromieniać* (dt. ›aufhellen, wörtlich: aufstrahlen‹) übersetzt, die das Bild der Sonne in der dargestellten Welt hervorhebt.

Die Wegbeschreibung im Originaltext »Auf der See vom Ceylon nach Port Said« ergänzte ich mit der Amplifikation *na trasie* (dt. ›auf der Route‹).

In der letzten Zeile erscheint im Original die Vergangenheitsform in Kombination mit der Gegenwartsform, was eine gewisse Dissonanz in die Beschreibung bringt: »Dann ging … unter, rettet sich, ist stolz, war unverkäuflich«. Die Form *ging unter* wurde in das Präsens gesetzt, was in der Übersetzung besser zu der Erzählung in Präsens passt.

Das Gedicht endet mit der Feststellung »es war unverkäuflich«, die im Original mehrdeutig ist und »nicht verkäuflich: a) nicht zum Verkauf bestimmt, b) in der Qualität so beschaffen, dass es nicht verkauft werden kann« (dwds) bedeuten kann. Zwar hat die polnische Sprache eine Form *sprzedajny*, die der Bedeutung b) des deutschen Adjektivs entspricht, bei seiner Verwendung würde aber die Ambiguität des Originalausdrucks aufgehoben.

∗ ∗ ∗

Moderne Legende	*Nowoczesna legenda*
Als der Abend übers Schlachtfeld wehte.	Kiedy nad polem bitwy powiewał wieczór.
Waren die Feinde geschlagen.	Wrogów pokonano.
Klingend die Telegraphendrähte	Druty telegraficzne brzęcząc
Haben die Kunde hinausgetragen.	Zaniosły wiadomość.
Da schwoll an einem Ende der Welt	I oto na jednym końcu świata
Ein Heulen, das am Himmelsgewölbe zerschellt	Zjawił się ryk, co się rozbija o sklepienie nieba
Ein Schrei, der aus rasenden Mündern quoll	Wrzask z wyjących gardeł
Und wahnsinnstrunken zum Himmel schwoll.	Co oszalały wznosił się do niebios.
Tausend Lippen wurden vom Fluchen blaß	Tysiąc ust zbielało od przekleństw
Tausend Hände ballten sich wild im Haß.	Tysiąc pięści zacisnęło się w nienawiści.
Und am andern Ende der Welt	A na drugim końcu świata
Ein Jauchzen am Himmelsgewölbe zerschellt	Zjawiło się wycie, co się rozbijało o sklepienie nieba
Ein Jubeln, ein Toben, ein Rasen der Lust	Radość, szaleństwo, wybuch żądzy
Ein freies Aufatmen und Recken der Brust.	Swobodny oddech i wypięte piersi.
Tausend Lippen wühlten im alten Gebet	Tysiąc ust układało się w starej modlitwie
Tausend Hände falteten fromm sich und stet.	Tysiąc dłoni składało się w pobożnym geście.

In der Nacht noch spät	Jeszcze późną nocą
Sangen die Telegraphendräht	Śpiewały druty telegraficzne
Von den Toten, die auf dem Schlachtfeld ge-	O zabitych, co zostali na polu bitwy – –
blieben – –	I spójrz, a stało się cicho u przyjaciół i
Siehe, da ward es still bei Freunden und	wrogów.
Feinden.	
– – – – – – – –	– – – – – – – –
Nur die Mütter weinten	I tylko matki płakały
Hüben – und drüben.	I tu – i tam.

(GBA 13, 73 f.)

In Zusammenhang mit dem Gedicht *Der Politiker* war von Brechts Lebensweisheit die Rede, nach der es besser sei, grundsätzlich keine Waffe in die Hand zu nehmen, gleich für welche Interessen oder Utopien sie eingesetzt werden; eine »Lehre«, die in seinem Werk immer wieder durchscheint. Die *Moderne Legende* führt zurück zu den Ursprüngen dieser Ansicht, zu Gedanken, die Brecht sich machte, als der Erste Weltkrieg noch nicht lange währte.

Brecht, gerade einmal sechzehn Jahre alt, gelang es, unmittelbar nach Kriegsausbruch Zugang zu zwei Augsburger Tageszeitungen und deren literarischer Beilagen zu bekommen. Nun konnte er erstmals eigene Texte in gedruckter Form bewundern. Zuvor gab es lediglich die von ihm selbst herausgegebene, hektographierte Schülerzeitschrift *Die Ernte*, die ihr Erscheinen nach sechs Nummern eingestellt hatte. Im Gegensatz zu anderen berühmten Autoren, die nach Kriegsbeginn in eine Art nationalen Taumel verfielen, war Brecht fasziniert von der Aufbruchsstimmung, die überall in der Stadt herrschte, jedoch alles andere als kriegsbegeistert. Er erkannte die Gelegenheit, nun endlich schreiben und veröffentlichen zu können; Lyrik meist, aber auch reportageartige Beiträge. Doch mussten diese eine Oberflächenstruktur haben, die dieser Kriegseuphorie zumindest nicht widersprach. Andernfalls wären Brechts Beiträge nicht gedruckt worden. Dieser Voraussetzung kam er bereitwillig nach. Die Texte verfügen von Beginn an auch über eine Tiefenstruktur, eine zweite Ebene, auf der sich der junge Autor, nicht selten mit dem Mittel der Ironie, Distanz zum Kriegsgeschehen verschaffte. Manche Texte klagen die deutsche Kriegspolitik wohl nicht an, sie bedauern allerdings recht offen das große Leid, das der Krieg mit sich brachte. So auch die *Moderne Legende*, erstmals am 10. November 1914 in der literarischen Beilage der *Augsburger Neuesten Nachrichten* erschienen.

Dem Gedicht liegt eine Dichotomie zugrunde, die aber keine ist, wie der Leser mit dem überraschenden Schluss erfährt. Es geht um eine Schlacht, um Sieger und Verlierer, und der junge Autor lenkt den Blick einmal auf diese, einmal auf die andere Seite. Dabei scheint klar, wer die Sieger, wer die Verlierer sind: Das Gedicht wurde schließlich in der Beilage einer deutschen Zeitung gedruckt, mitten in der bis dahin noch ungebrochenen euphorischen Kriegseuphorie. So scheint also ein deutscher Sieg poetisch bejubelt zu werden. Auch die Bezeichnung »Legende«, obwohl Brecht sich an deren Gattungskriterien nicht hält, suggeriert, dass Heldentaten deutscher Soldaten gefeiert werden.[38]

Die Schlacht ist vorbei, wer die geschlagenen Feinde sind, wird, was äußerst bedeutsam ist, nicht verraten. Der Leser wird sie am ehesten mit Franzosen assoziieren. Die zweite Strophe steht im Zeichen dieser Feinde. Wie reagieren sie in deren Heimat auf die Niederlage? Wutentbrannt schreien sie und werden durch Wendungen wie »rasende Münder«, Begriffe wie »Fluchen« und »Hass« und das Adjektiv »wahnsinnstrunken« eindeutig negativ konnotiert.

Dem entgegen stehen die Sieger auf der anderen Seite: Man betet, ist fromm, erleichtert von der Siegeskunde, stolz. Doch gibt es auch hier ein Rasen, zu dem sich der Siegesjubel auswächst. Auch dieses wirkt beängstigend, selbst wenn es sich bei diesem »Toben« um ein ekstatisches handelt.

Dann kehrt der Blick zurück auf jene »Telegraphendrähte« der ersten Strophe, die, als in dieser Zeit »modernes« Kommunikationsmittel, den Ausgang der Schlacht ja erst bekannt machten. Nun, Stunden später, in der Nacht, haben sie aber noch Anderes zu berichten. Trugen sie zu Beginn die Siegeskunde in die Welt, so »singen« sie nun; eine Elegie, einen Trauergesang. Es gab nämlich auf beiden Seiten, wie im Krieg nicht anders zu erwarten, Soldaten, die nicht zurückkehrten, Gefallene, Tote. Nun hat das Toben und Schreien ein Ende, an beiden Fronten. Diese plötzliche Stille ermöglicht, dass man anderes hören kann, das Weinen der Mütter, die ihre Kinder beklagen. »Die Mütter fungieren als ein hervorgehobenes Gegenmoment stiller Trauer im Vergleich zu der aufgebrachten und lauten Stimmung, die bei beiden Parteien, bei Siegern und Verlierern, herrscht.«[39]

Diese Totenklage hört sich an beiden Fronten gleich an. Sie vereinigt die trauernden Frauen in ihrem Leid, führt sie zusammen. Die Dichotomie als Gestaltungsprinzip des Gedichts ist plötzlich aufgehoben. Sowieso zu Beginn nicht konkret benannt, ist es nun auch egal, wer sich in dieser Schlacht gegenüberstand. Die Katastrophe, das Leid eint in der Stille und Betroffenheit, aber auch im Klagen der Mütter.

Wie aber sind solche Schreckensszenarien in der Realität zu vermeiden? Nur dadurch, dass man, so der sechzehnjährige Brecht kurz nach Kriegsausbruch, Waffen niemals anfasst – weder »hüben«, noch »drüben«, noch sonstwo.

Der Originaltext der *Modernen Legende* ist regelmäßig strukturiert, wobei drei der vier Strophen eine Endreimstruktur von ABAB, AABBCC, AABBCC auf-

---

38 Vgl. Pickhardt, 32.
39 Ebd., 36.

weisen. Die vierte Strophe enthält drei Paare von ungenauen Reimen und ein Paar von ABCDDC exakten Reimen: *spät / Drähte, geblieben / drüben, Feinden / weinten, geblieben / drüben*. Eine zusätzliche Verschönerung ist die letzte Zeile, die einen exakten Reim innerhalb des Verses enthält – *hüben / drüben*.

Zu der semantischen Dominante des Gedichts gehören die beiden kontrastierenden Bilder von Völkern in einer Kriegssituation, die von demselben Himmelsgewölbe bedeckt sind, an dem ihre Schreie zerschellen, und zweifellos auch das Leitmotiv der Telegraphendrähte, ein schnelles Kommunikationsmittel für die damalige Zeit. Ebenso wichtig ist das Distichon, mit dem das Gedicht endet und das auf die leidenden Mütter verweist, die ihre Söhne verloren haben, auch wenn der Krieg aus nachvollziehbaren Gründen geführt worden wäre.

Die intertextuelle Relation mag auf den ersten Merseburger Zauberspruch *Eiris sâzun idisi, sâzun hêra duoder* verweisen, aber Brecht spricht sich auch hier, seit er seine eigene Interpretation des Horaz'schen Mottos *Dulce et decorum est pro patria mori* verfasst hat, die einen Schulskandal hervorrief, gegen den Krieg aus. Er stellt die Sinnlosigkeit der Schlacht, den einzelnen Soldaten, seine Familie und ganz besonders die leidenden Mütter in den Vordergrund. Dies steht im starken Widerspruch zu den im Schulwesen und im öffentlichen Leben damals immer präsenten militaristischen Gedanken.

Im Text selbst taucht die Anapher »das am Himmelsgewölbe zerschellt« auf, die einmal mehr auf die astronomische Bilderwelt des Autors aus der vorkopernikanischen Zeit hinweist. Er sieht also den Himmel als *das Gewölbe* und *die Enden der Welt*, auf denen die kriegführenden Völker wohnen. Die Anapher wurde wörtlich übersetzt, wobei das grammatikalische Geschlecht des Heteronyms leicht angepasst wurde: *Jauchzen* (pol. ›wycie‹), das in der Zielsprache ein Neutrum ist.

Es war notwendig, eine Emulation in Form des Verbs *hinaustragen* zu verwenden, das im Polnischen an den Sprachhorizont des Lesers angepasst wurde: *zanosić* (pol. ›hintragen‹). Auch der Klang der Telegraphendrähte hat sich geändert – von *klingen* zu *brzęczeć* (dt. ›klirren, summen‹), was dem Bild der gespannten, vom Wind bewegten Drähte an den Masten eher entspricht.

Die Wendung »In der Nacht noch spät« wurde mit der im Polnischen üblichen Wortfolge übersetzt, d. h. »Jeszcze późną nocą« (dt. ›noch spät in der Nacht‹). Eine Umkehrung war aufgrund der nicht konstruierten Reime nicht notwendig.

Eine grammatikalische Änderung betrifft auch die Verbformen in Zusammenhang mit dem Zahlwort *tausend*, das im Deutschen einen Plural erfordert; im Polnischen wird *tausend* als Singular ausgedrückt.

Ein ansprechender Verweis auf die biblische Sprache des Buches Genesis ist die Formulierung »da ward es still«, die in einem ähnlichen Stil übersetzt wird.

Der Vers »hüben – und drüben« hat im Polnischen aufgrund morphologischer Einschränkungen seine Form verändert, er wurde einsilbig übersetzt: *tu i tam*.

* * *

Gesang des Soldaten der Roten Armee	*Pieśń żołnierza Czerwonej Armii*
1	1.
Weil unser Land zerfressen ist	Ponieważ kraj nasz rozszarpany
Mit einer matten Sonne drin	Mdlejącym słońcem oświetlony
Spie es uns aus in dunkle Straßen	Rzuciło nas na ciemne drogi
Und frierende Chausseen hin.	I bruk szos mrozem oszroniony.
2	2.
Schneewasser wusch im Frühjahr die Armee	Woda ze śniegu myła wiosną
Sie ist des roten Sommers Kind!	Czerwoną armię, dziecko czerwonego lata!
Schon im Oktober fiel auf sie der Schnee	Już w październiku śnieg ją pokrył
Ihr Herz zerfror im Januarwind.	A w styczniu serce mróz oplatał.
3	3.
In diesen Jahren fiel das Wort Freiheit	W tym roku słowo wolność padło
Aus Mündern, drinnen Eis zerbrach.	Z ust, w których lód się sucho kruszył.
Und viele sah man mit Tigergebissen	Niejeden z ostrymi, tygrysimi kłami
Ziehend der roten, unmenschlichen Fahne nach.	Za krwawą, nieludzką flagą ruszył.
4	4.
Oft abends, wenn im Hafer rot	A wieczorami, gdy czerwony księżyc
Der Mond schwamm, vor dem Schlaf am Gaul	W owsie przepływał, przed snem przy wierzchowcach
Redeten sie von kommenden Zeiten	Gadali o nowych nadchodzących czasach
Bis sie einschliefen, denn der Marsch macht faul.	Aż nie posnęli, marsz muli wędrowca.
5	5.
Im Regen und im dunklen Winde	W deszczu, a także w ciemnym wietrze
War Schlaf uns schön auf hartem Stein.	Sen kochaliśmy na twardym kamieniu.
Der Regen wusch die schmutzigen Augen	Deszcz płukał nasze brudne oczy
Von Schmutz und vielen Sünden rein.	Z grzechów i brudu, który widok mroczy.

6	6.
Oft wurde nachts der Himmel rot	Wieczorem często niebo czerwienią świe-
Sie hielten's für das Rot der Früh.	ciło
Dann war es Brand, doch auch das Frührot	Oni myśleli, że to brzask poranka.
kam	A to był pożar, potem doczekali ranka
Die Freiheit, Kinder, die kam nie.	Ale wolności, dzieci, tej nigdy nie było.
7	7.
Und drum: wo immer sie auch warn	Stąd każde miejsce, w jakie ich rzuciło
Das ist die Hölle, sagten sie.	Było im piekłem, tak to określali.
Die Zeit verging. Die letzte Hölle	Czas mijał, lecz ostatnie z piekieł
War doch die allerletzte Hölle nie.	Ostatnim kręgiem piekła wciąż nie było.
8	8.
Sehr viele Höllen kamen noch.	I jeszcze wiele piekieł napotkali
Die Freiheit, Kinder, die kam nie.	Ale wolności, dzieci, wciąż nie było.
Die Zeit vergeht. Doch kämen jetzt die Him-	Czas mija. Nawet gdyby przyszły teraz nieba
mel	To bez nich. Tych im nie potrzeba.
Die Himmel wären ohne sie.	
9	9.
Wenn unser Leib zerfressen ist	Ponieważ ciało poszarpane
Mit einem matten Herzen drin	Mdlejącym sercem oświetlane
Speit die Armee einst unser Haut und Kno-	Rzuciła armia naszą skórę, kości
chen	W zimne i płytkie doły wykopane.
In kalte flache Löcher hin.	
10	10.
Und mit dem Leib, von Regen hart	I z takim ciałem, od deszczu stwardniałym
Und mit dem Herz, versehrt von Eis	I z takim sercem z lodem aż do kraju
Und mit den blutbefleckten Händen	Z rękami w krwi unurzanémi
So kommen wir grinsend in euer Paradeis.	Dojdziemy z chichotem do waszego raju.

(GBA 11, 48f.)

Brecht wechselt im *Gesang des Soldaten der Roten Armee* die Perspektive. In der *Modernen Legende* lässt er von den Soldatenmüttern den Tod ihrer Söhne beklagen. Nun nimmt er das »hüben und drüben«, das im Leid vereint, zurück. Er blickt in die Zeit vor dem Tod, begibt sich an eine der Fronten und versetzt sich in die Sichtweise eines jungen Mannes, der Soldat jener Roten Armee wurde. Dieser spricht in Form eines »Wir«. Seine Erkenntnisse und Einsichten betreffen ihn selbst genauso wie die Kameraden dieser Armee. Der Soldat klagt an: Sich selbst, die Kameraden und in erster Linie den Kommunismus.

1919 entstanden, handelt es sich hinsichtlich seiner Aussage um eines der direktesten und klarsten Gedichte der späteren *Hauspostille*. Brecht schildert einen Jahresablauf – »Frühjahr, Sommer, Oktober, Januarwind« – vor dessen Hintergrund er das Wüten der Roten Armee – und damit das ihres bzw. ihrer Soldaten – beschreibt und poetisch verdichtet. Diese Armee konnte überhaupt nur entstehen aufgrund des – nicht zuletzt durch den Weltkrieg verursachten – sozialen Elends, der Lethargie und Erstarrung, die in der ersten Strophe mit Wendungen wie »zerfressenes Land«, »matte Sonne«, »dunkle Straßen«, »frierende Chausseen« beschrieben werden. In dieser sinnentleerten und elenden Welt entstand eine Art Vakuum, Raum für neue Ideen und Ideologien.

Doch erst jetzt folgt unermessliches, nie endendes Leid. Man geht nicht nur einmal durch die Hölle. Nach ihr kommen weitere, unzählige, in loser Anlehnung an Dantes *Inferno*. Die Ursache dieses neuerlichen, sehr weltlichen Infernos ist die »rote, unmenschliche Fahne«, der sich Armee und Soldat verschrieben. Das schlichte, fast sachliche Adjektiv »unmenschlich« stellt, im Vergleich zu den martialischen »Tigergebissen« und dem Adjektiv »blutbefleckt«, einen bewussten Stilbruch dar, der das Verstörende des Szenarios noch einmal eigens hervorhebt. Alles ist mit der Revolution schlimmer geworden, außer Ordnung geraten, nicht einmal mehr die Motive sind in sich stimmig.

Auch die Reime müssen erzwungen werden in diesem »Paradeis von Eis«. In dieses gehen der Soldat und seine Kameraden nicht hoffnungsfroh-verklärt, sondern, angesichts des kommunistischen Barbarismus, mit einer durch ein Grinsen entstellten Fratze ein. Denn sie haben, als »Soldaten der roten Armee«, eine Schuld auf sich geladen, die nicht zu vergeben ist. Deshalb ist jenes »Paradeis« nichts Anderes als eine weitere, die vielleicht letzte und schlimmste Hölle. Und käme, nach diesen unendlichen Höllen tatsächlich noch ein Himmel, so wäre er diesen Soldaten verschlossen. Ihr Los ist das ewiger Verdammnis.

Das Gedicht ist eines von drei in engem zeitlichem Zusammenhang entstandenen Werken, die sich kritisch mit dem Kommunismus bzw. der Revolution auseinandersetzen. Das erste ist die *Legende vom toten Soldaten*,[40] eines der bekanntesten Gedichte Brechts. Zwischen diesem und dem *Gesang des Soldaten der Roten Armee* gibt es auch deutliche sprachliche Übereinstimmungen. Beim zweiten handelt es sich um das frühe Drama *Trommeln in der Nacht*, in dem die *Legende vom toten Soldaten* vorgetragen wird.[41]

Die *Legende* gilt als grotesk-geniale Abrechnung mit dem wilhelminischen Kriegswahn. Doch dies ist sie nicht ausschließlich. Brecht verweist in der Variante aus *Trommeln in der Nacht* mit einer Zeitangabe auf das Frühjahr 1919. Da war der Krieg längst vorbei, doch kommunistische Umsturzversuche, die »Rätere-

---

40 Vgl. GBA 11, 112–115.
41 Vgl. ebd. 1, 211.

publiken« konstituieren sollen, mitten im Gange. Dies bedeutet nichts Anderes als das Brecht in beiden Werken den barbarischen Krieg und die Revolution gleichsetzt. Der Einzelne tut gut daran, sich zu verweigern, will er nicht unter die Räder geraten. So wird Andreas Kragler, Protagonist aus *Trommeln in der Nacht* und heimgekehrter Frontsoldat, lieber ein angesehener Geschäftsmann als sich der Revolution zu verschreiben und sein Leben für Interessen anderer abermals aufs Spiel zu setzen.

Ist Brechts Sichtweise und Wertung des Kommunismus in der *Legende vom toten Soldaten* und *Trommeln in der Nacht* indirekt zu erschließen, so erscheint diese Ideologie im *Gesang des Soldaten der Roten Armee* ganz unverblümt als Hölle auf Erden. Sehr bewusst vermeidet Brecht jegliche Zweideutigkeit oder Ambivalenz. Das führte zu Schwierigkeiten. Es passte nämlich nicht allen, dass Brecht in seinem Gedicht den Kommunismus nicht nur als Hölle brandmarkte, sondern die Revolution unverblümt mit Krieg gleichsetzte und deren »Maßnahmen« zur Erlangung der klassenlosen Gesellschaft als Kriegsverbrechen erklärte.

Nach dem erstmaligen Erscheinen des Gedichts 1925 wurde Brecht von – aus seiner Sichtweise zu Recht erbosten – Alexander Abusch, dem späteren Chefredakteur der *Roten Fahne* und Kulturfunktionär der DDR, zur Rede gestellt. Brecht, der sich den Kommunismus als künstlerisches Experimentierfeld nicht verschließen wollte, versuchte sich herauszureden. Nicht die große Sowjetarmee, entstanden nach der Oktoberrevolution, sei gemeint, sondern die Rote Armee der gescheiterten Bayerischen Räterepublik. Das allerdings ist grotesk. Das »Rot«, das sich leitmotivisch durch das Gedicht zieht, benennt eine kommunistische Armee, und die Frage, um welche genau es geht, ist marginal.[42]

Später war Brecht vorsichtiger, mehrdeutiger. Das Lehrstück *Die Maßnahme* lässt sich ebenso als rigides kommunistisches Propagandawerk wie als Anklage der Ermordung eines frei entscheidenden Individuums, das unter die Räder der Revolution gerät, lesen. Und: Brecht tilgte den *Gesang des Soldaten der roten Armee* aus allen Ausgaben der *Hauspostille*, die nach 1927 erschienen.

Dieses Gedicht ist ein weiteres Beispiel für ein gelungenes melisches Werk mit regelmäßigem Metrum und ABCB-Versstruktur, mit Ausnahme der zweiten Strophe, die der Struktur ABAA folgt.

Die semantische Dominante des »Gesangs« ist das Bild einer Armee, die unter allen Bedingungen marschiert und kämpft, unabhängig von der Jahreszeit und den Wetterbedingungen. Da es sich um einen Gesang handelt, ist die formale Struktur des Gedichts, die regelmäßige Verteilung von Reimen und Akzenten, ebenso wichtig wie der Inhalt.

---

42 Vgl. hierzu: Hillesheim: *Bertolt Brechts Hauspostille*, 64 f.

Das Leitmotiv des Gedichts ist die Farbe Rot, deren Verwendung auf kommunistische Ideale, das Feuer der Revolution und den Willen zur Veränderung anspielt: *Roter Sommer, roter Mond, der Himmel wurde rot, Rot der Früh', Frührot, blutbefleckte Hände.*

Interessant ist die kompositorische Knickung der 1. und 9. Strophe, die das Ausspeien der Soldaten zunächst durch das Land auf die Straßen und Chausseen und dann, wenn sie nicht mehr k. v. sind, wenn von ihnen nur Überreste bleiben, »in kalte flache Löcher«, eine ästhetisierende, zweckentfremdete Bezeichnung für Gräber, eindrücklich darstellt.

Die wichtigste intersemiotische Referenz im Gedicht ist die *Rote Armee*, ein Begriff, der im Medienzeitalter mit der Roten Armee der Sowjetunion oder der Roten Armee Fraktion, einer terroristischen Organisation im Deutschland der 1970er Jahre, verwechselt werden kann. Daher sollte die Veröffentlichung des Gedichts durch eine entsprechende Fußnote ergänzt werden. Die Rote Armee aus der Zeit der Räterepublik ist ein Phänomen, das nur Historikern und Heimatkundlern bekannt ist. Der intersemiotische Bezug selbst ist in der Medienkultur durch die bereits erwähnte Rote Armee der Sowjetunion und die RAF ersetzt worden, die konkurrierende Begriffe für die Armee im »Gesang« sind.

Entsprechend der beschriebenen semantischen Dominante habe ich der Übersetzung der formalen und rhythmisch-reimigen Struktur des Gedichts Priorität eingeräumt, damit auch die Übersetzung mit der gleichen Musik wie das Original vorgetragen werden kann. Aus diesem Grund sind viele der Übersetzungslösungen keine direkten Heteronyme der ursprünglichen Übersetzungseinheiten. Einige der Reime haben jedoch im Translat eine andere Anordnung als im Originaltext.

Das Adjektiv *matt* in dem Begriff *matte Sonne* kann die Sonne meinen, die sich hinter einem Nebel befindet, schwach scheint und nicht wärmt. In der Übersetzung habe ich *mdlejące słońce* (dt. ›in Ohnmacht fallende Sonne‹) verwendet, dank derer sich dieses Partizip dem polysemantischen Adjektiv *matt* angenähert hat (›schwach, erschöpft; energielos, kraftlos, 2. glanzlos, nicht spiegelnd, 3. gedämpft; von geringerer Intensität, 4. unbefriedigend, nicht überzeugend‹ (dwds).

An zwei Stellen verwendet Brecht das Verb *frieren*, das im Polnischen ein Heteronym hat: *mrozić*. Es erwies sich jedoch als zu kurz, so dass die »frierende Chaussee« beschreibend übersetzt wurde: *bruk szos mrozem oszroniony* (dt. ›das Chausseepflaster mit Frost bedeckt‹), mit einer Lautmalerei mit der Konsonantengruppe *sz-s-r-z-sz-r*, die in der Übersetzung auftaucht und die Schritte der beschriebenen Armee auf dem gefrorenen Pflaster nachempfindet.

Im zweiten Fall: »Ihr Herz zerfror im Januarwind« – war ich gezwungen, das Bild zu emulieren, indem ich den *Wind* aus ihm entfernte: *A w styczniu serce mróz oplatał* (dt. ›und im Januar umflocht das Herz der Frost‹).

Für das *Schneewasser* gibt es im Polnischen kein Ein-Wort-Äquivalent, daher habe ich eine Wortgruppe gebildet: *woda ze śniegu* (dt. ›Wasser aus dem Schnee‹).

Das Substantiv *Gaul* hat in der polnischen Sprache mehrere Heteronyme; ich habe einen Begriff verwendet, der u. a. durch die Werke von Karl May populär wurde, um den Wilden Westen zu beschreiben. Wörtlich bedeutet es ›Reitpferd‹.

Im Ausdruck »*der Marsch macht faul*« – habe ich in der Übersetzung ein neueres polnisches Verb verwendet, welches in der Alltagssprache oft erscheint: *mulić* (dt. ›langsam machen, müde machen‹): *marsz muli wędrowca* (dt. ›der Marsch ermüdet den Wanderer‹).

Es war nicht immer möglich, das Rot vom Original direkt zu übertragen. Die Formulierung »oft wurde nachts der Himmel rot« – wurde in der Übersetzung etwas intensiver wiedergegeben, als *Wieczorem często niebo czerwienią świeciło* (dt. ›Am Abend leuchtete oft der Himmel rot‹).

Aufgrund kultureller Unterschiede war ich gezwungen, den Morgen als die aufgehende Sonne darzustellen. Im Polnischen wird der Morgen nicht mit Rot assoziiert, sondern mit Pastellfarben wie Hellblau, Rosa, Hellgelb, aber nicht mit Rot, da dies üblicherweise eine der intensiven Farben der untergehenden Sonne ist, so dass Rot der Frühe zu *Morgendämmerung / Tagesanbruch* wird.

Bei der Übersetzung der Beschreibung des Infernos der Soldaten – »die allerletzte Hölle« – habe ich einen gängigen Begriff aus der polnischen Kultur verwendet *ostatni krąg piekieł* (dt. wörtlich ›der letzte Kreis der Hölle‹), eine Bezeichnung, die mit der Übersetzung von Dantes *Inferno* ins Polnische verpflanzt worden ist.

∗ ∗ ∗

Ballade vom Stahlhelm	Ballada o stalowym hełmie
Noch erdröhnte der Krieg in Flandern	Jeszcze grzmiała wojna we Flandrii
Schon in Rußland aufgestanden	A już w Rosji powstał był
War das Proletariat.	Proletariat.
Und mit Stahlhelm und Kanone	I w *stahlhelmach*, z armatami
Zogen Wilhelms Bataillone	Szły Wilhelma bataliony
Gen das rote Leningrad.	Na czerwony Leningrad.
Ein Kontrakt ward aufgeschrieben	Kontrakt został podpisany
Daß in Rußland sollte sieben	Że w Rosji przez siedem dni
Tag marschieren kein Soldat.	Żaden żołnierz nie wyjdzie na świat.
Schon fuhr Trotzki froh nach Hause	Już do domu jechał Trocki rad
Brachte mit die Atempause	Przyniósł relaks i ochoczo przejął
Für das Proletariat.	Go proletariat.

Doch zu Brest-Litowsk in Polen	Jednak w Brześciu-Litowsku w Polsce
Schlug (ihn soll der Teufel holen)	Huknął Hoffmann w stół pięścią (niech go
General Hoffmann auf den Tisch.	szlag)
Und er hat sogleich geboten	Wydał zaraz rozkaz do strzelania
Daß man sollt vertilgn die Roten	By wytracić czerwonego drania
Und der Krieg begann von frisch.	Wojna znowu rozgorzała wszak.
Und in endelosen Wogen	I jak kipiel pełna morskiej piany
Kamen Stahlhelme gezogen	Przyszły hełmów stalowych bałwany
Gen das rote Leningrad.	Na czerwony Leningrad.
Als drei Monat warn verflossen	Trzy miesiące przeleciały
Mußten sie die Hände lassen	Ręce precz zabrać musiały
Von dem Proletariat.	Zostawić proletariat.
Nichts half Stahlhelm und Kanone	Ani hełmy, ni armaty
Und die weißen Bataillone	Ani białe bataliony
Kamen nie bis Leningrad	Nie doszły pod Leningrad.
Nie hält Stahlhelm und Kanone	Ani hełmy, ni armaty
Halten weiße Bataillone	Ani białe bataliony
Auf der Weltgeschichte Rad.	Historii nie zmienią dat.

(GBA 13, 373)

Anfang des Jahres 1927 erschien auch die *Ballade vom Stahlhelm*, nach Brechts Anweisung zu singen nach der Melodie des alten Kriegsliedes *Prinz Eugenius, der edle Ritter* aus dem frühen 18. Jahrhundert. Die Ballade zeigt eine völlig gegenteilige Position; eine solche auch, die diametral der fatalistischen, neusachlichen Grundtendenz der *Hauspostille* widerspricht. Was war geschehen? Hatte Brecht plötzlich seine Meinung geändert, eine andere Haltung angenommen? Oder wollte er Alexander Abusch und anderen gegenüber eine Art Wiedergutmachung für seinen Frevel an der Roten Armee leisten und nahm nun eine Art Ergebenheitshaltung ein, in der Absicht, sich weiterhin alle Türen offen zu halten? Dass Saulus zu Paulus und, analog dazu, Brecht zum glühenden Kommunisten geworden war, kurz bevor, um nur dieses eine Beispiel zu nennen, die zutiefst pessimistische Oper *Aufstieg und Fall der Stadt Mahagonny* entstand, wird man kaum glauben können. Aber wie dem auch sei: Vielschichtigkeit, Perspektivenwechsel, worin auch immer begründet, sind ein grundlegendes Merkmal der Kunst Brechts, das auch für diese Ballade kennzeichnend ist – die, für sich betrachtet, allerdings sehr eindeutig wertet.

Brecht wendet sich einem Thema zu, das für ihn in dieser Zeit längst erledigt schien, dem barbarischen Ersten Weltkrieg, der unermesslichen Kriegsschuld Deutschlands, des Kaiserreichs, mit Fokus auf der russischen Oktoberrevolution und der entstehenden Sowjetunion. Er schreitet konkrete historische Ereignisse ab. Brecht beginnt mit dem Stellungskrieg in Flandern, dem »Aufstehen« des russischen Proletariats im März 1917, der Entstehung der Arbeiterräte und der Abdankung des später ermordeten Zaren.

Mit »Wilhelm«, der seine Bataillone schickt, meint er die deutsche Offensive gegen Russland, die am 19. Juli 1917 begann, und Deutschlands obersten Kriegsherrn, Kaiser Wilhelm II. Über diesen hatte Brecht schon Anfang 1915 seinen Spott ergossen, als er ihn in einem Gedicht, einem »Herrscherlob« mit Kant in einen Reim zwang: »König des Lands /Immanuel Kants«[43]. Wilhelm allerdings galt geistig als ein wenig minderbemittelt und bei öffentlichen Aufritten unbeholfen beim Sprechen, was die Untertanen geflissentlich übersahen. Brecht nun drängt ihn durch den Reim in einen unfreiwilligen Vergleich mit Immanuel Kant, der Personifizierung höchster Intelligenz, und macht so den Kaiser lächerlich. Das vermeintliche »Herrscherlob« ist also in Wahrheit eine Majestätsbeleidigung.

Es ist derselbe Kaiser, den Brecht in der *Legende vom toten Soldaten* seine gefallenen Soldaten wieder ausgraben lässt, um sie erneut an die Front zu schicken. Nun also sendet er sie nach Russland. Der Waffenstillstand vom 15. Dezember 1917 und die sich anschließenden Friedensverhandlungen, an denen der genannte General Hoffmann beteiligt war, brachten nur kurzen Aufschub. Am 18. Februar 1918 begann der deutsch-russische Krieg erneut. Der Durchmarsch nach Leningrad allerdings gelang nicht, auch nicht mit Hilfe der konterrevolutionären »weißen Armeen«.[44]

Es ist eindeutig: Deutschland erscheint als der Aggressor, die unheilbringenden Waffen, diesmal Kanonen, sind in seinen Händen, in Zusammenhang mit dem Begriff Stahlhelm gebracht sind sie eindeutig deutsch konnotiert. Denn der Stahlhelm bezeichnet weit mehr als nur jenen Schutzhelm, der in der deutschen Armee seit 1916 gebräuchlich war. Er wurde schnell zum Sinnbild für deutschen Mut, vaterländische Opferbereitschaft und Härte. Überdies wurde der Stahlhelm zum Namensgeber der Ende 1918 gegründeten paramilitärischen Vereinigung *Der Stahlhelm*, die antisemitisch und demokratiefeindlich war und sich an den Werten des gerade untergehenden Wilhelminismus orientierte. Mitglieder dieses »Bunds der Frontsoldaten«, konnte der Kaiser freilich noch nicht Richtung Leningrad schicken, aber zur Entstehungszeit des Gedichts war diese paramilitärische Vereinigung, deren Ideal ein antiparlamentarischer Ständestaat mit hinreichend deutschem Lebensraum auch im Osten war, in der Öffentlichkeit äußerst präsent, sodass der »Bund der Frontsoldaten« mit Nennung des Begriffs »Stahlhelm« vom Leser assoziiert wurde. Diese Vereinigung

---

43 GBA 13, 6.
44 Vgl. hierzu den Kommentar in GBA 13, 539 f.

stellt im Gedicht damit eine Art Mensch gewordenes, kriegstreiberisches deutsches Kampfinstrument dar.

Stahlhelm und Kanone also konnten nicht bis zum »roten Leningrad« und damit zum »Proletariat« gelangen und es bedrohen. Das Farbenspiel von einst wird auf den Kopf gestellt. »Rot« steht nun nicht mehr, wie im *Gesang des Soldaten der Roten Armee*, für »unmenschlich«. Dies gilt nun für das »Weiß« der Konterrevolution. Dass sich das »weltgeschichtliche Rad« nicht anhalten oder zurückdrehen lasse, erkennen die Kommentatoren der GBA mit Recht als Anlehnung an das *Kommunistische Manifest* von Marx und Engels.[45] Es könnte jedoch auch das Brecht wohlbekannte Theorem Nietzsches von der »ewigen Wiederkunft des Gleichen« mitschwingen, dieses zu durchbrechen sich das Proletariat auf den Weg in die Zukunft aufmache. Wie dem auch sei: Brechts Ruf, ein Kommunist zu sein, wurde mit Erscheinen der *Ballade vom Stahlhelm* auf alle Fälle konsolidiert.

Diese Ballade stellte eine beträchtliche Herausforderung dar, da sie dem Übersetzer eine spezifische regelmäßige Struktur auferlegt, die aus vier gereimten Strophen mit dem Schema AABCCB und einer letzten Strophe mit zwei anaphorischen dreireimigen Zeilen AABAAB besteht.

Ein zusätzliches Problem ist das sich wiederholende Reimpaar der Begriffe *Proletariat* und *Leningrad*, die zwar Internationalismen sind, aber durch getrennte Strophen eine spezifische Syntax in der Übersetzung erzwingen.

Ich habe die Übersetzung damit begonnen, die wiederholten anaphorischen Verse zu planen.

Zogen Wilhelms weiße Bataillone / Und die weißen Bataillone / Halten weiße Bataillone
Gen das rote Leningrad (2x) / Kamen nie bis Leningrad
War das Proletariat / Für das Proletariat / Von dem Proletariat
Und mit Stahlhelm und Kanone / Nichts half Stahlhelm und Kanone / Nie hält Stahlhelm und Kanone

Sie sollten im Zieltext an denselben Stellen erscheinen, um eine kompositorische Klammer zu bilden.

Die zweite festgelegte Priorität bestand darin, den Rhythmus des Zieltextes an den des Originals anzupassen, was erstaunlicherweise durch die anaphorische Struktur unterstützt wurde.

An vielen Stellen habe ich lexikalische und syntaktische Emulationen verwenden müssen. Den im Titel erwähnten *Stahlhelm* habe ich in der ersten Strophe der Übersetzung als einen Germanismus *stahlhelmy* belassen, was den Rhythmus rettete und zwei Silben einsparte. Der Eigenname *Trotzki*, der im

---

45 Vgl. ebd., 540.

Deutschen vielleicht auch ein Wortspiel zu *trotzig* sein könnte, was Brecht sicherlich bewusst war, wurde aufgrund seiner Schreibweise im Polnischen leicht verändert: *Trocki*.

Das Substantiv *Atempause* hat im Polnischen nur eine Wortgruppe als Heteronym: *przerwa na złapanie oddechu* (dt. ›eine Pause um durchzuatmen, Atem zu holen‹), die sich nicht für das strenge Regime des Gedichts eignete, weshalb ich ein sinnverwandtes Wort *relaks* (dt. ›Entspannung, Rast‹) verwendet habe.

Diese *Entspannung* übernimmt dann das Proletariat, in der Übersetzung erscheint als eine Amplifikation das Adjektiv *ochoczo* (dt. ›bereitwillig‹), das die Situation etwas genauer beschreibt.

In der dritten Strophe war eine Deletion notwendig: Der militärische Rang von *General Hoffmann* ist in der Übersetzung verschwunden, aber aus dem Kontext lässt sich ableiten, dass er ein Kommandant ist, weil er Befehle erteilt.

Die Roten werden in der Übersetzung in »czerwony drań« (dt. ›roter Schurke, Schuft, Lump‹) geändert, was zu der Kasernensprache, die General Hoffmann sicherlich verwendet hat, passen müsste.

Eine Emulation erscheint auch in der vierten Strophe. Das Bild des »endelosen Wogens der Stahlhelme« wird in der Übersetzung durch den Vergleich mit der Flut des Meeres, die gegen die Felsen der Festung schlägt, erweitert: »jak kipiel pełna morskiej piany« (dt. ›wie eine Sturzwelle voller Meeresschaum‹). Der oben erwähnte *Schaum* schuf im Polnischen einen Endreim mit dem Heteronym von *Wogen: bałwany*.

Eine wohl gelungene Lösung, die durch eine Besonderheit der polnischen Sprache ermöglicht wurde, ist die Übersetzung der Verse: »Nichts half Stahlhelm und Kanone / Nie hält Stahlhelm und Kanone« als: »Ani hełmy, ni armaty«. Die hier verwendete Form *ani... ni...* ist eine mehr archaische Version der polnischen Doppelverneinung *ani... ani...*, die der deutschen Form *weder... noch...* entspricht und erlaubte, die Zeile in der Übersetzung um eine Silbe zu verkürzen.

Die Ballade endet mit einer Terzine, die in gewisser Weise ihre Moral darstellt, wie es für diese lyrische Gattung typisch ist. Leider war es nicht möglich, die bildhafte Formulierung »Das Rad der Weltgeschichte« zu übersetzen, und ich musste mich auf eine stark verallgemeinernde Übersetzung der letzten Zeile beschränken, nämlich »Historii nie zmienią dat« (dt. ›Sie ändern nicht die Daten der Geschichte‹).

3.4   Frauen

Von He. 9. Psalm
O He, psalm 9

1
Hört Freunde, ich singe Euch das Lied von He, der Dunkelhäutigen, meiner Geliebten über sechzehn Monate bis zu ihrer Auflösung.
Słuchajcie przyjaciele, zaśpiewam Wam pieśń o He, ciemnoskórej, mojej kochance przez szesnaście miesięcy, aż do jej zakończenia.

2
Sie wurde nicht alt, sie hatte wahllose Hände, sie verkaufte die Haut für eine Tasse Tee und sich selbst für eine Peitsche! Sie lief sich müd zwischen den Weiden, He!
Nie zestarzała się, miała niewybredne dłonie, sprzedawała ciało za filiżankę herbaty a siebie samą za pejcz! Biegała do zmęczenia wśród wierzb, He!

3
Sie reichte sich dar wie eine Frucht, aber sie wurde nicht angenommen. Viele hatten sie im Maul und spieen sie wieder aus, He, die Gute! He, die Geliebte!
Oddawała się jak owoc, nie została jednak przyjęta. Wielu miało ją w pysku i wypluło ją, tę dobrą He! He, kochankę!

4
Sie wußte, was eine Frau ist im Hirn, aber nicht mit den Knieen, sie wußte den Weg, wo es hell war mit den Augen, aber im Dunkeln wußte sie ihn nicht.
Wiedziała w mózgu, czym jest kobieta, ale nie w kolanach, znała drogę, gdy było jasno, widziała ją oczami, ale w ciemności jej nie poznawała.

5
Nachts war sie elend, blind vor Eitelkeit, He, und die Frauen sind Nachttiere und sie war kein Nachttier.
Nocą była biedna, ślepa z pychy, He, a kobiety są zwierzętami nocnymi, ona jednak nie była nocnym zwierzęciem.

6
Sie war nicht weise wie Bi die Liebliche, die Pflanze Bi, sie lief immerfort herum und ihr Herz war ohne Gedanken.
Nie była mądra jak Bi, ta kochliwa, roślina Bi, zawsze latała dookoła a jej serce było bezmyślne.

7
Darum starb sie im 5. Monat des Jahres 20, eines schnellen Todes heimlich, als niemand hinsah, und ging hin wie eine Wolke, von der es heißt: sie war nie gewesen.
Dlatego umarła w piątym miesiącu roku dwudziestego, cichą, szybką śmiercią, gdy nikt nie patrzył i odeszła jak obłok, o którym się mówi: tego nigdy nie było.

(GBA 11, 22)

Eine Provokation gleich zu Beginn: Die »emanzipierte« Brechtforschung, hier konkretisiert in der Dissertation Ana Kuglis, prangert Brecht nicht ausschließlich als »Frauenverbraucher« an, sondern lobt ausdrücklich die Darstellung von Prostituierten in seinen Werken. Er stelle diese, so schreibt Kugli,

> »als selbstbewusste Geschäftsfrauen dar, die ihre Tätigkeit emotionslos und sachlich betreiben. Bei Brecht sind es meist soziale Umstände, die die Frauen zu ihrer Tätigkeit bringen. Die Prostituiertenfiguren Brechts sind oftmals – und im Gegensatz zu den bürgerlichen Damen seiner Werke – integre und würdevolle Frauen.«[46]

Wie aber kommt dann ein Text wie dieser *9. Psalm* zustande? »Frauenverachtend« erscheint er in höchstem Maße. Das lyrische Ich, ein Mann, spricht von seiner ehemaligen Geliebten, von der er sich nach sechzehn Monaten trennte. Sie war »für ihn gestorben«, offenbar weil er, selbst moralisch über allen Zweifeln erhaben, herausgefunden hatte, dass sie eine Prostituierte war; eine erfolglose obendrein, die sich häufig vergebens feilbot. Woher rührte die Ablehnung der Männer? Die Geliebte von einst verstand ihr Handwerk nicht. Sie war zu intellektuell, zu kopfgesteuert, kein »Nachttier«, das spürt, wann es sich hinzugeben hat. »Herzlos« war sie.

Das sind enorme Ungereimtheiten in einem überdies reimlosen Gedicht. Geht es jetzt um eine Prostituierte, die doch verstandesorientiert, geschäftstüchtig sein muss, will sie nicht unter die Räder geraten, oder um eine Geliebte, deren Gefühlskälte und Eitelkeit zum Ende der Beziehung führte? Und überhaupt: Woher rührt der Furor des lyrischen Ichs? Eine Kontextualisierung gibt Aufklärung. Sie zeigt, wie Dichtung und Wahrheit in diesem *9.Psalm* ineinander übergehen.

Die autobiografischen Anspielungen kommen offen daher: es geht um zwei Geliebte Brechts: um Hedda Kuhn und Paula Banholzer, die Brecht »Bi« nannte. Mit Banholzer hatte Brecht seit 1918 eine Liebesbeziehung, sie war überdies auch die Mutter seines ersten Sohnes Frank, der 1919 geboren wurde. Zur »Gemengelage« gehörte zur Entstehungszeit des Gedichts Mitte 1920 mindestens noch die Opernsängerin Marianne Zoff, mit der Brecht seit 1919 ein Verhältnis hatte und die seine erste Ehefrau werden sollte.

Brecht lernte Hedda Kuhn im Herbst 1917 an der Universität in München kennen; sie studierte Medizin. Wann genau ihr Liebesverhältnis begann, ist unklar. Fest steht, dass die literarisch interessierte Kuhn von Brechts schriftstellerischen Ambitionen beeindruckt war und sie ihn auch gelegentlich nach Augsburg begleitete. Später besuchte Brecht Hedda Kuhn auch während seiner Reisen nach Berlin, wo sie nun lebte. Die argwöhnisch gewordene Banholzer beruhigte er mit dem Hinweis darauf, dass Kuhn viel zu gescheit für ihn sei.

---

46 Kugli, 159.

Möglicherweise war sie das tatsächlich. Jedenfalls fügte sich die selbstbewusste junge Frau nicht in jenes Beziehungsgeflecht Brechts. Konnte dieser Banholzer und auch Zoff nach Phasen der Trennung immer wieder überreden, zu ihm zurückzukehren und die Beziehung weiterzuführen, beendete Hedda Kuhn ihre Liaison. Brechts Tagebuchaufzeichnungen zeugen davon, wie sehr ihn dies traf, er sich gekränkt und erniedrigt fühlte. Ein weiteres Zeugnis dieser als persönlich empfundenen Niederlage ist der 9. *Psalm*,[47] mit dem er Hedda Kuhn nicht nur »demütigte«, sondern auf der Ebene der Lyrik sogar »tötete«.[48]

Mag die Wut des lyrischen Ich mit der Brechts vergleichbar sein, so fängt die »Dichtung« spätestens dort an, wo er He als Prostituierte verunglimpft. Hedda Kuhn hatte mit dergleichen nichts zu tun. Sie war eine eigenständige Studentin, deren »Vergehen« es lediglich war, sich von Brecht zu trennen. So respektvoll dieser in seiner Lyrik vielfach auch mit Prostituierten umgegangen sein mag: im Privatleben verstand er da wenig Spaß. Immer wieder bezeichnete er auch Marianne Zoff in seinen autobiografischen Aufzeichnungen als Hure; zugegebenermaßen ließ die nicht sehr erfolgreiche Opernsängerin sich tatsächlich hin und wieder von wohlhabenden Männern aushalten.

In der Opernwelt Marianne Zoffs scheint das Modell für die lyrische Schmähung Hedda Kuhns vorgegeben. So wie das lyrische Ich seinen Freunden die Geschichte über He erzählt, sein »Lied« über sie vorsingt, macht es Alfredo in einem der bekanntesten Werke der Operngeschichte, in Giuseppe Verdis *La traviata*. Violeta Valerie, tatsächlich eine ehemalige Prostituierte, trennt sich von Alfredo, aus edlen Motiven. Er brandmarkt sie daraufhin öffentlich als Hure, womit er sie gesellschaftlich ruinieren, »umbringen« will.[49]

Paula Banholzer war anders. Durch das uneheliche Kind von Brecht wurde die Arzttochter in Augsburg tatsächlich »zerstört«; in der Realität, nicht in der Oper. Noch Jahrzehnte später wurde sie in der bürgerlichen Gesellschaft ihrer Heimatstadt ausgegrenzt. Doch zuvor folgte sie Brecht immer wieder, als »Pflanze«, die instinktiv das Richtige tut. Ähnlich wie die »Pflanze« Mimi aus Puccinis *La Boheme*,[50] der zweiten großen Repertoire-Oper, in der Prostituierte nicht weniger positiv konnotiert sind als möglicherweise in manchem Gedicht Brechts.

Doch Hedda Kuhn, die niemals eine Prostituierte war? Sie wird am Schluss auch innerhalb des lyrischen Kosmos' Brechts zerstört. Im kurz zuvor entstandenen berühmten Gedicht *Erinnerung an die Marie A.* feiert er die Promiskuität, die Austauschbarkeit der Frau, die Situation des Liebesaktes. Dieser blieb ihm in »Erinnerung«, durch jene Wolke, die gerade »ungeheuer oben«[51] war. He hin-

---

47 Vgl. hierzu: Frenken, 181–194.
48 Vgl. Parker, 233.
49 Vgl. Verdi, 46.
50 Vgl. Puccini: La Bohème, 116f.
51 Vgl. GBA 11, 92.

gegen »war nie gewesen«, nicht einmal als Wolke, getilgt, ausgemerzt vom lyrischen Ich.

Der Titel des Werks gibt dem Übersetzer einen klaren Hinweis darauf, welche Art von Text er zu erwarten hat. Die Gattung der Psalmen, die durch das Alte Testament (Buch der Psalmen) gut bekannt ist, ist in der christlichen Liturgie ständig präsent. Ihre Merkmale, die in der Kultur vor allem durch Übersetzungen bekannt sind, sind ihr syllabotonischer Charakter, das Fehlen von Reimen und das Auftreten von Refrains, die von den Teilnehmern der Liturgie als zweite Stimme, die dem Priester entspricht, übernommen werden. Ihr gemeinsames Merkmal ist die moralische Stärkung der Gläubigen durch die Betonung der Allmacht Gottes, der Fürsorge der Vorsehung, selbst in schwierigen Zeiten, die vom lyrischen Thema gewöhnlich als Zeiten der Prüfung umrahmt werden. Die Metaphern einer Schafherde und des Guten Hirten tauchen häufig auf. Formal enthalten die Psalmen oft Apostrophe, eine direkte Anrede an Gott: *Oh Herr, Oh Gott*, bzw. einfach *Du*.

Brechts Werk ist »Psalm 9« genannt und verwendet eine beschreibende Methode in der dritten Person, mit He als Hauptfigur. Das Original untergräbt jedoch sofort die Prinzipien des Psalmtextes durch die Wendung an die Zuhörer im ersten Distichon, die eher typisch für Balladen oder Seelieder ist: »Hört Freunde, ich singe Euch das Lied von...«. Dies hat eine lange Tradition in der europäischen Kultur, z. B. im Wirken isländischer Barden oder *Shanties* aus Irland, England oder Amerika.

Ein zweites Element, das mit der Gattung des Psalms unvereinbar ist, ist die Verwendung von Bildern und alltäglichem Vokabular: *sie lief sich müd, sie verkaufte die Haut, sie wußte im Hirn, Nachttiere.* Bemerkenswert ist auch die aus heutiger sprachlicher Sicht politisch korrekte Bezeichnung von He als »die Dunkelhäutige«.

Die semantische Dominanz des Gedichts ergibt sich aus den eben genannten Kriterien für die Textgattung Psalm: Es soll ein Werk mit regelmäßigem Rhythmus, ohne Reim, mit anspruchsvollem Stil und notwendigerweise mit Gattungsabweichungen von der literarischen Norm entstehen.

Das Fehlen eines rhythmischen Regimes erlaubt eine recht freie Übersetzung. Eine gewisse Schwierigkeit stellt der Euphemismus *Auflösung* dar, der im allgemeinen Sprachgebrauch eher die Beendigung eines Vertrages, die Schließung einer Institution oder in chemischer Hinsicht die Auflösung eines Stoffes in einem anderen Medium bezeichnet. Bei genauerer Betrachtung des Textes zeigt sich eine semantische Klammer, die mit dem letzten Bild des Gedichts verbunden ist, d. h. *He ging hin wie eine Wolke.* In der Übersetzung habe ich eine lexikalische Emulation angewandt und den Begriff *odejście*, der als Abgang, Hinabgang verstanden werden kann, was eine euphemistische Beschreibung des Todes ist.

In der dritten Strophe wird das bekannte semantische Problem des Verbsystems, bezogen auf die deutsche und polnische Sprache, die Beziehung von Handlung und Zeitachse, deutlich. »Sie reichte sich dar [...] Sie wurde nicht angenommen« – kann als punktuelles, einmaliges Ereignis interpretiert werden, oder als iterative Handlung, die sich wiederholt. Der Übersetzer ist gezwungen, sich für eine der Varianten zu entscheiden, die sich immer als falsch erweisen kann.

In der vierten Strophe verwendet Brecht die Wiederholung des Verbs: »sie wusste – sie wusste nicht«. Im Polnischen muss man die zweite Form bevorzugen, die anders als *znać* (dt. ›kennen‹) lauten muss und zwar *poznać, poznawać* (dt. ›erkennen, wiedererkennen‹), wodurch eine lexikalische Emulation entsteht.

Die Zusammensetzung *Nachttier* muss mit einer Wortgruppe übersetzt werden, wobei *Nacht* zu einem Adjektiv *nocny* wird.

Die Wendung *ohne Gedanken* musste präzisiert werden, und ich habe das einzige passende Adjektiv in der polnischen Sprache verwendet, das eine etwas gröbere Bedeutung hat *bezmyślny* (dt. ›gedankenlos, dumm‹), was im Polnischen im Allgemeinen eine beleidigende Äußerung gegenüber Menschen ist.

Interessant ist der Grund, den das lyrische Subjekt für Hes Auflösung angibt – »Sie war nicht weise wie Bi [...] Darum starb sie«, was an Pointen zeitgenössischer surrealistischer Witze oder an die spezifischen »lustigen Geschichten und drolligen Bilder« erinnert, die in Deutschland der frühen 1920er Jahre beliebt waren, und zum Beispiel in Heinrich Hoffmanns Buch *Struwwelpeter* veröffentlicht wurden. Sie trugen nicht besonders zu einer richtigen Erziehung dar, denke man an Konrad, den Daumenlutscher, dem die Daumen von einem teuflischen Schneider mit einer Schere abgeschnitten wurden. In *Struwwelpeter* wurde man zum Beispiel mit dem Tod bestraft, wenn man keine Suppe essen möchte, was dem armen Suppenkasper passiert ist, oder für die Spiele mit dem Feuerzeug, das Paulinchen niederbrannte, nach dem ungerechten Motto, das später im Dritten Reich häufig verwendet wurde: »Jedem das Seine«.

* * *

Entdeckung an einer jungen Frau	*Odkrycie u młodej kobiety*
Des Morgens nüchterner Abschied, eine Frau	Gdy rankiem trzeźwo się z nią już żegnałem
Kühl zwischen Tür und Angel, kühl besehn	I chłodnym okiem w drzwiach na nią spojrzałem,
Da sah ich: eine Strähn in ihrem Haar war grau	Spostrzegłem w jej włosach pierwsze pasmo siwe
Ich konnt mich nicht entschließen mehr zu gehn	Nie mogłem zdecydować, że już idę.

Stumm nahm ich ihre Brust, und als sie fragte	Milcząc chwyciłem jej pierś, gdy spytała
Warum ich, Nachtgast, nach Verlauf der Nacht	Dlaczego ja, nocny gość, po tak upojnej nocy
Nicht gehen wolle, denn so war's gedacht	Iść nie chcę, to zwyczajna sprawa
Sah ich sie unumwunden an und sagte	Spojrzałem na jej nagą postać, mówiąc
Ist's nur noch eine Nacht, will ich noch bleiben	To tylko jedna noc, chcę jeszcze zostać
Doch nütze deine Zeit, das ist das Schlimme	Korzystaj z twego czasu i to, co najgorsze,
Daß du so zwischen Tür und Angel stehst	Że stoisz tak między młotem a kowadłem.
Und laß uns die Gespräche rascher treiben	I szybciej prowadźmy te nasze rozmowy,
Denn wir vergaßen ganz, daß du vergehst	Bo z głów wypadło nam, że ty przemijasz
Und es verschlug Begierde mir die Stimme	Żądza mnie w tym momencie pozbawiła mowy.

(GBA 13, 312)

Der Gegensatz könnte kaum größer sein: War Brecht nicht persönlich betroffen, fühlte er sich nicht zurückgesetzt, konnte Liebeslyrik höchster Empfindsamkeit und Zartheit entstehen. Die Kommentatoren der GBA stellen das um 1925 entstandene Sonett in die Tradition der mittelalterlichen »niederen« Minnelyrik, in die des sog. »Tagelieds«, in dem der morgendliche Abschied eines Paares geschildert wird, das eine nicht legitime Liebesnacht miteinander verbracht hat.[52] Dies ist völlig spekulativ, die einzigen vagen Entsprechungen finden sich in der Liebesnacht, der Morgenstunde und der Abschiedsszenerie. Das aber sind geläufige Topoi der Liebeslyrik, nichts deutet über diese hinaus auf die Minnelyrik des Mittelalters.

»Nüchtern« und »kühl« ist der Abschied, es wird nicht deutlich, ob der scheidende »Nachtgast« die Frau das erste Mal besuchte oder ein länger andauerndes Liebesverhältnis bestand. Auch ist gar nicht klar, dass es sich um ein »unerlaubtes« Verhältnis, anders ausgedrückt: um Fremdgehen handelt. Das ist nirgends intendiert. Besuchte das lyrische Ich vielleicht regelmäßig eine Frau, die wohl zum Sex taugte, nicht aber für eine ernsthaftere Beziehung? Jedenfalls gab es eine Absprache, das lyrische Ich sollte am Morgen wieder gehen. Die Nüchternheit des Abschieds spricht sogar für eine gewisse Routine. Gut möglich, dass solche Treffen öfters stattfanden, doch die Glut scheint ein wenig erloschen. Ist die Liebe oder zumindest die gegenseitige sexuelle Anziehungskraft »gestorben«, gab es eine Art »Liebestod« wie in Brechts gleichnamiger verstörender Ballade, in der Langeweile und Öde in eine Beziehung eingekehrt ist, sodass sie buchstäblich verwest wie ein Leichnam?[53]

---

52 Vgl. ebd. 13, 514.
53 Vgl. ebd. 11, 110f.

Doch dann erfolgt die titelgebende »Entdeckung«, also eine überraschende Wahrnehmung des lyrischen Ich. Diese verhindert das möglicherweise übliche Abschiednehmen: Der im Aufbruch begriffene Mann sieht im Haar der Geliebten eine ergraute Strähne, die er, kam er wirklich öfters zu Besuch, zuvor nicht wahrgenommen hatte. Oder aber das Haar ist seit der letzten Begegnung ergraut. Nun könnte der Leser erwarten, dass jenes lyrische Ich kurz innehält, konstatiert, dass seine Geliebte allmählich alt werde und nicht länger bei diesem Thema verweilt. Doch das Gegenteil ist der Fall. Für die Frau und den Leser völlig überraschend will es noch bleiben. Die Glut, die »Begierde« flammt unvermittelt wieder auf, doch aus einem Gefühl der Melancholie heraus. Denn die graue Strähne hat ihm die Vergänglichkeit bewusstgemacht. So also soll die noch bleibende Zeit nicht mit Rederei vergeudet, sondern genutzt werden: für ausschweifende Sexualität, bevor es zu spät, der Reiz mit dem Altern dahin ist und man dem Versäumten nur noch nachtrauern kann.

Brecht begibt sich mit *Entdeckung an einer jungen Frau* in die Tradition seiner eigenen frühen Lyrik, deren Aussage er treu bleibt. Im September 1918 entstand, zunächst unter dem Titel *Luzifers Abendlied*, das Gedicht *Gegen Verführung*, das Brecht selbst vertonte und ihm so viel Bedeutung zumaß, dass er es später zum »Schlusskapitel«, also zu einer Art Höhepunkt und Quintessenz seines berühmten Lyrikzyklus *Bertolt Brechts Hauspostille* machte.

Eindeutig sind die Entsprechungen: Vergänglichkeit droht, der Mensch lebt nur einmal. Deshalb soll er sich nicht »verführen« lassen von denjenigen, die sonst »Verführung«, gemeint ist häufig sexuelle, anprangern: von der bürgerlichen Gesellschaft, von Vertretern des Christentums:

Laßt euch nicht betrügen!	Nie dajcie się omamić!
Das Leben wenig ist.	Że życie marne jest.
Schlürft es in vollen Zügen!	Czerpcie je garściami!
Es wird euch nicht genügen	Bo smutno wam będzie samym
Wenn ihr es lassen müßt!	Gdy odejść trzeba precz!

(GBA 11, 116)

Dieses allgemeine Postulat konkretisiert Brecht in *Entdeckung einer jungen Frau* in der Szene »zwischen Tür und Angel«: Bleib bei der Frau, genieße und feiere das Leben mit ihr, sie ist bald alt! Das Gedicht ist nichts weniger als eine späte Variante von *Gegen Verführung*. Dabei stellen sich allerdings Fragen: Was geschieht denn mit dem lyrischen Ich? Von dessen Vergänglichkeit ist nicht die Rede. Sieht es die eigene in der ergrauten Strähne gespiegelt? Wendet es sich, vielleicht gerade deshalb, bald einfach einer anderen, jüngeren Geliebten zu?

Dennoch: Der poetische Reiz des Gedichts bleibt davon unberührt. Er verdichtet sich einerseits in der überraschenden Wendung vom Gehenwollen zum

Verweilen, vom Nachdenklichwerden, das zu sexueller Exstase wird und ande-
rerseits in der Spannung zwischen »Schon« und »Noch nicht«: Im Verschwim-
men der Trennlinie zwischen Verweilen und Verlassen, eben genau »zwischen
Tür und Angel«, macht das lyrische Ich seine Beobachtung. Und: Das Stigma des
Alters, das graue Haar entdeckt er – offenbar ein Widerspruch – an einer »jungen
Frau«, die gleichfalls titelgebend ist. Dieses Ineinanderübergehen von an sich
Gegensätzlichem macht, sanft, zurückhaltend, die Dynamik des Allmählichen
bewusst, die oft nicht wahrgenommen wird oder wahrgenommen werden will,
aber, nach Brecht, die wichtigste und fatalste des Lebens ist: die der Vergäng-
lichkeit.

Die Bilder deuten zurück auf das frühe Gedicht *Gegen Verführung*: Auch hier
befindet sich jemand »zwischen Tür und Angel«, der so personifizierte »Tag steht
in den Türen«. Noch ist er da, noch macht er hell, doch:

> Ihr könnt schon Nachtwind spüren:
> Es kommt kein Morgen mehr.[54]
>
> *Już czuć wieczorny wiatr,*
> *A ranek nie nadejdzie.*

Die Form ist die eines klassischen, regelmäßigen Gedichts mit einer unge-
wöhnlichen Reimstruktur: ABAB, CDDC, ABCABC. Besonders schwierig ist der
Reimknoten in der letzten Strophe, der unübersetzbar erscheint.
  Die semantische Dominante des Stücks ist das Protagonistenpaar *zwischen
Tür und Angel*, eine Wendung, die zweimal im Gedicht erscheint (anaphorische
Klammer), das im Original gleichzeitig wörtlich und übertragen gelesen werden
kann, und seine leichte, regelmäßige Struktur.
  In der Übersetzung habe ich mich bemüht, die Reimstruktur zu rekonstruieren, aber aufgrund der morphologischen Unterschiede zwischen dem Deutschen und dem Polnischen war es nicht möglich, sie exakt zu imitieren. Daher
sind die Reime in der Übersetzung etwas anders und sehen wie folgt aus: AABB,
ABAC, ABCDED; der Charakter des regelmäßigen, melischen Gedichts bleibt
jedoch erhalten.
  Das Gedicht beginnt mit zwei Beschreibungen in Ellipsenform, ohne Prädi-
kate: »Des Morgens nüchterner Abschied, eine Frau [...] kühl besehn«, was in
gewissem Kontrast zum Rest des Gedichts steht, das die Ereignisse in vollständigen Sätzen wiedergibt.
  Die elliptische Passage könnte vielleicht auf ähnliche Weise übersetzt werden,
aber sie würde einen stilistischen Kontrast zum Rest des Gedichts darstellen. Ich
habe mich daher entschlossen, die Ellipse zu vollständigen Sätzen auszubauen:

---

54 GBA 13, 116.

»Gdy rankiem trzeźwo się z nią już żegnałem / I chłodnym okiem w drzwiach na nią spojrzałem« (dt. ›Als ich mich am Morgen von ihr nüchtern verabschiedete / Und mit kühlem Auge ich auf sie geschaut habe‹), was das Translat zwar änderte, aber die Schaffung eines regelmäßigen Rhythmus und regelmäßiger Reime in der Übersetzung ermöglichte.

In der Beschreibung der Nacht war aufgrund des Rhythmus des Verses ein zusätzliches Adjektiv *upojny* (dt. ›berauschend, betörend, leidenschaftlich‹ pons) nötig, was eine lexikalische Amplifikation darstellt und zu einer Erweiterung der Informationen über die Nacht des Protagonisten führt: »po tak upojnej nocy« (dt. ›nach solch einer berauschenden Nacht‹).

Dieses Adjektiv wird im Polnischen eigentlich nur in zwei Fällen verwendet: *upojny wieczór* und *upojna noc* (dt. ›berauschender Abend, berauschende Nacht‹). Bemerkenswert ist der Ursprung dieses Adjektivs, das in seinem Thema das Morphem *-upoj-*, stammend von *upić, upijać się* (dt. ›sich betrinken‹), enthält. Insofern ist es dem deutschen Lexem *trunken sein* sehr ähnlich. Durch die Verwendung dieses Adjektivs entsteht eine entfernte Anspielung auf Arthur Rimbauds *Le bateau ivre* und auf die lockere Lebensweise des Protagonisten.

Die bereits erwähnte anaphorische Klammer *zwischen Tür und Angel (stehen)* konnte aufgrund der Unterschiede in der deutschen und polnischen Phraseologie in der Übersetzung nicht rekonstruiert werden. Das einzige vorhandene Heteronym des deutschen Phrasems hat im Polnischen zwar die gleiche Bedeutung, vermittelt aber ein völlig anderes Bild: *pomiędzy młotem a kowadłem* (dt. wörtlich ›zwischen Hammer und Amboss‹).

Ich habe versucht, in der Übersetzung diese Anapher aufzulösen, indem ich die erste Verwendung des Ausdrucks *zwischen Tür und Angel* wörtlich übersetzt habe: *w drzwiach* (dt. ›in der Tür‹).

Im zweiten Fall gab es eine Amplifikation – um den Sinn des ursprünglichen Satzes zu erhalten, habe ich die deutlichere Formulierung verwendet, was zu folgendem Effekt führte: »że stoisz tak między młotem a kowadłem« (dt. ›dass du so zwischen Hammer und Amboß stehst‹). Dies hat dazu beigetragen, die ausweglose Situation, in der sich die Frau befindet, zu unterstreichen.

Aus rhythmischen Gründen habe ich die Zeile »Und laß uns die Gespräche rascher treiben« verstärkt und durch ein Possessivpronomen ergänzt: »I szybciej prowadźmy te nasze rozmowy« (dt. ›Und schneller führen wir unsere Gespräche‹).

Das Verb *vergessen* im Vers »Denn wir vergaßen ganz, daß du vergehst«, ersetzte ich mit dem Ausdruck aus der gesprochenen Sprache: *wypadać z głowy* (dt. wörtlich ›aus dem Kopf fallen‹). Diese Phrase gibt durch ihre Umgangssprachlichkeit der Rede des lyrischen Subjekts Leichtigkeit. Sie betont die implizierte Lockerheit, Leichtigkeit.

Ein ähnliches Verfahren habe ich in der letzten Strophe angewandt, in der ich ebenfalls den Ausdruck *die Stimme verschlagen* mit der informellen Form übersetzt habe: *pozbawić mowy* (dt. ›stumm machen, wörtlich: Sprache wegnehmen‹). Diese beiden Wendungen erlaubten, im Translat einen Endreim zu erreichen.

* * *

Sonett Nr. 10. Über die Notwendigkeit der   *Sonet nr 10. O konieczności szminki*
Schminke

Die Frauen, welche ihren Schoß verstecken   Kobiety, które łono chowają pasjami
Vor aller Aug gleich einem faulen Fisch   Szczególnie przed wzrokiem, jak rybę co
Und zeigen ihr Gesicht entblößt bei Tisch   zgniła
Das ihre Herren öffentlich belecken   Przy stole pokazują odsłonięte twarze
                                                    Które ich panowie moczą jęzorami.

Sie geben schnell den Leib dem, der mit   Oddają szybko ciało temu, który
rauher   Szorstką dłonią niedbale ich piersi obada
Hand lässig ihnen an den Busen kam   I oczy zamykając, oparte o ścianę
Schließend die Augen, stehend an der Mauer   Nie patrzą, drżąc, na tego, który je posiada.
Sehen sie schaudernd nicht, welcher sie
nahm.

Wie anders jene, die mit leicht bemaltem   Jak różna jest ta z ustami w lekkiej szmince
Munde   Co z niemym okiem z okienka na prz-
Und stummem Auge aus dem Fenster winkt   echodnia kiwa
Dem, der vorübergeht, und sei es einem   Co właśnie przeszedł, a nawet pokiwa też
Hunde   psince.

Wie wenig lag doch ihr Gesicht am Tage!   Jak mało jej twarz dnia oglądała
Wie höflich war sie doch, von der ich sage   I jaka grzeczna była ta, o której mówię,
Sie muß gestorben sein: sie ist nicht mehr   Że chyba umarła: bo jej twarz bez szminki
geschminkt.   pozostaje biała.

(GBA 11, 126)

Entdeckung an einer jungen Frau gehört in das Umfeld der *Augsburger Sonette.* Zu diesen zählt *Über die Notwendigkeit der Schminke*, etwa gleichzeitig entstanden. Das Gedicht ist streng zweigeteilt. Es werden zwei Arten von Frauen vorgeführt, denen Brecht jeweils zwei Strophen widmet.

In den beiden ersten Strophen geht es um »bürgerliche« Frauen und deren sexuelle Doppelmoral. Als ob sie sich für ihre Begierde schämen müssten, verbergen sie sorgsam ihren »Schoß«, durch »züchtige« Kleidung, durch ihren Habitus, wie auch immer. Ihr Gesicht jedoch ist offen zu sehen, und es lädt die – beliebigen – Herren ein, sich ihnen zu nähern, ihnen Avancen zu machen. Zum Sexualakt kommt es dann rasch und offenbar unkompliziert, wobei den Männern eindeutig eine aggressive Rolle zugeschrieben wird. Fast geht es zu wie im Tierreich, wie bei Hunden: Nachdem sie das Gesicht der Frau »öffentlich beleckt«, ihre Begierde ausgedrückt haben, fassen sie sie mit »rauher Hand« an, auf die Schnelle irgendwo draußen auf der Straße, in einer Gasse, im Stehen an einer Mauer. Ähnliche *loci amoeni*, Situationen und Stellungen hat Brechts Lyrik immer wieder zu bieten: so in *Dunkel im Weidengrund*[55] oder in *Über die Verführung von Engeln*.[56] Das Ende der zweiten Strophe ist ambivalent. Die Frauen schließen die Augen und schaudern: vor Entsetzen wegen des eigenen Tabubruchs der Gesellschaft und – möglicherweise – dem Ehemann gegenüber oder aus Wollust? Beides ist denkbar.

Die zweite Hälfte des Gedichts widmet sich – nun in dreizeiligen Strophen und in der Singularform – einer Prostituierten, die keine Freude am Sexualakt hat, sich jedoch davon ernährt. Im Gegensatz zu den »Bürgerfrauen« ist ihr Gesicht verborgen, geschminkt, ihre Augen »stumm«, wie erloschen, nicht lasziv und einladend. Auch ihr ist es egal, wer kommt, »und sei es ein Hund«. Sie kann nicht wählerisch sein. Routiniert, »höflich«, unpersönlich ist ihr Umgang mit den Freiern. Die letzte Zeile deutet auf die formale wie inhaltliche Strenge des Gedichts. Denn auch das Ende des zweiten Teils ist ambivalent.

Jan Knopf erkennt einen Gegensatz zwischen jenen bürgerlichen Frauen und den Prostituierten, der in Wahrheit keiner sei: Die einen verdecken den Schoß und gieren offen nach Sexualität, die anderen geben den Schoß bereitwillig hin, verbergen aber ihre Persönlichkeit. Die Gesellschaft, so Knopf, habe »für Hure und Ehefrau verschiedene Rollenzuweisungen« durchgesetzt, letztlich aber fielen diese zusammen. Dass die Hure am Schluss gestorben und nicht mehr geschminkt ist, erkennt Knopf als Rollentausch: Sie hatte Erfolg in ihrem Geschäft, ist nun Ehefrau mit offenem Gesicht, der sozialen Degradierung also entronnen.[57] Anders ausgedrückt: Sie hat die Seite, die Ebenen gewechselt, ist sozusagen in die erste Hälfte des Gedichts »aufgestiegen«.

Eine andere Lesart des Schlusses eröffnet sich, wenn man abermals einen Blick auf den Kosmos der Operngeschichte wirft, zu dem Brecht nicht nur eine Affinität, sondern auch eine besondere Nähe über Opernsängerin Marianne Zoff, seine erste Frau, hatte.

---

55 Vgl. ebd. 13, 152.
56 Vgl. ebd. 15, 193.
57 Vgl. Knopf: Die Augsburger Sonette, 131.

1892 wurde Ruggero Leoncavallos *Pagliacci* uraufgeführt, bis heute eine der bekanntesten Opern des Verismo. Zur Beliebtheit des Einakters trug bei, dass die Arie *Vesti la giubba e la faccia infarina / Zieh dein Gewand an, und dann schminke dein Gesicht*[58] eines der Paradestücke des großen Enrico Caruso war. 1902, 1904 und 1907 wurde die Arie mit dem berühmten Tenor eingespielt und als Tonträger millionenfach verkauft – eines der größten Medienerfolge dieser Zeit. Caruso starb etwa vier Jahre vor der Entstehung des Gedichts Brechts. Seine Beisetzung gehörte zu den aufsehenerregendsten dieser Jahre.

Es geht in der Arie um einen verzweifelten, zu Tode betrübten Clown, der bei seinem Auftritt hinter der Schminke sein wahres Gedicht verbirgt – wie Brechts Prostituierte die Schminke als Maske einsetzt, sich den Mund bemalt und dies gleichfalls für Geld, gegen Bezahlung: »La gente paga / Die Leute zahlen«.[59]

Das sind markante Entsprechungen, allerdings gibt es zwischen Leoncavallos Arie und Brechts Gedicht keine direkten philologischen Abhängigkeiten. Über die Popularität der Arie und der Carusos hinaus gibt es jedoch einige Fakten, die die Vermutung, dass *Vesti la giubba* Brechts *Über die Notwendigkeit von Schminke* angeregt haben könnte, stützt. Marianne Zoff sang am Augsburger Stadttheater am 30. September 1919 und dann noch mehrmals eine Rolle in Pietro Mascanis *Cavalleria rusticana*. Das ist gleichfalls ein Einakter, der bis heute fast ausschließlich gemeinsam mit Leoncavallos *Pagliacci* aufgeführt wird, so auch 1919 in Augsburg. Brecht, der in dieser Zeit bei den Auftritten seiner späteren Frau regelmäßig zugegen war, kannte das Stück also; eine Oper, in deren Prolog die Spielsituation thematisiert wird, also Elemente zur Anwendung kommen, die bald für Brechts Episches Theater von Bedeutung werden sollten. Hinzu kommt, dass er den Namen Geraldine Farrars, eine der berühmtesten Sängerinnen des frühen 20. Jahrhunderts und auf der Bühne oft Partnerin Carusos, in einem seiner Gedichte der *Hauspostille* verwendet.[60] Brecht also war tatsächlich sehr nahe an dieser Oper, an der Arie und ihrem musikgeschichtlichen Umfeld.

Folgt man der Annahme, dass *Vesti la guibba* Brecht zu dem Gedicht angeregt haben könnte, ergibt sich ein anderes Bild: Die Prostituierte nämlich wäre nicht sozial aufgestiegen, sondern gestorben, in ihrem Unglück verkümmert unter der Schminke, mit dem lachenden Mund, der keiner ist. Eine künstliche »gute Mine zum bösen Spiel« machte sie, bis sie daran zerbrach. Im Tod ist sie nicht mehr geschminkt. Nun »liegt ihr Gesicht zutage«, das einer geschundenen Frau, die ein tragisches Ende nahm; so wie auch Leoncavallos Oper.

Es sei dem Leser überlassen, für welche Deutung des Schlusses er sich entscheidet.

---

58 Leoncavallo, 40f.
59 Ebd.
60 Vgl. GBA 11, 44–46.

Der Text dieses Sonetts hat wegen seiner traditionellen Form einige Übersetzungsprobleme verursacht, wie dies auch bei dem *Sonett Nr. 9* der Fall war.

Sein handwerkliches Können und seine außergewöhnliche Kenntnis der Literaturgeschichte stellt Brecht nicht zuletzt durch eine beachtliche Zahl von Texten, die dem klassischen Literaturkanon nahestehen oder direkt von ihm inspiriert sind, unter Beweis.

Zur semantischen Dominante gehören zweifellos die Form des Sonetts mit ihrer Gliederung in Quartette und Terzette, die eine regelmäßige Rhythmus- und Reimstruktur aufweist, sowie Wendungen, die gegen den »bürgerlichen Geschmack« verstoßen, wie »fauler Fisch«, »sie ist tot, weil sie nicht geschminkt ist«, und damit die gesellschaftliche Ordnung anfechten.

Auf der Ebene höherer semantischer Einheiten sollte in der Übersetzung ein doppeldeutiges Frauenbild wiedergegeben werden, das nicht frei von satirischen Untertönen ist. Auch wenn dies eine schwierige Aufgabe ist, sollte im Zieltext ein humoristischer Effekt erreicht werden, denn das *Sonett Nr. 10* ist ein großartiger Kabarett- oder Unterhaltungsstoff und passte sicherlich zu Brechts zwanglosen, lustigen Abenden mit seinem Freundeskreis.

Eine Referenz in der zeitgenössischen polnischen Kultur ist z. B. das Spottgedicht (Polnisch: *fraszka*) von Jan Sztaudynger *Für das Gleichgewicht* mit einer ähnlichen, kontrastierenden Konstruktion (Übersetzung PS):

Dla równowagi	*Für das Gleichgewicht*
By równowaga nie była zwichnięta,	Damit das Gleichgewicht intakt bleibt,
Podnosząc suknię spuszczała oczęta.	nutzte sie 'nen Trick.
	Wenn sie das Kleid erhob, senkte sie den Blick.

Auch hier gibt es ein satirisches Element, zwei gegensätzliche Pole weiblichen Handelns und zwei Möglichkeiten: Bei Brecht ist die Protagonistin so »gesund« geschminkt, dass das lyrische Subjekt, wenn sie ihre Schminke vergisst, vermutet, dass sie bereits tot sein könnte.

In Sztaudyngers Text strebt die Protagonistin nach sozialem Gleichgewicht: Normalerweise waren ihre Kleider in einer gewöhnlichen Position und ihr Blick auf den Gesprächspartner gerichtet. Wenn die Situation intim wurde und das Kleid aus bestimmtem Grund gehoben werden sollte, wurde der Blick sofort gesenkt, um die Harmonie nicht zu stören und die Peinlichkeit zu verringern.

Bei der Übersetzung des *Sonetts Nr. 10* habe ich den Versuch unternommen, die Reime zu rekonstruieren, was jedoch nur teilweise gelungen ist, weil –wie es auch bei anderen hier beschriebenen Brecht-Gedichten der Fall ist – die Unterschiede zwischen der deutschen und der polnischen Sprache ein leicht abweichendes Reimschema erzwingen:

Ausgangstext	Translat
ABBA	ABCA
ABAB	ABCB
ABA	BCA
AAB	ABA

Es war jedoch möglich, einen regelmäßigen Versfuß zu verwenden, so dass das Endergebnis zufriedenstellend ist.

Der Vers »Die Frauen, die ihren Schoß verstecken« wurde erweitert, ich fügte das Wort »pasjami« hinzu, was im Deutschen mit ›leidenschaftlich, mit Leidenschaft‹ übersetzt werden kann, wodurch der Kontext erweitert wird und dazu beiträgt, dass ein Endreim *pasjami / jęzorami* entsteht.

Der Vergleich des Schoßes mit dem faulen Fisch im Vers »gleich einem faulen Fisch« lässt sich auf Polnisch wörtlich als *jak zgniłą rybę* übersetzen, solch eine Variante würde aber an dieser Stelle eine rhythmische Störung in den Vers bringen. Deshalb habe ich mich entschlossen, den Vergleich zu einem Relativsatz mit der gleichen Bedeutung, aber einer anderen Konstruktion zu emulieren: *jak rybę co zgniła* (dt. ›wie einen Fisch, der verfaulte‹).

Das ungewöhnliche Bild vom öffentlichen Belecken von Frauengesichtern in der Gesellschaft wurde aus Reimgründen erweitert und mit dem Substantiv *Zunge* ergänzt: *moczą jęzorami* (dt. ›sie machen mit Zungen nass‹), was sogar eine genauere Wiedergabe der im Original beschriebenen Situation ist.

In der Zeile »lässig an den Busen kommen« war eine wörtliche Übersetzung ins Polnische unmöglich. Daher wurde ein umgangssprachliches Verb *obadać* in die Übersetzung aufgenommen, was auf Deutsch ›herumfummeln‹ bedeutet. Seine Umgangssprachlichkeit hängt mit der in der Fachsprache selten verwendeten Vorsilbe o- zusammen, die in Kombination mit dem Adverb *niedbale* (dt. ›lässig‹) die beschriebene Situation treffend wiedergibt.

Im ersten Terzett verweist das lyrische Subjekt auf andere Frauen, daher ihre Beschreibung im Plural: »Wie anders jene, die […]«. Diese Form kann im polnischen Text nicht realisiert werden, da in einer solchen Situation alle in der Strophe verwendeten Beugungsformen des Verbs ausgedehnt werden müssten, was die einzelnen Zeilen verlängern würde. Ich habe daher die Beschreibung der Frauen als eine Metonymie konstruiert und lediglich eine Frau als Beispiel beschrieben.

Die Handlung »aus dem Fenster winken« wurde dem Rhythmus des Gedichts angepasst, indem ich das Diminutiv *okienko* (dt. ›kleines Fenster, Fensterchen‹) verwendete, was sich reimt und semantisch zu der folgenden lexikalischen Emulation *einem Hunde winken* passt, die ich als eine gefühlsbetonte Form, ein Diminutiv *psinka* (dt. ›kleiner, bzw. armer Hund‹) übersetzt habe.

Sprachliche Unterschiede führten zur Übersetzung des Verses »ihr Gesicht lag wenig am Tage« als »Jak mało jej twarz dnia oglądała« (dt. ›wie wenig ihr Gesicht den Tag erblickte‹), was die beschriebene Situation geringfügig änderte.

Ich habe die Beschreibung des ungeschminkten Gesichts »sie ist nicht mehr geschminkt« an das Format des letzten Terzetts angepasst, das emuliert werden musste: »Jej twarz bez szminki pozostaje biała« (dt. ›ihr Gesicht bleibt ohne Schminke weiß‹).

Wichtige zeitgenössische Referenzen in der globalen Popkultur in Zusammenhang mit der Schminke sind zum einen ein Lied der Band Queen *Show must go on* (Album *Innuendo*, 1991), in dem der Protagonist feststellt: »My make-up may be flaking, But my smile, still, stays on [...] My soul is painted like the wings of butterflies« (dt. »Mein Makeup blättert vielleicht ab, aber mein Lachen bleibt immer [...] Meine Seele ist gemalt wie Schmetterlingsflügel«), zum anderen, aufgefrischt durch den gleichnamigen Film, die DC-Verbrecherfigur *Joker* (2019). Nach seiner Verwandlung und Entscheidung für die »dunkle Seite« ist die aufgetragene Clown-Schminke ein sichtbares Zeichen des Protests und ein politisches Manifest, ein Symbol der Revolution, die Gotham City bald erfassen und die alte Welt zerstören wird.

3.5 Geschichte

Gedenktafel für zwölf Weltmeister	*Tablica pamiątkowa dla dwunastu mistrzów świata*
Dies ist die Geschichte der Weltmeister im Mittelgewicht Ihrer Kämpfe und Laufbahnen Vom Jahre 1891 Bis heute:	Oto historia mistrzów świata w wadze średniej Ich walk i życiorysów Od roku 1891 Do dzisiaj:
Ich beginne die Serie im Jahre 1891 Der Zeit rohen Schlagens Wo die Boxkämpfe noch über 56 und 70 Runden gingen Und einzig beendet wurden durch den Niederschlag Mit *Bob Fitzsimmons*, dem Vater der Boxtechnik Inhaber der Weltmeisterschaft im Mittelgewicht Und im Schwergewicht (durch seinen am 17. März 1897 erfochtenen Sieg	Zaczynam serię w roku 1891 to czasy twardego bicia gdzie mecze bokserskie trwały ponad 56 i 70 rund A kończono je jedynie przez knockout Od *Boba Fitzsimmonsa*, ojca bokserskiej techniki Posiadacza tytułu mistrza świata w wadze średniej I ciężkiej (poprzez zwycięstwo 17. marca 1897

Über Jim Corbett)
34 Jahre seines Lebens im Ring, nur sechsmal
geschlagen
So sehr gefürchtet, daß er das ganze Jahr 1889
Ohne Gegner war. Erst im Jahre 1914
Im Alter von 51 Jahren absolvierte er
Seine beiden letzten Kämpfe.
Ein Mann ohne Alter. –
1905 verlor Bob Fitzsimmons seinen Titel an

Jack O'Brien, genannt Philadelphiajack.
Jack O'Brien begann seine Boxerlaufbahn
Im Alter von 18 Jahren
Er bestritt über 200 Kämpfe.
Niemals
Fragte Philadelphiajack nach der Börse
Er ging aus von dem Standpunkt
Daß man lernt durch Kämpfe
Und er siegte so lange er lernte.

Jack O'Briens Nachfolger war
Stanley Ketchel
Berühmt durch vier wahre Schlachten
Gegen Billie Papke
Und als rauhster Kämpfer aller Zeiten
Hinterrücks erschossen mit 23 Jahren
An einem lachenden Herbsttage
Vor seiner Farm sitzend
Unbesiegt.

Ich setze meine Serie fort mit
Billie Papke
Dem ersten Genie des Infightings
Damals wurde zum ersten Male gehört
Der Name: Menschliche Kampfmaschine.
Im Jahre 1913 zu Paris
Wurde er geschlagen
Durch einen Größeren in der Kunst des In-
fightings:
Frank Klaus.

Nad Jimem Corbettem)
34 lata swojego życia w ringu, tylko sześć
porażek
Był takim postrachem, że przez cały rok
1889
Nie miał przeciwnika. Dopiero w roku 1914
W wieku 51 lat ukończył
Swoje dwie ostatnie walki.
Człowiek bez wieku. –
W 1905 Bob Fitzsimmons stracił swój tytuł
Na rzecz

Jacka O'Brien, zwanego Philadelphiajack.
Jack O'Brien rozpoczął swoją bokserską
karierę
W wieku 18 lat
Ukończył ponad 200 walk.
Nigdy
Nie pytał Philadelphiajack o sakiewkę
Wychodził z założenia
Że uczy się przez walki
I wygrywał tak długo jak się uczył.

Następcą Jacka O'Brien był
Stanley Ketchel
Sławę zdobył przez cztery prawdziwe bitwy
Przeciw Billiemu Papke
I jako najtwardszy wojownik wszechczasów
Zastrzelony strzałem w plecy w wieku 23 lat
Pewnego wesołego jesiennego dnia
Gdy siedział przed swoją farmą
Niepokonany.

Kontynuuję moją serię
Omawiając *Billiego Papke*
Pierwszego geniusza infighting
Wtedy usłyszano po raz pierwszy
Określenie: ludzka maszyna do walki.
W roku 1913 w Paryżu
Został pokonany
Przez większego w sztuce infighting:
Przez Franka Klausa.

Frank Klaus, sein Nachfolger, traf sich	*Frank Klaus*, jego następca, spotkał się
Mit den berühmtesten Mittelgewichten sei-	Z najsławniejszymi wagami średnimi swo-
ner Zeit	ich czasów
Jim Gardener, Billie Berger	Jimem Gardenerem, Billim Bergerem
Willie Lewis und Jack Dillon	Willim Lewisem i Jackiem Dillonem
Und Georges Carpentier war gegen ihn	A Georges Carpentier był przeciw niemu
schwach wie ein Kind.	słaby jak dziecko.
Ihn schlug *George Chip*	Jego pokonał *George Chip*
Der unbekannte Mann aus Oklahoma	Nieznany człowiek z Oklahomy
Der nie sonst Taten von Bedeutung voll-	Który poza tym nie dokonał nic znaczącego
brachte	I został pokonany przez
Und geschlagen wurde von	
Al Maccoy, dem schlechtesten aller Mittel-	*Ala Maccoya*, najgorszego ze wszystkich
gewichtsweltmeister	Mistrzów wagi średniej
Der weiter nichts konnte als einstecken	Który nie umiał nic poza trzymaniem gardy
Und seiner Würde entkleidet wurde von	I którego czci pozbawił
Mike O'Dowd	*Mike O'Dowd*
Dem Mann mit dem eisernen Kinn	Człowiek z żelaznym podbródkiem
Geschlagen von	Pokonany przez
Johnny Wilson	*Johnniego Wilsona*
Der 48 Männer k.o. schlug	Który znokautował 48 przeciwników
Und selber k.o. geschlagen wurde	I sam został znokautowany
Von	Przez
Harry Grebb, der menschlichen Windmühle.	*Harrego Grebba*, człowieka-wiatrak.
Dem zuverlässigsten aller Boxer	Najpewniejszego ze wszystkich bokserów
Der keinen Kampf ausschlug	Który nie opuścił żadnej walki
Und jeden bis zu Ende kämpfte	I każdą walczył do końca
Und wenn er verloren hatte, sagte:	A kiedy przegrywał, mówił:
Ich habe verloren.	Przegrałem.
Der den Männertöter Dempsey	Który tak irytował zabójcę Dempseya
Den Tigerjack, den Manassamauler	Tigerjacka, siepacza z Manassy,
Verrückt machte, daß er beim Training	Że ten w czasie treningu
Seine Handschuhe wegwarf	Ciskał rękawice
Das »Phantom, das nicht stillstehen konnte«	»Fantom, który nie potrafił ustać w mie-
Geschlagen 1926 nach Punkten von	jscu«
	Pokonany w 1926 na punkty przez
Tiger Flowers, dem Neger und Pfarrer	*Tigera Flowersa*, czarnucha i księdza,
Der nie k.o. ging.	Który nigdy nie doznał k.o.

Heute ist Weltmeister im Mittelgewicht   Dzisiaj mistrzem świata w wadze średniej
Der Nachfolger des boxenden Pfarrers   Jest następca boksującego księdza
Mickey Walker   *Mickey Walker*
Der den mutigsten Boxer Europas   Który najodważniejszego boksera Europy
Den Schotten Tommy Milligan   Szkota Tommy'ego Milligana
Am 30. Juni 1927 zu London in dreißig Mi-   W dniu 30. czerwca 1927 w Londynie w
nuten   trzydzieści minut
In Stücke schlug.   Rozbił na kawałki.

Bob Fitzsimmons   Bob Fitzsimmons
Jack O'Brien   Jack O'Brien
Stanley Ketchel   Stanley Ketchel
Billie Papke   Billie Papke
Frank Klaus   Frank Klaus
George Chip   George Chip
Al Maccoy   Al Maccoy
Mike O'Dowd   Mike O'Dowd
Johnny Wilson   Johnny Wilson
Harry Grebb   Harry Grebb
Tiger Flowers   Tiger Flowers
Mickey Walker –   Mickey Walker –
Dies sind die Namen von zwölf Männern   Oto są nazwiska dwunastu ludzi,
Die auf ihrem Gebiet die besten ihrer Zeit   Którzy byli najlepsi w swoich czasach
waren   Co ustalono poprzez twardą walkę
Festgestellt durch harten Kampf   Z uwzględnieniem reguł gry
Unter Beobachtung der Spielregeln   Przed oczami świata.
Vor den Augen der Welt.

(GBA 13, 379–382)

Brecht war frühzeitig fasziniert vom Sport, in erster Linie von Kampfsportarten wie Ringen und Boxen. Er war in der ersten Hälfte des 20. Jahrhunderts nicht der einzige Schriftsteller, der diese Passion teilte. Man denke z. B. an Ernest Hemingway und Miles Davis, die sogar selbst die Boxhandschuhe anzogen. Schon 1920 schrieb Brecht zwei Essays mit den Titeln *Das Theater als sportliche Anstalt* und *Das Theater als Sport,* in denen er dafür plädiert, das Theater »mehr nach der sportlichen Seite hin zu betrachten«.[61] Auf das grundsätzlich offene Ergebnis und die kleinen Tricks und Kniffe käme es an, die die klugen Zuschauer wahrnähmen, während die anderen, die »Dummen«,[62] lieber ins Kino gingen.

Sport und Theater in Zusammenhang zu bringen, war in dieser Zeit keineswegs eine originale Idee. Auf dem von Brecht oft besuchten und für dessen

---

61 Ebd. 21, 58.
62 Ebd.

»Augsburger Topographie« bedeutsamen »Plärrer«, das bis heute zweimal im Jahr stattfindende Volksfest, gab es Veranstaltungen mit Titeln wie »Original-Sporttheater auf dem Plärrer«. Dort waren oft auch Boxkämpfe zu sehen, die Brecht »später in seinen dramaturgischen Überlegungen zur Vergleichsgröße seiner Theaterarbeit«[63] machte.

Auch zur Entstehungszeit des Gedichts *Gedenktafel für zwölf Weltmeister* beschäftigte sich Brecht intensiv mit dem Boxen. Kurz zuvor hatte er den erfolgreichen Schwergewichtsboxer Paul Samson-Körner kennengelernt und sich ein wenig mit ihm angefreundet. Wesentlich bedeutsamer allerdings ist, dass Brecht und Kurt Weill in dieser Zeit gerade das Songspiel *Mahagonny* fertig gestellt hatten, in dessen Kontext *Gedenktafel für zwölf Weltmeister* entstand. Das Songspiel hatte am 17. Juli 1927 im Kurhaus in Baden-Baden Premiere, und das Bühnenbild bestand im Wesentlichen aus einem kargen Boxring.

Gedenktafel für zwölf Weltmeister gilt als »ein literarisches Denkmal«[64] der Sportart Boxen. Nach der Einzelwürdigung der großen Sieger folgt die eigentliche »Gedenktafel«, die Aufzählung der Namen der Weltmeister und eine pathetische Schlussformel; so wie man sie von Gedenktafeln kennt. Aber: Meint Brecht das wirklich ernst? Eine weitere Frage stellt sich: Hatte Brecht die detaillierten Kenntnisse über diesen Sport und dessen Protagonisten aufgrund langjähriger Beschäftigung und Begeisterung parat oder musste er sich mühsam in das Thema einlesen? Fest steht, dass der Autor oder vielmehr: sein lyrisches Ich mit seinem Wissen um die Zusammenhänge, wohl auch Anekdoten und den vielen Zahlen glänzen will; beinahe wie ein kleiner Junge, der alle Automodelle und deren genaue PS-Zahl und Beschleunigungszeiten kennt und sofort hersagen kann. So also kommt dieser Reigen – das lyrische Ich nennt ihn Serie – an Gewinnern, in dem einer den anderen ablöst, zustande. Er ragt bis in die damalige Gegenwart hinein. Das letzte, konkret datierte Ereignis dieser Siegergeschichte, der Sieg Mickey Walters über Tommy Milligan, fand nur gute zwei Wochen vor der Premiere des Songspiels *Mahagonny* statt: am 30. Juni 1927.

Es ist ein merkwürdiges Spannungsverhältnis: Brecht ist mit Sicherheit nach wie vor angetan vom Archaischen, ja, Barbarischen des Boxkampfes, der offenen Auseinandersetzung zwischen Mann und Mann, der angewandten Techniken, die die anfängliche »Zeit des rohen Schlagens« überwanden. Kennzeichen auch seines Theaters ist es, dass man in der Praxis stets lerne, jene Techniken fortentwickle. Demgegenüber allerdings steht eine Isotopiebene des Mordens und des Kriegsführens, die das gesamte Gedicht durchzieht und sich konkretisiert in Begriffen und Wendungen wie »Schlachten«, »Kampfmaschine«, »Männertöter«, »in Stücke schlagen«. Nicht vergessen werden darf, dass in *Aufstieg und Fall der Stadt Ma-*

---

63 Vgl. Hillesheim/Wittstock, 11.
64 Berg, 148.

hagonny ein Mann im Boxring zu Tode kommt und dies, wie es explizit heißt, »glatter Mord«[65] sei, weil dieses Ende des Kampfes vorher absehbar war. Brechts »Hohes Lied« auf den Boxsport also stimmt durchaus auch nachdenklich.

Morphologisch betrachtet ist dieses Gedicht eher ein in Prosa geschriebener Zeitungsartikel oder vielleicht ein Entwurf für ein zukünftiges Werk über Boxen oder einfach nur – die von den Amerikanern so geliebte Plakette. Es gibt keinen Rhythmus oder Reim und auch keine Abweichungen vom Standarddeutsch.

Die semantische Dominante des Gedichts ist das Format der Auflistung von Namen und Leistungen der Boxer in einer speziellen Schreibweise, sowie einzelne Endungen, die sich auf Boxtechniken und Strategien beziehen, wie z. B. *mit Niederschlag beendet, Weltmeisterschaft im Mittelgewicht, Infighting, einstecken, k.o.*

Bei der Übersetzung erfordert der Text geringfügige Änderungen im Zusammenhang mit der Konjugation von Namen und Nachnamen nach Fällen, was dazu führt, dass sie in jedem Fall außer dem Nominativ eine andere grammatische Form haben, die auch für einen Leser ohne Polnischkenntnisse sichtbar ist, z. B. Jacka O'Brien, Billiemu Papke, Franka Klausa, Willim Lewisem.

Es lohnt sich, das Augenmerk auf die Spitznamen der einzelnen Boxer in der Gedenktafel zu richten, mit denen sie von den Kommentatoren und der damaligen Presse betitelt wurden. Nicht alle lassen sich übersetzen, und das grundsätzliche Problem besteht darin zu entscheiden, was man mit ihnen in der Übersetzung anfangen soll.

Im ersten Fall erscheint »ein Mann ohne Alter«. Der Übersetzer ist gezwungen, eine Entscheidung zu treffen, denn das Substantiv *Mann* hat im Deutschen zwei Bedeutungen: ›eine männliche Person‹ und ›Mensch‹. Ich habe mich dafür entschieden, *Mann* in jedem Fall mit ›Mensch‹ zu übersetzen: człowiek bez wieku (dt. ›Mensch ohne Alter‹).

Ebenfalls unübersetzbar ist ein unbestimmter Artikel, der im Polnischen als Quantität (ein) oder als »ein gewisser, näher unbestimmter« ausgedrückt werden könnte, ein bekanntes Problem in der deutsch-polnischen und englisch-polnischen Übersetzung. Dieses Element wurde weggelassen; jede andere Entscheidung hätte den Inhalt erweitert.

In zwei Fällen tauchten im Originaltext englische Zusammensetzungen mit dem Substantiv *jack* auf, das im angelsächsischen Raum sowohl als ein männlicher Name Jack, als ›Kerl, Mann‹, als Fachbegriff ›jack‹, ›plug‹ sowie als Joker in Kartenspielen (OALD) gelesen werden kann. Dies zeigt sich z. B. in der Redewendung *I'm all right, Jack*, die im britischen Englisch bedeutet, mit seinem Los zufrieden zu sein und sich nicht darum zu kümmern, was andere denken (ebd.). Die besondere Bedeutung des Begriffs Jack zeigt sich bei einem etwas erschre-

---

65 GBA 2, 366.

ckenden angelsächsischen Spielzeug namens *Jack from the box*, bei dem beim Öffnen einer Schachtel ein Clown auf einer Feder herausspringt. Auch dieser Aspekt mag bei der Verwendung beider Begriffe eine Rolle spielen – ein so bezeichneter Boxer wäre für einen Gegner eine große Überraschung, etwas Unerwartetes, Überraschendes.

Die Spitznamen der Boxer wurden ohne Übersetzung in ihrer ursprünglichen Schreibweise in den polnischen Text übernommen: *Philadelphiajack, Tigerjack*. Eine Besonderheit ist die Aussprache des zweiten Begriffs. Das Englische verlangt die Aussprache [ˈtaɪɡə(r)], was die Schreibweise nicht direkt impliziert. Es ist ein Anglizismus, der sowohl dem Deutschen als auch dem Polnischen fremd ist.

Die Bezeichnung »rauhster Kämpfer« wurde emuliert, da das Adjektiv *rauh* im Polnischen sowohl ›mit rauen Zügen‹ als auch ›hart, unnachgiebig, primitiv‹ bedeutet; ich versuchte, den Superlativ des Originals zu rekonstruieren: *najtwardszy wojownik* (dt. ›der härteste Kämpfer‹).

Die Zusammensetzung *Kampfmaschine* hat im Polnischen die Form einer Wortgruppe, da es kein so ausgefeiltes Wortbildungsschema für Zusammensetzungen gibt, also lautet die Übersetzung »ludzka maszyna do walki« (dt. wörtlich ›menschliche Maschine für den Kampf‹).

In der Bezeichnung *menschliche Windmühle* erweist sich die polnische Sprache als flexibler, da es eine große Wortgruppe gibt, die nach dem Mensch-(Objekt)-Muster aufgebaut ist, z. B. *człowiek-słoń, człowiek-guma* (dt. wörtlich ›Mensch-Elephant, Mensch-Gummi‹), in Märchen und in der Sprache des Zirkus und des Theaters zahlreich vertreten. *Człowiek-wiatrak* (dt. ›Mensch-Windmühle‹) wird daher Konnotationen mit einem Spektakel hervorrufen.

Die Bezeichnung *Manassamauler* ist eine Zusammensetzung aus einer Ortschaft in Colorado, (in Conejos County) und *Mauler*, einer Ableitung vom Verb *maulen*. In der Übersetzung habe ich mich entschieden, den Begriff zu erweitern: *siepacz z Manassy* (dt. ›Killer, Auftragsmörder, Mörder‹ PONS aus Manassa), was die Gefährlichkeit des beschriebenen Boxers unterstreicht.

An einer Stelle geht das Gedicht über die politische Korrektheit hinaus, da es Tiger Flowers als *Neger* bezeichnet, was heute in den Medien inakzeptabel ist und als ein rassistischer Begriff, ebenso wie *Indianer*, eingestuft wird. Es ist zu betonen, dass die im Gedicht beschriebenen 1920er Jahre eine Zeit der Rassentrennung in den USA waren, was sich erst in den 1960er Jahren ändern sollte, weshalb die Bezeichnung *Neger* offensichtlich abwertend wirkte, sich aber noch nicht als eindeutig diskriminierender Begriff herauskristallisiert hatte.

Um den ursprünglichen Kontext zu bewahren, habe ich das auch politisch unkorrekte Heteronym *Murzyn* verwendet, das im Polnischen heute nicht mehr benutzt werden sollte.

Interessant ist die Fachterminologie des Boxens in der Gedenktafel. Da es sich um eine Sportart handelt, die in Deutschland eine lange Geschichte hat, hat sie es geschafft, sich zu assimilieren, auch was die eingedeutschte Terminologie angeht. So heißt es im Gedicht: *Niederschlag* statt *Knockout*, *k.o. schlagen*, *einstecken* statt *Garde halten*.

Wie von Jürgen Hillesheim erwähnt, ist es schwierig, die Inspirationsquelle für dieses Gedicht zu bestimmen, aber man könnte vermuten, dass es sich um für Brecht zugängliche Presseberichte handelt. In ähnlicher Weise schreibt Brecht über ferne Meere und Ozeane, asiatische Länder, den Bau der Ost-West-Eisen-bahn in den USA, über einen Wald, der die Leute von Cortez verschlingt, den Eire-See, der die Gleisbauer ertränkt, und vermischt in den Werken auf diese Weise Wahrheit und literarische Fiktion. In diesem Fall geht es vielleicht auch darum, ein wirklich männliches, hartes Thema aufzugreifen, das das lyrische Subjekt als »harten Kerl« oder »echten Mann« ausweisen soll.

* * *

Der gordische Knoten	***Węzeł gordyjski***
1	1
Als der Mann aus Makedämon	Kiedy mąż z Makedemonu
Mit dem Schwert den Knoten	Przeciął mieczem węzeł ów,
Durchhauen hatte, nannten sie ihn	Był, nazwali go
Abends in Gordium »Sklave	Wieczorem w Gordium »niewolnikiem jego
Seines Ruhms«.	sławy«
Denn ihr Knoten war	Gdyż ich węzeł był
Eines der spärlichen Wunder der Welt	Jednym z mniejszych cudów świata
Kunstwerk eines Mannes, dessen Gehirn	Dzieło człowieka, którego mózg
Das verwickeltste der Welt! kein anderes	Był najbardziej zawikłany na świecie!
Zeugnis hatte zurücklassen können als	Żadne inne
Zwanzig Schnüre, verwickelt zu dem Behuf	Świadectwo nie mogło się ostać poza
Endlich gelöst zu werden durch die leichteste	Dwudziestoma sznurami, splecionymi ze
Hand der Welt! Leichteste außer der	sobą
Die ihn geknüpft, ach der Mann	Wreszcie rozwiązane poprzez najlżejszą
Dessen Hand ihn knüpfte, war	Rękę świata! Najlżejszą poza tą
Nicht ohne Plan, ihn zu lösen, jedoch	Która go związała, ach człowiek
Reichte die Zeit seines Lebens, angefüllt	Którego ręka go związała, nie miał w planie
Leider nur aus für das eine, das Knüpfen.	Go nie rozwiązać, ale
Eine Sekunde genügte	Czas jego życia, wypełniony
Ihn zu durchhauen.	Wystarczył tylko na jedno, związanie.
	Jedna sekunda wystarczyła
	By go przeciąć.

Von jenem, der ihn durchhieb	O tym, który go przeciął
Sagten viele, dies sei	Wielu mówi, że to było
Noch sein glücklichster Hieb gewesen	Jego najszczęśliwsze cięcie
Der billigste, am wenigsten schädliche	Najlżejsze, najmniej szkodliwe
Jener Unbekannte brauchte mit Recht	Ów nieznany nie musiał oczywiście
Einzustehen nicht mit seinem Namen	Opatrzyć swoim imieniem
Für sein Werk, das halb war	Owego dzieła, które było w połowie
Wie alles Göttliche	Jak wszystko boskie
Aber der Depp, der es zerstörte	Ale ten głupiec, który to zniszczył
Mußte wie auf höhrem Befehl	Musiał jak na rozkaz z góry
Nennen seinen Namen und sich zeigen dem	Podać swoje imię i pokazać się
Erdteil	Światu

2	2
Sagten so jene in Gordium, sage ich:	Tak mówili ci w Gordium, ja powiadam:
Nicht alles, was schwerfällt, ist nützlich und	Nie wszystko, co ciężko przychodzi, jest
Seltener genügt eine Antwort	przydatne i
Um eine Frage aus der Welt zu schaffen	Rzadziej wystarcza odpowiedź
Als eine Tat.	Aby usunąć pytanie ze świata
	Niż czyn.

(GBA 13, 353 f.)

Als Jugendlicher führte Brecht Tagebücher. Eines, das über das zweite Halbjahr 1913 berichtet, ist erhalten. Brecht nannte es »Tagebuch No. 10«, was darauf hindeutet, dass weitere existiert haben müssen. Die Aufzeichnungen geben Auskunft über die früh ausgeprägten literarischen Ambitionen des jungen Brecht und enthalten auch eine Reihe früher dichterischer Versuche. Es handelt sich meist um Gedichte, die zum Teil angeregt sind durch Lerninhalte seines Unterrichts am Augsburger Königlichen Realgymnasiums. So befassen sich einige seiner Gedichte und Dramenentwürfe mit berühmten Persönlichkeiten aus der Geschichte, zum Beispiel König Erich von Schweden,[66] Savonarola[67] und Alexander den Großen, dem berühmten König und Feldherrn aus dem 4. Jahrhundert vor Christi Geburt. Letzterem ist ein auffällig langes Gedicht gewidmet.[68] Alexander wird in der Agonie, im Fieberwahn vorgeführt. Seine Siege und Errungenschaften erscheinen ihm im Traum ebenso wie die »Türme von Leichen«, die seine großen Taten mit sich gebracht oder vielleicht besser: verschuldet haben.

---

66 Vgl. GBA 26, 26 f., 30, 37 f., 70 f.
67 Vgl. ebd., 73.
68 Vgl. ebd., 38–40.

Alexander scheint Brecht in besonderem Maße beschäftigt zu haben, denn die Figur kehrt im späteren Werk wieder, so. z. B. im Gedicht *Der Gordische Knoten*, das um 1926 entstand. Brecht entspricht damit der Tendenz der deutschen Belletristik der ersten Hälfte des 20. Jahrhunderts, sich mit Alexander dem Großen wieder mehr zu beschäftigen. Zu nennen wären hier Werke u. a. von Jakob Wassermann und Klaus Mann, dessen Roman *Alexander* sogar zeitnah zum Gedicht Brechts entstanden ist.

Die Ambivalenz zwischen Alexanders großen Taten und ihrem Preis, nämlich den unzähligen Toten, die das Gedicht aus der Jugend prägte, ist jetzt, um 1926, offenbar dahin. Alexander, bei Klaus Mann ein Visionär, erscheint bei Brecht als ein »Mann der Tat«, der mit der Zerstörung des Gordischen Knotens die Herrschaft an sich reißt. Der Knoten war ein filigranes Kunstwerk, das, nach einer griechischen Sage, am Streitwagen des phrygischen Königs Gordios Deichsel und Zugjoch in derart komplizierter Weise verband, dass niemand in der Lage war, diesen Knoten zu entwirren. Viele versuchten, den Knoten zu lösen, weil damit, nach der Sage, die Herrschaft über Asien verbunden war. Sie scheiterten jedoch. Bis Alexander kam, der den Knoten kurzerhand durchschlug; mit den bekannten weltgeschichtlichen Folgen: der Verbreitung des Hellenismus, aber auch der brutalen Unterjochung vieler Völker.

Brechts Gedicht ist zweigeteilt: In der ersten, sehr langen Strophe lässt er die Gordier, das sind die Bewohner der antiken phrygischen Hauptstadt Gordium, den unbekannten Schöpfer des Knotens, aber auch Alexander und seine Tat kommentieren. »Sklave seines Ruhms« wurde er von ihnen genannt, weil er mit der Zerschlagung des Knotens einen Mechanismus, ein Fortschreiten der Geschichte in Gang setzte, der er selbst nicht mehr Herr war: Nun musste er »Alexander der Große« werden, mit all seinen Errungenschaften und barbarischen Taten.

Wer aber war derjenige, der den Knoten knüpfte? Brecht geht respektlos mit der antiken Sage um, holt sie auf den Boden der Realität zurück, indem er ihr das Überhöhende, Idealisierende und damit Weltfremde nimmt. Der Schöpfer des Knotens war, in der Sichtweise von Brechts Gordiern, nichts anderes als ein verkünstelter und versponnener Intellektueller, der sein ganzes Leben, all seine Kraft in die Knüpfung des Knotens investierte, ohne jedoch mit seinem komplizierten Werk fertig zu werden. Denn wer, so die Überzeugung, Probleme schafft, hat auch eine Lösung zu zeigen, einen Weg, wie man sie wieder aus der Welt schaffen kann. Daran allerdings scheiterte der, »dessen Gehirn / Das verwickeltste der Welt« war, und niemand weiß heute mehr seinen Namen.

Alexander hingegen ist jedermann bekannt. Er löste den Knoten auf seine Weise, sollte dafür in der Geschichte allerdings auch mit seinem Namen einstehen für die Triumphe, aber auch für das von ihm verursachte Leid, das seinen

Ruhm als Feldherrn weit übersteigt. Unüberlegt im eigenen Interesse also handelte er, daher war er, so Brechts Gordier, ein »Depp«.

Die überraschende Replik des lyrischen Ich in der zweiten Strophe ist kurz und prägnant. Die ausgebliebene, ebenso wie der Knoten komplizierte »Antwort« auf die Frage, wie er zu lösen sei, machte Alexander mit seinem Sinn für Realität, seiner »einfachen Antwort« überflüssig. Dafür erhält er vom lyrischen Ich Lob, selbst wenn er damit die Verantwortung auch für seine Untaten zu übernehmen hatte. »Lieber etwas tun, selbst wenn die Folgen nicht absehbar sind, als sich ergebnislos zu verkünsteln« – so offenbar die Lebensweisheit des lyrischen Ich.

Es bleiben Fragen, auf die der Leser geradezu mit der Nase gestoßen wird. Etwa die: Ist das auch die Lebensweisheit des Autors, Brechts, der doch stets dafür eintrat, Gewalt zu vermeiden, fern von Waffen zu bleiben? Gerade zur Entstehungszeit des Gedichts, als sich doch »starke Männer« verschiedenster politischer *couleurs* anschickten, die Macht in der instabilen Weimarer Republik an sich zu reißen; oder diese zu verteidigen? Fragen, auf die Brecht selbst vielleicht nicht immer eine Antwort hatte, was dem Gedicht dann doch wieder Ambivalenz verliehe.

Das Gedicht *Der gordische Knoten* bewirkt durch seine Struktur eine Verschiebung der Übersetzungsprioritäten und ermöglicht die Wahl einer anderen Übersetzungsstrategie. Wie das bereits analysierte Gedicht *Gedenktafel für zwölf Weltmeister* ist es in Prosa geschrieben, die poetischen Elemente sind: der Ausruf »ach«, der Mann, die seltene Bezeichnung »Sklave seines Ruhms«, das erweiterte Attribut »Der billigste, der am wenigsten schädliche [Hieb]«. Zufällig tauchen im Gedicht Endreime auf: zum einen das wiederholte und gereimte Substantiv *die Welt*, zum anderen der Reim: *ach der Mann / nicht ohne Plan*.

Die semantische Dominante des Gedichts ist eine ausgebaute Darstellung des Protagonisten, der den gordischen Knoten durchschneidet, die auf der HsE beherbergt ist. Das lyrische Subjekt hält das beschriebene Geschehen an, zerlegt es in Bestandteile – es verweist auf die Konstruktion des Knotens, auf seinen unbekannten Schöpfer und auf den Zerstörer des Werkes, von dem in Gordium, der Hauptstadt Phrygiens, viel gesprochen wurde.

Bei der Übersetzung habe ich mich bemüht, den hohen Stil des Textes beizubehalten. Zu diesem Zweck habe ich mehrmals das biblische Demonstrativpronomen *ów, owe* verwendet, das im Polnischen hauptsächlich in literarischen Texten, nicht aber in der Presse oder in der gesprochenen Sprache, vorkommt.

Einige Textstellen des Originals gehen durch eine ausgefeilte Wortfolge und Enjambements über die Standardstilistik hinaus, zum Beispiel: »jedoch / Reichte die Zeit seines Lebens, angefüllt / Leider nur aus für das eine, das Knüpfen«, »Jener Unbekannte brauchte mit Recht / Einzustehen nicht mit seinem Namen /

Für sein Werk, das halb war«, die ich mit einer ähnlich exotischen Wortfolge recht getreu übersetzt habe.

Auf diese Weise konstruiert, evoziert der Originaltext Konnotationen mit Texten, die aus alten Sprachen wie Hebräisch, Altgriechisch (hier sind insbesondere die Hexameter bedeutsam), Latein oder einer der asiatischen Sprachen übersetzt wurden. Dies entspricht der *Fremdenkonnotation*, die ich 1997 beschrieben habe (Sulikowski 1997, passim), die eine Strategie im Text bezeichnet, oft schwer fassbare Stilmittel im literarischen Text zu verwenden, um die Exotik der dargestellten Welt angemessen wiederzugeben. Der Anfang des Textes in der Übersetzung: »Kiedy mąż z Makedemonu / Przeciął mieczem węzeł ów / Był« verliert seine Kommunikativität nicht, ist aber eine archaisierte Konstruktion, die in der Akzentbildung der klassischen lateinischen Dichtung mit einer Zäsur innerhalb des Verses ähnelt, z. B. »*Parturient montes, nascetur ridiculus mus*« (dt. ›Die Berge lagen in Wehen, geboren ist eine Maus‹) (Horaz, *Ars Poetica*).

Ein gewisses Rätsel gab die Verformung des Namens Μακεδονία auf, eines Bestandteils von Alexanders Namen, der im Text absichtlich zum fiktiven Namen *Makedämon* verändert wurde, was auf semantische Etymologiesuchen des Autors hindeutet. Die Besonderheit dieses Ortsnamens wird durch die Schreibweise mit einem Umlaut gerechtfertigt, mit der ein Bezug zum Substantiv *Dämon* hergestellt wird. Wie ich bereits erwähnt habe, kommt die Schaffung von sprechenden und phantastischen Namen bei Brecht recht häufig vor. Ich habe diesen Namen mit einem Neologismus im Polnischen als *Makedemon* ersetzt.

Bei der Übersetzung des Substantivs *Erdteil* war ich gezwungen, eine Emulation zu verwenden, da es im Polnischen keine direkte Entsprechung gibt. Natürlich wäre eine wörtliche Übersetzung möglich, aber im Polnischen ist eine solche Form nicht verständlich.

Die von mir vorausgesetzte stilistische Konvention führte dazu, dass ich an einigen Stellen anspruchsvollere Begriffe als in der Standardsprache verwendete. Dies ist der Fall bei der Bezeichnung *Depp*, die sich direkt als *głupiec* (dt. ›der Narr‹) übersetzen lässt, es würde aber der historischen Narration des Gedichts im Wege stehen. Das gleiche Problem gab es beim Verb *sagen*, welches ich mit einem biblischen Äquivalent *powiadać* (dt. etwa ›wahrlich sagen, erwidern‹) übersetzte, wodurch die antike Geschichte ihr Pathos bewahrt.

∗ ∗ ∗

Fragen eines lesenden Arbeiters

Wer baute das siebentorige Theben?
In den Büchern stehen die Namen von Königen.
Haben die Könige die Felsbrocken herbeigeschleppt?

Und das mehrmals zerstörte Babylon
Wer baute es so viele Male auf? In welchen Häusern
Des goldstrahlenden Lima wohnten die Bauleute?
Wohin gingen an dem Abend, wo die chinesische Mauer fertig war
Die Maurer? Das große Rom
Ist voll von Triumphbögen. Wer errichtete sie? Über wen
Triumphierten die Cäsaren? Hatte das vielbesungene Byzanz
Nur Paläste für seine Bewohner? Selbst in dem sagenhaften Atlantis
Brüllten in der Nacht, wo das Meer es verschlang
Die Ersaufenden nach ihren Sklaven.

Der junge Alexander eroberte Indien.
Er allein?
Cäsar schlug die Gallier.
Hatte er nicht wenigstens einen Koch bei sich?
Philipp von Spanien weinte, als seine Flotte
Untergegangen war. Weinte sonst niemand?
Friedrich der Zweite siegte im siebenjährigen Krieg. Wer
Siegte außer ihm?

Jede Seite ein Sieg.
Wer kochte den Siegesschmaus?
Alle zehn Jahre ein großer Mann.
Wer bezahlte die Spesen?

So viele Berichte
So viele Fragen.

(GBA 12, 29)

Pytania czytającego robotnika

Kto zbudował Teby z siedmioma bramami?
W księgach zapisane są imiona królów.
Czy to królowie przynosili głazy?
A Babilon, zniszczony wiele razy
Kto go tyle razy odbudowywał? W jakich domach
Świecącej na złoto Limy mieszkali budowniczowie?
Gdzie poszli w noc po ukończeniu Wielkiego Muru Chińskiego
Murarze? Wielki Rzym
jest pełen łuków triumfalnych. Kto je zbudował? Nad kim
triumfowali cesarze? Czy tak bardzo opiewane Bizancjum miało
Tylko pałace dla swoich mieszkańców? Nawet w legendarnej Atlantydzie
Ryczeli nocą, gdy pochłaniało ją morze
Tonący o swoich niewolników.

Młody Aleksander podbił Indie.
Sam tego dokonał?
Cezar pokonał Galów.

Czy nie miał ze sobą przynajmniej kucharza do pomocy?
Filip Hiszpański płakał, gdy jego flota
została zatopiona. Czy nikt inny nie płakał?
Fryderyk II zwyciężył w wojnie siedmioletniej. Kto
zwyciężył oprócz niego?

Na każdej stronie jedno zwycięstwo.
Kto gotował zwycięską ucztę?
Co dziesięć lat jakiś wielki człowiek.
Kto pokrywał wydatki?

Tak wiele relacji
Tak wiele pytań.

1935, knapp zehn Jahre später und vor dem Hintergrund des nationalsozialistischen Barbarismus, wird das Fragen regelrecht inszeniert: im bekannten Gedicht *Fragen eines lesenden Arbeiters*, mit dem die »Chroniken« der *Svendborger Gedichte* beginnen. Brecht befand sich in dieser Zeit im literarischen Kampf gegen das NS-Regime und schien Propaganda für die Sowjetunion und deren politisches System zu machen. So wurde das Gedicht 1936 auch erstmals in der in Moskau erschienenen Exilzeitschrift *Das Wort* veröffentlicht, die Brecht gemeinsam mit Lion Feuchtwanger und Willi Bredel herausgab.

Es ist wie in Brechts Tagebuch aus dem Jahr 1913: Abermals wird mehr oder weniger abfragbares Wissen aus dem konventionellen Unterricht einer weiterführenden Schule präsentiert: große Ereignisse und Persönlichkeiten der Geschichte; auch Alexander der Große ist wieder dabei. Imaginiert wird eine außergewöhnliche Situation: Ein Arbeiter gerät entweder zufällig an ein Geschichtsbuch, an quasi kanonisiertes, ihm aber fernes Wissen, oder aber er verschafft es sich bewusst, um den Dingen auf den Grund zu gehen, und liest. Offenbar vertraut mit der historischen Lage bzw. den Interessen seiner Klasse stellt er nach jeder Errungenschaft eine naiv wirkende, gleichzeitig jedoch kritische wie einleuchtende Frage, die auf die Rolle der Proletarier, der Unterrückten und Ausgebeuteten zielt. Diese nämlich, so scheint nahegelegt zu werden, sind die eigentlichen Schöpfer all dessen, was in den Geschichtsbüchern gefeiert wird, nicht die großen Individuen, die Persönlichkeiten, die in der Überlieferung aufgeführt und überhöht sind.

Daraus resultiert die Einsicht, dass Klassenkampf betrieben werden muss, um dergleichen Verhältnisse zu ändern, die Unterdrückung zu beenden und zu Gerechtigkeit zu kommen. Käme es einmal so weit, dass historische Ereignisse und Taten als Errungenschaften der Arbeiterklasse angesehen würden, bräuchte man auch nicht mehr nach dem Koch Cäsars zu fragen oder danach, ob Alexander Indien alleine erobert habe.

Aber ist das nicht ein wenig einfach? Schon der Schriftsteller Max von der Grün kaufte Brecht diesen »lesenden Arbeiter« nicht ab. Dabei ist bemerkenswert, dass von der Grün nicht der einzige »Dichterkollege« ist, der die Authentizität der Arbeiternähe Brechts infrage stellt. Das bekannteste Beispiel ist das Drama *Die Plebejer proben den Aufstand* von Günter Grass von 1966. Vor dem Hintergrund des Arbeiteraufstands vom 17. Juni 1953 beschreibt er, wie hilflos und distanziert Brecht Arbeitern gegenüber war, als er von ihnen um Unterstützung gebeten wurde. Volker Braun schrieb mit *Fragen eines regierenden Arbeiters* später sogar eine Art Gegenentwurf zu Brechts Gedicht, aus welchen Gründen auch immer.

Von der Grün nimmt Brechts Text ernst und wörtlich. Er glaubt nicht, dass ein Arbeiter überhaupt jenen Bildungshorizont und, da er ja arbeite, die Muße haben könne, die es ihm gestatten würden, solche Fragen zu stellen. Es handele sich doch eher um die Fragen »eines Intellektuellen mit sozialem Engagement«.[69] Dieses Anzweifeln der sozialistischen Gesinnung des Autors lies die »etablierte« Brechtforschung nicht auf sich sitzen, schlug zurück und zwar unter der Gürtellinie. Siegfried Mews schreibt:

> »Von der Grüns Negierung des kritischen Potenzials bei B.s Arbeiter erstaunt angesichts der Tatsache, dass er selbst offensichtlich die Beschränkungen einer Volksschulausbildung überwunden hat; die Frage ist berechtigt, warum er diese Möglichkeit dem fiktiven Arbeiter nicht zugestehen wollte.«[70]

Jeder Kommentar erübrigt sich hier. Tatsächlich erkennt Von der Grün, dass es sich um ein artistisches Spiel auf zwei Ebenen, um ein inszeniertes Fragen handelt, das es auf der Oberfläche gestattet, das Gedicht im Sinne des Klassenkampfs zu lesen. Nicht zwangsläufig jedoch führt der Verlauf der Geschichte zum Guten, das legt die zweite Deutungsebene nahe. Berichte und Fragen nämlich bleiben, wie es am Schluss des Gedichts heißt. Das Fragen als Erkenntnisprinzip und -methode mag zwar weiterführen, aber vielleicht auch zur Einsicht, dass alles ein ewiger Kreislauf ist, in dem das Fragen niemals aufhört. »Alle zehn Jahre ein großer Mann«. Doch, nun auch eine Frage: Wurden jene »großen Männer« zur Entstehungszeit nicht gerade auch in der Sowjetunion gefeiert? So also bleibt das Gedicht in merkwürdiger Weise in der Schwebe, im Un- und Mehrdeutigen, was seinen literarischen Reiz ausmacht. Das weiß auch jener »lesende Arbeiter«, ob er nun wirklich einer ist oder nicht.

Fragen eines lesenden Arbeiters ist ein weiteres Beispiel für ein Gedicht, das einem Prosatext ähnelt. Es erinnert an den inneren Monolog eines Protagonisten,

---

69 Vgl. Von der Grün, 52.
70 Mews, 283.

den Joyce'schen Bewusstseinsstrom oder die Aufzeichnung der Fragen eines
Studenten oder Lehrers. Hier ist weder ein Reim noch ein regelmäßiges rhyth-
misches Tempo zu erkennen.

Die mäeutische Methode, durch Fragen zur Wahrheit zu gelangen, war für
Sokrates charakteristisch. Sie setzt voraus, dass der Gesprächspartner über ein
unbewusstes Wissen verfügt, zu dem er durch die gestellten Fragen geführt
werden kann. Dieses Wissen sucht das lyrische Subjekt, indem es in diesem
Gedicht einen Dialog mit dem Leser beginnt, der schließlich zu einer überzeu-
genden Änderung der Haltung dieses Lesers führt.

Ein solches Vorgehen entspricht Brechts Agitprop-Theater (ein Miteinander
von Agitation und Propaganda), das aus der Sowjetunion stammt und von Brecht
weiterentwickelt wurde. Hier sollte der Zuschauer durch das auf der Bühne
dargestellte Problem, den Mangel, die soziale Ungerechtigkeit, zu eigenen
Schlüssen und zur Änderung seiner Haltung kommen; im Idealfall sollte das
Stück das Feuer der Revolution entfachen.

Die im Gedicht geschickt gestellten Fragen führen den Leser zu der einzig
richtigen Schlussfolgerung: Jeder metonymisch dargestellte Herrscher wird in
Wirklichkeit von der gesichtslosen Masse der NPCs ersetzt (in der Terminologie
des Medienzeitalters: Charaktere in einem Computerspiel, die nur eine einfache
Aufgabe zu erfüllen haben, eng. *non-playable characters*), die ohne Protest ihr
Leben für eine bestimmte politische oder militärische Idee gegeben haben oder
geschickt dazu überredet oder gezwungen wurden.

Zu den semantischen Dominanten des Gedichts gehören zweifellos Ortsna-
men und Namen historischer Figuren sowie die in den Fragen genannten Fakten.
Auch der Aspekt der sozialen Ausbeutung und der angedeutete Revolutionsge-
danke sollten in der Übersetzung hervorgehoben werden. Die Fragen sollten in
ähnlicher Weise gestellt werden, ohne den Text durch zusätzliche Wörter oder
Stilmittel zu verwässern.

Das grundlegende Problem der Übersetzung ist die Rekonstruktion der vorgegebenen Orte (und damit der Onomastik). Bei den folgenden Beispielen gibt es
eine unterschiedliche Namenstradition, und eine unterschiedliche Schreibweise
im Deutschen und im Polnischen ist feststellbar:

*Theben – Teby; Babylon – Babilon; Rom – Rzym; Byzanz – Bizancjum; Atlantis – At-
lantyda.*

Es ist erwähnenswert, dass die polnische Sprache im Fall des Namens *Bizancjum*
näher an der lateinischen Herkunft als die deutsche blieb. Dieses Phänomen zeigt
sich in Namen vieler von den Römern gegründeter deutscher Städte, die im
Polnischen immer noch einen lateinischen Namen tragen, z. B. *Köln vs. Kolonia,
Mainz vs. Moguncja, Regensburg vs. Ratyzbona, Trier vs. Trewir.*

Das Attribut »das <u>siebentorige</u> Theben« könnte man wörtlich übersetzen, aber das würde im Polnischen eine sehr ungewöhnliche Form ergeben, daher habe ich mich für eine beschreibende Übersetzung entschieden: *Teby z siedmioma bramami* (dt. ›Theben mit sieben Toren‹). Genau das gleiche Problem stellt sich bei »des goldstrahlenden Lima«, das wörtlich mit »mit Gold strahlend« oder »mit goldenen Strahlen« übersetzt werden kann. Die zweite Version scheint angemessener zu sein.

Das Substantiv »Bauleute« hat aufgrund der technologischen Entwicklung eine neue Entsprechung im Polnischen: *budowlańcy*, deren Verwendung die Situation jedoch in die Neuzeit verschiebt, weshalb ich den mehr archaischen Begriff *budowniczowie* verwendete, der die gleiche Bedeutung hat, aber ohne zusätzliche Konnotationen funktioniert.

Die Beschreibung der Überflutung von Atlantis durch das Meer (oder den Ozean) enthält ein herausforderndes Übersetzungsproblem. Im Deutschen gibt es eine ausdrucksstarke Variante des Verbs *ertrinken* (← trinken), die analog mit dem Verb *saufen* gebildet wird, nämlich *ersaufen* (← saufen). Ein solches Verb ist prinzipiell übersetzbar, allerdings nicht in der Version mit der Vorsilbe *er-*. Die polnische Sprache kennt hier nur ein Verb *tonąć* mit einigen möglichen Präfixen. Brecht verwendet *ersaufen* vermutlich zur Ergänzung der ausdrucksstarken Beschreibung des Seetodes der Mächtigen, die ›nach ihren Sklaven brüllen‹. In Ermangelung eines Äquivalents sollte meine Übersetzung als lexikalische Reduktion betrachtet werden.

In der zweiten Strophe taucht ein syntaktisches Problem auf, das für die polnische Sprache symptomatisch und bekannt ist. In der Frage »Weinte sonst niemand?« gibt es im Original nur eine Verneinung (niemand). Im Polnischen ist jedoch eine doppelte Verneinung die Regel, d.h. *Czy <u>nikt</u> inny <u>nie</u> płakał?* (dt. wörtlich ›Hat kein Anderer nicht geweint?‹). Im vorliegenden Gedicht stellt dies aufgrund der freien Struktur des Textes keine große Schwierigkeit dar, aber in regelmäßigen, gereimten Texten führt die doppelte Negationsform in der Übersetzung immer eine zusätzliche Silbe ein und erfordert, dass sich der gesamte Vers an eine solche Änderung anpasst.

Die deutsche Sprache lässt oft sehr synthetische Formen zu, z.B. »Jede Seite ein Sieg«. Eine Übersetzung, sofern sie nicht als unrichtiger oder abstrakter Text gedacht ist, verwendet eine eher klassische Syntax. Daher die elliptische Form »na każdej stronie jedno zwycięstwo« (dt. ›auf jeder Seite ein Sieg‹).

3.6 Menschliche Fehler

Kleines Lied   *Mała piosnka*

1.   **1.**
Es war einmal ein Mann   Był sobie raz pan
Der fing das Trinken an   Co chętnie przechylał dzban
Mit achtzehn Jahren und –   Jak się dorosłym stał i –
Daran ging er zugrund.   Wielki upadek miał.
Er starb mit achtzig Jahr   Zmarł, gdy miał osiemdziesiąt lat,
Woran, ist sonnenklar.   A na co, wiadomy fakt.

2.   **2.**
Es war einmal ein Kind   Był sobie raz dzieciak
Das starb viel zu geschwind   Co wpadł śmierci w plecak
Mit einem Jahre und –   Gdy roczek mu strzelił –
Daran ging es zugrund.   Tyle go widzieli.
Nie trank es: das ist klar   On nigdy nie pił gorzałki,
Und starb mit einem Jahr.   Po roczku zamknął patrzałki.

3.   **3.**
Daraus erkennt ihr wohl   Stąd wniosek nieduży,
Wie harmlos Alkohol…   Że alkohol służy…

(GBA 11, 9 f.)

Augsburg, im Jahre 1917: Schon zuvor waren Brecht mit *Vom Tod im Wald* und
dem *Lied von der Eisenbahntruppe von Fort Donald* Gedichte gelungen, deren
Qualität der junge Autor selbst so hoch einschätzte, dass er sie später in seinen
Zyklus *Die Hauspostille* aufnehmen sollte. Der erste große Wurf bei Theater-
stücken stand allerdings noch aus. Brecht aber arbeitete an seinem Ruf als
amoralischer »Bürgerschreck«, unter anderem mit einer Vielzahl von Gedichten,
mit denen er provozieren wollte. Er unterminiert festgelegte und scheinbar nicht
zu hinterfragende Werte und Maximen – und zwar keinesfalls in subtiler Art und
Weise. Direkt, derb ist die Lyrik dieser Zeit, teilweise in Liedform und damit
geeignet, im Freundeskreis um Brecht und in Kneipen der Augsburger Altstadt
zur Gitarrenbegleitung vorgetragen zu werden, um so auch in der Öffentlichkeit
zu provozieren. Deshalb heißt eine dieser frühesten Sammlungen *Lieder zur
Klampfe*.

Es sind zwei Hauptthemen, mit denen man den Bürger dieser Zeit erschrecken
konnte: mit einem unverblümt vorgetragenen Atheismus und, oft damit einhergehend, mit sexuellen Grenzüberschreitungen, an denen Brecht besonderes
Vergnügen hatte. Doch auch anderen Themen widmete er sich, wobei grund-

sätzlich die Respektlosigkeit tradierter Werte gegenüber im Vordergrund stand, oft einhergehend mit einem Überraschungseffekt.

So auch im *Kleinen Lied*. Dabei beginnt es recht harmlos: Sich, wie in der ersten Strophe, über einen Alkoholiker, der letztlich an seiner Sucht stirbt, lustig zu machen, ist nichts Seltenes. Dergleichen hörte man z. B. beim Bänkelsang und freute sich darüber. Wer Brechts Werk kennt, weiß allerdings, dass die einführende Märchenformel »Es war einmal« den Hörer in einer gewissen Sicherheit wiegt, dass Konventionelles wohl nicht in allzu schlimmer Form überschritten werde, jedoch außer Zweifel stellt, dass genau dieses geschehen wird.

Dem Säuferleben nämlich stellt Brecht den Tod eines unschuldigen Kleinkindes – wieder mit der Formel »Es war einmal« – gegenüber und tangiert damit auch das große, kaum zu ermessende Leid dessen Eltern; dies in lustig wirkenden Versen, distanziert und völlig empathielos. Besonders provokant ist dabei, dass Brecht das Sterben des haltlosen Säufers und des Kindes gleichsetzt: beide sind »zugrunde gegangen«. Der Hörer ist entsetzt, wird so aber weitergeführt, mit der Nase auf eines der beiden Grundthemen Brechts dieser Zeit gestoßen: Was ist das für eine Welt, in der solcherlei ja tatsächlich geschieht? Das tangiert die Theodizeefrage: Wie kann ein guter Gott dieses zulassen? Wie kann das sein? Weil es, so die intendierte und einfache Antwort, jenen Gott eben nicht gibt.

Was folgert daraus? Was ist die Quintessenz, die »Moral von der Geschicht'«? Dass der Säufer mit seinem verwerflichen, unmoralischen, auch vermeintlich ungesunden Verhalten alles richtiggemacht hat! Im Gegensatz zum unschuldigen und früh gestorbenen Kind hatte er ein langes, möglicherweise bisweilen sogar angenehmes Leben; jenseits bürgerlicher Konvention. Der Schluss der ersten Strophe sät Zweifel an der Todesursache des Mannes: »Sonnenklar« nämlich ist diese nur für den Spießbürger, der denkt, der Mann habe sich zu Tode gesoffen. Tatsächlich starb er vielleicht an einer anderen Krankheit oder einfach nur an Altersschwäche. Hinzu kommt: Der Alkohol ist keineswegs nur »harmlos«, also nicht gesundheitsschädlich. Seine »wohltuende« Wirkung versetzt überdies in einen Zustand, der das Leben schön, zumindest erträglich macht und das Elend, das es mit sich bringt, zeitweise vergessen lässt; vielleicht sogar während des Sterbeprozesses.

Schnell nämlich kann dieses Leben vorbei sein. Der Mensch also soll in der Zeit, die er hat, tun, was ihm gefällt und sich nicht kümmern um die Ansichten anderer. Diese Anderen, mögen sie moralisieren, mögen sie den Säufer verlachen, sind nicht relevant, und einen Gott, der den Menschen nach dem Tod zur Rechenschaft ziehen könnte, gibt es nicht. Demzufolge: »Zum Wohl!«

Dem Titel entsprechend handelt es sich um ein melodisches Gedicht mit regelmäßigem Aufbau, sechssilbigen Zeilen mit Paarreimen und einer »Einsicht« in Anführungszeichen in den letzten beiden Zeilen.

Die semantische Dominante des Gedichts sind diese formalen Elemente, vorausgesetzt, dass es tatsächlich gesungen werden kann. Auf der HsE-Ebene treten drei Bilder auf. Diese lassen sich in Form der von Balcerzan einst vorgeschlagenen thematischen Reihen darstellen (Balcerzan 1969):

Mann – Trinken ab dem 18. Lebensjahr – mit 80 sterben
Kind – zu schnell gestorben – nie Alkohol getrunken – nach einem Jahr tot
Alkohol – nicht schädlich

Der logische Aufbau des Gedichts verweist indirekt auf die alten Rätsel der Eleaten, z. B.: Wann beginnt die Glatze? Was sind die Bestandteile des Begriffs »Tisch«? und auf die unterhaltsamen Beweise der Unbeweglichkeit des Pfeils in der Zeit (der sich nicht bewegen kann, weil er in jedem Zeitintervall an Ort und Stelle ruht) oder eines Läufers, der nie das Ziel erreicht, weil er immer eine unendliche Anzahl von Streckenteilen zu laufen hat.

Die Grundlage der Argumentation des Gedichts ist eine falsche Analogie, ähnlich wie der Beweis, dass man ein Hund ist: eine Katze hat vier Beine, ein Hund hat auch vier Beine, ergo ist eine Katze ein Hund.

Bei der Übersetzung habe ich mir ein formales Regime auferlegt, das wegen der syntaktischen Unterschiede zwischen der Ausgangssprache und der Zielsprache nur teilweise umgesetzt werden konnte. Daher überschreiten die meisten Verse die sechs Silben des Originals. Nur in der zweiten Strophe und im Schlussdistichon ist die Länge dieselbe wie im Original. Um die Struktur des Gedichts wiederzugeben, habe ich im polnischen Text nach möglichen männlichen Reimen gesucht, von denen einige zu einer notwendigen lexikalischen Emulation führten.

Die nächstliegende phonetische Entsprechung des Substantivs *Mann* ist das sinnverwandte Wort *pan* (dt. ›der Herr‹), was nicht das genaue Äquivalent ist. In der Zeile »fing das Trinken an« – habe ich mich auf die bildliche Seite der Aussage konzentriert und die polnische Wendung *przechylać dzban* in der Übersetzung verwendet, die wörtlich ›einen Krug kippen‹ bedeutet, was der deutschen Phraseologie entspricht und die beträchtliche Menge des konsumierten Alkohols hervorhebt.

Die in den Strophen eins und zwei wiederholte Anapher *ging er zugrund* erscheint in der Übersetzung in einer emulierten Form, d. h. im ersten Fall als »wielki upadek miał« (dt. ›er hatte einen großen Fall‹), im zweiten Fall als »tyle go widzieli« (dt. ›soviel haben ihn gesehen‹). Der Verlust dieser Anapher wird durch die Reime kompensiert, die dem Stil des Gedichtes entsprechen.

Um in der zweiten Strophe einen Reim zu erzielen, habe ich bei der Übersetzung des Substantivs »Kind« eine Form des gesprochenen Polnischen verwendet, das Diminutiv *dzieciak*, mit der gleichen Bedeutung, aber mit positiven emotionalen Akzenten. Um einen Reim zu erzeugen, hat die Zeile »starb viel zu geschwind« eine vollkommen andere Form angenommen, die jedoch eine ähnliche Bedeutung hat, d. h. »wpadł śmierci w plecak« (dt. ›er fiel dem Tode in den Rucksack‹). Ich bin mir bewusst, dass sich diese Übersetzung semantisch vom Original entfernt, aber sie entspricht diesem Bild innerhalb der vorgegebenen Konvention.

Aus demselben Grund wurde die Zeile »mit einem Jahr« dem eher freien, fröhlichen Stil des *Kleinen Liedes* nachempfunden – »gdy roczek mu strzelił« (dt. wörtlich ›als ein Jahr ihm schlug‹). Es ist zu betonen, dass ein solcher Ausdruck im Polnischen eine phraseologische Neuerung ist, die der Wendung *ein Alter erreichen* ähnlich ist: »stuknęła mu czterdziestka« (dt. ›er wurde vierzig‹). Dabei werden Assoziationen zu einer Stundenuhr mit all ihren theologischen Konnotationen hervorgerufen.

In den nächsten beiden Strophen wird das Bild eines sterbenden Kindes mit der Amplifikation des Alkohols *gorzałka* (dt. ›Schnaps‹) und mit einer Slangbezeichnung für die Augen, die auch für die Gefängnissprache charakteristisch ist, *patrzałki*, erweitert.

> *nie trank es: das ist klar – on nigdy nie pił gorzałki* (dt. ›es trank den Schnaps nie‹)
> *starb mit einem Jahr – po roku zamknął patrzałki* (dt. ›nach einem Jahr machte es die Augen zu‹)

Auch das Ende, die vermeintliche Moral des Liedes, ist eine weit hergeholte Emulation, die trotz der bedeutenden Veränderung ihren Zweck erfüllt und den Hörer entweder fassungslos zurücklässt oder ihn aufheitert.

∗ ∗ ∗

Der Virginiaraucher	*Koneser virginii*
Mir sagte der Arzt: Rauchen Sie ruhig ihre Virginien!	Lekarz mi mówi: niech pan spokojnie swoje Virginie popala!
Um die Ecke muß schließlich mit oder ohne ein jeder.	W końcu każdy, paląc czy nie, kiedyś musi iść do ziemi.
In der Schleimhaut meiner Pupille zum Beispiel sind gelbliche Linien	W mojej spojówce widać na przykład jakieś żółte linie
Daran sterbe ich früher oder später.	Przez nie, wcześniej czy później, mój los się odmieni.

Natürlich braucht einer deswegen nicht zu
verzagen
So einer kann noch lange leben.
Er kann sich den Leib voll mit Hühnern und
Brombeeren schlagen
Einmal natürlich reißt es ihn eben.

Dagegen aber richtet keiner was aus weder mit
Schnaps noch mit Schlichen
So ein Krebs wachst heimlich, ohne daß man
ihn spürt.
Und womöglich bist du schon ausgestrichen
Und hast eben noch deine Braut zum Altare
geführt.

Mein Onkel zum Beispiel trug noch gebügelte
Hosen
Als er schon lange gezeichnet war.
Er sah aus wie's Leben, aber es waren Kirch-
hofsrosen
Und an ihm war kein gesundes Haar.

Da gibt es Leute, die haben es in der Familie
Aber sie gestehen es sich nicht ein.
Sie verwechseln nicht Ananas mit Petersilie
Aber ihr Krebs kann ein Leistenbruch sein.

Mein Großvater wiederum wußte genau, was
ihm blühte
Und lebte vorsichtig peinlich nach dem Rezept.
Und brachte es so auf fünfzig Jahre, dann war
er es müde
Aber so hatte freilich kein Hund einen Tag
gelebt.

Naturalnie, tracić ducha przez to nie należy,
Bo zdarzyć się może, że długo pożyje.
Jeszcze może brzuch napychać kurą z je-
żynami
Naturalnie, kiedyś coś tam go zabije.

Nic na to nie poradzą, wódka ani sztuczki!
Rak taki rośnie cicho i nic nie poczujesz.
I być może skreślonyś już z listy
A właśnie przed ołtarzem małżonkę cału-
jesz.

Mój wuj na przykład nosił jeszcze spodnie
prasowane
Kiedy już dawno jego imię na indeksie stało
Wyglądał całkiem jak żywy, w plamach
opadowych,
Ani zdrowego włosa na nim nie zostało.

Są tacy ludzie, którzy w swej rodzinie
Mają to, lecz do zwierzeń nie są bardzo
skorzy.
Nie pomylą pietruszki z pieprzem na
wędlinie
Lecz w zwykłej przepuklinie raka widzą
chorzy.

Mój dziadek znowuż wiedział dokładnie, co
kwitnie
W nim, żył zatem ostrożnie, według recept,
w strachu.
Dojechał do pięćdziesiątki, potem skończył
smutnie
Ale przy takim życiu i pies trafiłby do pia-
chu.

Unsereiner weiß: es ist keiner zu beneiden. Jeder hat sein Kreuz, wie er immer war. Ich selber habe ein Nierenleiden Ich darf nichts trinken seit Tag und Jahr.	My wiemy dobrze, nie ma co zazdrościć. Każdy swój krzyż ma, prawda dobrze znana. Ja na przykład z chorymi nerkami wciąż walczę I z dala być muszę już rok od gorzałki dzbana.

(GBA 13, 138 f.)

Zwei Jahre nach Entstehung des *Kleinen Liedes* widmete sich Brecht abermals demselben Thema. Der Tugendhafte kann früh sterben. Der Lasterhafte lange leben; woraus zu lernen ist, dass Lasterhaftigkeit letztlich eine Tugend dem Leben und sich selbst gegenüber ist. Diesmal wählt Brecht nicht die Kleinform, sondern er ergeht sich in lyrischer Breite. Seine Klarheit und Schmissigkeit jedoch ist dieselbe geblieben. Während er im *Kleinen Lied* pointiert den neuerlichen Schmerz der Eltern, die ein Kind verloren haben, provoziert, sozusagen genüsslich »den Finger in die Wunde legt«, gerät er jetzt ins Erzählen, er plaudert über Einzelfälle aus dem Umfeld des lyrischen Ich. Brecht selbst muss das Gedicht sehr geschätzt haben. Er nahm es zwar letztlich nicht in die *Hauspostille* auf; aber in deren »Frühform«, der *Taschenpostille*, ist es enthalten.

Aus dem Säufer ist ein Raucher geworden: Wie dem Säufer wird auch ihm wegen seines Lasters ein früher Tod prophezeit. Bewusst begeht er Raubbau an seinem Körper. Man kann die Veränderung seiner Augen, die auf das schlimme Ende deutet, schon wahrnehmen. Der konsultierte Arzt provoziert: »Machen Sie nur weiter so, dann werden Sie schon sehen, wie das endet!« Dann greift die autoritäre Instanz ein, die mit dem lyrischen Ich identisch ist. Sie wendet sich an die Allgemeinheit, fordert, in burschikoser Sprache, zu Gelassenheit auf und lehrt: Alle Menschen müssen sterben, die einen früh, die anderen später. Viele sind dem Tode nahe ohne es zu wissen. Andere wiederum verdrängen ihr Wissen um den baldigen Tod. Erst waren sie diszipliniert, weil erblich vorbelastet, wie der fiktive Großvater, verzichteten auf alles, hatten ein Leben, das schlimmer ist als eine Hundeexistenz. Und dann ereilt sie das Schicksal doch – wie auch den Onkel. Der sah noch kurz vor dem Tod vordergründig gut aus, war adrett herausgeputzt mit Hosen mit feinen Bügelfalten; so als wollte er ausgehen, auf den Tanzboden möglicherweise.

Die »Kirchhofsrosen« oder »Kirchhofrosen«, die ein »blühendes Leben« vorgaukeln, sind allerdings kein frecher Neologismus Brechts, nur um einen Reim mit den schön hergerichteten Hosen herbeizuführen. Es handelt sich um einen umgangssprachlichen Begriff aus dem Bereich der Medizin und bezeichnet ein Phänomen, das unmittelbar vor dem Tod eintritt. Es geht um Totenflecken, die bisweilen im Gesicht des noch Lebenden, aber eindeutig im Sterben Liegenden entstehen, weil der Blutkreislauf am Erlahmen ist. Von rosenähnlicher Farbe sind sie, daher die – respektlose – Assoziation zu Rosen.

Wichtig ist, dass man sich das Leben nicht schlechtreden lässt, von keinem Arzt, von keiner moralischen oder religiösen Instanz. Es ist schwer genug, »jeder hat sein Kreuz«, aber hin und wieder ist es auch schön. Der grotesk anmutende, letztlich nicht deutbare »Speiseplan« »Hühner und Brombeeren« dürfte Synonym, Platzhalter für alles Mögliche sein. Man darf machen, was man will, solange es einem »schmeckt« und gefällt. Sich das Angenehme, gleich, was es ist, verleiten zu lassen, in der Hoffnung auf mehr Zeit, die alles andere als gewährleistet ist und überdies fürchterlich sein könnte, ist das Schlimmste, das der Mensch sich antun kann. So wird auch das lyrische Ich saufen, obwohl es das nicht dürfte, weil es an einer Nierenkrankheit leidet.

Wer aber erteilt solche Lehren? Niemand anderer als Brecht selbst. Es ist eine Binsenweisheit: Man darf das lyrische Ich niemals mit dem Autor gleichsetzen, doch dieser stellt eindeutig eine Identität mit sich selbst in den Raum. Daran lassen der Hinweis auf Brechts dokumentiertes Nierenleiden und das Rauchen von Virginias, die von ihm bevorzugte Zigarrensorte, keinen Zweifel. So stilisiert er sich als Lehrmeister *ex negativo* – als ein solcher, der dazu auffordert, alle Tugenden über Bord zu werfen und sich den Herausforderungen, aber auch den Genüssen des Lebens zu stellen; so wie der »arme B.B.« aus dem berühmten Gedicht der *Hauspostille*, der sich bemüht, »seine Virginia nicht ausgehen zu lassen vor Bitterkeit«.[71]

Das nächste Gedicht erfreut im Original mit seiner regelmäßigen Form, den Strophen und genauen Reimen. Natürlich enthält es auch eine Art Moral, wobei sich das lyrische Subjekt trotz seiner dionysischen Lebenseinstellung auch als benachteiligt erweist durch seine Krankheit, die ihn zwar am Alkoholkonsum, nicht aber am Tabakrauchen hindert.

Es ist genau diese leichte Struktur, die die Lebensweisheit des lyrischen Subjekts vermittelt und auch die semantische Dominante darstellt. Wie bei dem vorangegangenen Gedicht führt die Wahl einer solchen Übersetzungsstrategie zu zahlreichen Emulationen.

Ein ungenauer Reim kommt im Original vor: jeder / später, außerdem finden sich genaue Reime, die in der Übersetzung nicht vollständig wiedergegeben wurden. Daher gibt es im polnischen Text ein ungenaues Reimpaar, das durch die Semantik des Gedichts bedingt ist: *kwitnie / smutnie* und drei Stellen, an denen kein Reim entstehen konnte:

---

71 Vgl. GBA. 11, 120.

należy / jeżynami
prasowane / opadowych
zazdrościć / walczę

Ein Trost dafür mag die rhythmische Struktur der Übersetzung und der exakte Endreim sein, der das Gedicht abschließt und einen Eindruck von Regelmäßigkeit hinterlässt. Natürlich könnte man sich dem Text auch anders nähern, indem man alle euphonischen Elemente weglässt und sich nur auf die Semantik konzentriert. Das Endergebnis wäre sicherlich eine philologische, deskriptive Übersetzung, die für weitere Studien, aber nicht für die Rezitation oder Melorezitation geeignet wäre.

Mein zweites Ziel war es, eine Welt im polnischen Text zu kreieren, die der von Brecht im Gedicht geschaffenen so nahe wie möglich kommt. Daher habe ich, wiederum anhand der thematischen Reihe Balcerzans, eine Zusammenfassung der wichtigsten Motive erstellt.

Beim StiPrag fällt die Tendenz des Autors auf, im Zusammenhang mit dem Tod Euphemismen zu verwenden: *um die Ecke müssen, einen reißt es, jemand ist ausgestrichen, gezeichnet sein.* Ich habe diese Euphemismen eher wörtlich übersetzt, was der Konvention eines Spottliedes entspricht, das in der Tat auch sarkastisch sein kann und die tief verborgenen Ängste des lyrischen Subjekts vor der Unausweichlichkeit des Schicksals ausdrückt. *Um die Ecke müssen* wurde als *iść do ziemi* (dt. ›in den Boden gehen‹) übersetzt, eine neutralere Form, die typisch für Kasernensprache oder Slang ist und häufig in medialen Produkten vorkommt. *Einen reißt es* ist eine im Polnischen unübersetzbare Wendung, weshalb ich mich für eine neutrale Übersetzung *zabijać* (dt. ›ums Leben bringen, töten, erschlagen‹) entschieden habe.

In der polnischen Sprache gibt es einen Ausdruck, der dem folgenden sehr ähnlich ist: *ausgestrichen sein, gezeichnet sein*, d. h. *być skreślonym z listy* bzw. *być na indeksie* (dt. ›von der Liste gestrichen sein, auf dem Index stehen‹), und solch ein Heteronym verwendete ich im Vers »Und womöglich bist du schon ausgestrichen« und die zweite Entsprechung in der Zeile »Als er schon lange gekennzeichnet war«.

Das stilistisch neutrale Verb *sterben* erscheint in der letzten Zeile der ersten Strophe. In der Übersetzung passte, trotz des bestehenden Heteronyms *umierać*, besser der Euphemismus »mój los się odmieni« (dt. ›mein Schicksal ändert sich‹), wodurch ein Reim zu *ziemi* entsteht.

Das Gedicht enthält mehrere Ausdrücke, die an deutsche Zwillingsformeln erinnern: *mit Hühnern und Brombeeren; weder mit Schnaps noch Schlichen; Ananas mit Petersilie, seit Tag und Jahr.* Es ist eindeutig, dass *Hühner und Brombeeren* und *Ananas mit Petersilie* sehr willkürlich aneinandergereiht sind, wahrscheinlich um einen Reim zu erzeugen. Ich habe den ersten Begriff fast wörtlich übersetzt, wobei ich nur die Form »Hühner« durch einen Singular ersetzt habe, um die Anzahl der Silben zu reduzieren.

Der Ausdruck *weder mit Schnaps noch Schlichen* ist insofern einzigartig, als dass hier die Form des Stabreims vorkommt, wie in den ältesten germanischen Texten. Der Initialreim ist schwer ins Polnische zu übersetzen, da es ihn nicht gibt. Ich habe den Begriff daher wörtlich übersetzt *wódka ani sztuczki* (dt. ›weder Schnaps noch Tricks‹), eine Lösung, die einen Teil der Euphonie des Ausgangstextes retten konnte.

Die Gegenüberstellung von *Ananas mit Petersilie* lässt keine tiefere semantische Beziehung erkennen, daher habe ich zur Bildung des Reims *Ananas* zu *pieprz* (dt. ›Pfeffer‹) emuliert, wobei es mir bewusst war, dass dies ein bedeutender Eingriff in den Text darstellt. Der Vorteil davon ist die phonetische Ähnlichkeit der Wörter *pieprz* und *pietruszka*, die dazu führt, dass man sie tatsächlich verwechseln kann.

Der Zeitausdruck *seit Tag und Jahr* in der letzten Strophe, ähnlich wie *seit eh und je* gebaut, ist nicht wörtlich übersetzbar und wurde daher auf *od roku* (dt. ›seit einem Jahr‹) reduziert.

Die Versform »Aber sie gestehen es sich nicht ein« ist recht komplex und stammt aus der literarischen Sprache. Aufgrund dieser Komplexität ist sie nicht wörtlich übersetzbar, was im polnischen Text zu folgender Emulation führte: »Mają to, lecz do zwierzeń nie są bardzo skorzy« (dt. ›Sie haben es, sie neigen aber eher wenig zu Bekenntnissen‹).

Die Zeile »ihr Krebs kann ein Leistenbruch sein« wurde fast wörtlich übersetzt, mit einem zusätzlichen Adjektiv *zwykły* (dt. ›einfach, simpel, gewöhnlich‹): »Lecz w zwykłej przepuklinie raka widzą chorzy« (dt. ›Doch im einfachen Leistenbruch sehen die Erkrankten den Krebs‹).

In der sechsten Strophe lebt der Großvater *nach dem Rezept*, das ich wörtlich übersetzt habe: *według recept*. Es besteht lediglich eine Teiläquivalenz zwischen dem ursprünglichen Substantiv *Rezept* und dem polnischen *recepta*, da das polnische Heteronym keine kulinarische, sondern nur eine medizinische Bedeutung hat oder einzelne Handlungsanweisungen angibt.

Das *Kleine Lied* enthielt in der Übersetzung die Wendung *przechylać dzban* (dt. ›den Krug kippen‹). Auch hier nun gibt es wegen des Reims einen ähnlichen Ausdruck. »Ich darf nichts trinken seit Tag und Jahr« habe ich im Polnischen etwas anders wiedergegeben: »I z dala być muszę już rok od gorzałki dzbana« (dt. ›Und seit einem Jahr muss ich mich vom Schnapskrug fernhalten‹), was jedoch die »Einsicht« des Gedichts nicht wesentlich verändert. Diese Art der Übersetzung schafft jedoch in unserer Auswahl eine zusätzliche intertextuelle Relation zu dem vorhergehenden Gedicht *Kleines Lied*. Auch dort gibt es den Krug mit Alkohol, aus dem der Protagonist noch trinken darf.

* * *

Über den richtigen Genuss von Spirituosen

Andere gießen ihr Glas gewöhnlich nur so hinunter
Und kriegen nichts als ein alkoholisches Herz davon weg
Wenn ICH trinke, geht die Welt grinsend unter
Und ich bleibe noch eine Minute. Ich sehe darin einen Lebenszweck.

Ich lese dabei gern die Zeitung, bis meine Hände
Etwas zu zittern beginnen, dann sieht es nicht aus
Als besaufte ich mich mit Absicht. Ich tue gern, als verstände
Ich mich nicht auf Alkohol, denn zu Haus

Hat es mir meine Mutter sehr abgeraten
Es war sozusagen ihr heimlicher Schmerz.
Aber ich bin Schritt für Schritt in seine Klauen geraten
Es wird mir davon etwas leichter. Ich spüre mein rotes Herz.

Ich fühle, daß auch mein niederes Leben nicht umsonst und verfehlt ist
Ich achte die großen Geister. Ich verstehe sie.
Ich sehe die Welt, wie sie ist, und wenn das Bild nicht zu stark gewählt ist
Überfliege ich manchmal sogar wie betrunkene Tauben den Mont Cenis.

Ich höre tatsächlich, Sie werden mir ja nicht glauben wollen
Tabakfelder rauschen in einer Art bitterer Niederung
Ich weiß, sie sind lang seit 4000 Jahren verschollen
Aber sie sind mir wirklich noch eine gewisse Beruhigung.

(GBA 13, 259 f.)

O właściwym stosowaniu spirytuozów

Są tacy, co szklaneczkę przechylają
I nic poza alkoholowym sercem nie dostają
Kiedy JA piję, świat chichocząc pada.
A ja trwam jedną minutę. To życia zasada.

Czytam przy tym chętnie gazetę, aż dłonie
Trochę mi drżeć zaczynają. Nie wygląda komu,
Że się świadomie upijam. Chętnie ku temu się skłonię,
że nie znam się na alkoholu, siedząc w domu.

Matka mi to bardzo odradzała
Był to jej jakby ból ukryty w ciele,

Mnie jednak krok za krokiem ta sieć oplatała
I lżej mi w duszy, czerwień serce ściele.

I czuję teraz, że me niskie życie nie jest pomyłką jak patefon cichy
Poważam wielkie duchy. Rozumiem je świetnie.
Widzę świat, jakim jest, nawet jeśli obraz lichy,
I przelatuję czasami nad Mont Cenis jak gołąb odurzony szpetnie.

I słyszę naprawdę, chociaż Państwo wierzyć
Mi nie chcą, pola tytoniu szumiące w depresji
Wiem, że od 4000 lat są zaginione
Jednak spokój mi dają i ducha ochronę.

1922 bietet Brecht eine weitere Variante zum Thema »Alkoholgenuss«, die es sogar bis in die Berliner Zeitschrift *Das Tagebuch* schaffte, in der *Über den richtigen Genuss von Spirituosen* erstmals veröffentlicht wurde. Die Wirkung des Alkohols, richtig konsumiert, ist nach wie vor »wohltuend«. Er macht die Welt schöner, sogar deren Untergang. Er gibt dem Leben Sinn. Und: Er eröffnet Horizonte: Plötzlich bildet man sich ein, sogar »den großen Geistern« folgen, sie verstehen zu können. Was will man mehr? Zwar gibt das lyrische Ich zu, in die »Klauen« des Alkohols geraten, also letztlich abhängig von ihm zu sein, doch: er tut ihm gut. Nur ihm ist es zu verdanken, dass es diese Welt und sein eigenes Leben wertschätzt. Was macht es da, dass die Realität eine andere ist, bzw. sie durch die Brille des Alkoholeinflusses falsch wahrgenommen wird? Das Leben ist schön, was kümmert da die Verzerrung? Ist es schlimm, Tabakfelder zu sehen, die seit Jahrtausenden nicht mehr existieren, wenn man sich dabei wohlfühlt?

Zwei Aspekte sind bemerkenswert: Das lyrische Ich begibt sich spaßeshalber in die Rolle dessen, der seinen »Alkoholgenuss« zu rechtfertigen, zu verteidigen hat und wird dabei gelegentlich sogar poetologisch, wenn es sich z. B. fragt, ob seine Metaphern nicht »zu stark gewählt« seien. Offenbar hat man ihm Vorwürfe gemacht. Denn erklären muss sich das lyrische Ich nun einer bürgerlichen Gesellschaft gegenüber, die aufgrund ihres christlichen Moralcodexes Ausschweifungen, gleich welcher Art, kritisch gegenübersteht. Gibt man sich dem Alkohol hin, verfällt man körperlich, wie oft genug zu beobachten, und man riskiert sein Seelenheil. Der Lasterhafte hat es schwer, in den Himmel zu kommen. Er hält sich nicht an Sitte und Anstand, an die vermeintlichen Gebote Gottes.

Personifiziert wird diese moralische Haltung durch die Mutter, der der Suff des Sohnes nicht nur ein dauerndes Ärgernis, sondern auch eine große Belastung ist, sorgt sie sich doch um das Heil des Kindes. Die Mutter tritt in Brechts Lyrik dieser Zeit öfter als moralisierende Instanz in Erscheinung. Im etwa gleichzeitig entstandenen Gedicht *Kouplets für Blandy* heißt es: »Meine Mutter sagte immer zu mir, das Lasterleben ist nichts für mich«[72].

Wie löst man das Problem? Schließlich will man der Mutter kein Leid zufügen. Das lyrische Ich entwickelt also eine Strategie, wie man am besten Alkohol zu sich nehmen kann und überführt diese sogar in eine Anleitung, in eine Art von »Lehrgedicht«: Wie im Gedicht mit dem Titel *Über die Verführung von Engeln* wird der Leser in *Über den richtigen Genuss von Spirituosen* unterwiesen; einmal, im »Engel-Gedicht«, in sexueller Hinsicht, das andere Mal im Alkoholkonsum, den man sich unbedingt zu gönnen hat, der aber diskret vonstattengehen muss: Das lyrische Ich versucht, den Alkoholgenuss zu verheimlichen, soweit es geht. Und, man mag es ihm glauben oder nicht: Es trinkt kontrolliert, schüttet den Alkohol nicht blind in sich hinein, sondern nimmt ihn langsam und gemäßigt zu sich; so als handele es sich um eine Medizin, die man bewusst und gemäß ärztlicher Verordnung einzunehmen hat.

Gelingen diese einfachen Verhaltensregeln, wird man froh. Der Alkohol wirkt nämlich besser als jede Medizin, und nochmals muss es heißen: »Zum Wohl!«

Das Gedicht *Über den richtigen Genuss von Spirituosen* ist ein fein geschriebenes, regelmäßiges Werk mit Kreuzreimen, mit gleichmäßigem Rhythmus und wechselnden Verslängen, das auch ein Festgedicht sein könnte. Es könnte ebenso gut »Lob der Genussmittel« betitelt werden. Im Vergleich zum vorherigen Gedicht endet es etwas nachdenklicher.

Bei der Übersetzung ging es mir darum, die in der Welt des Gedichts vermittelten Bilder zu rekonstruieren und, wenn möglich, eine ähnliche Reimform zu schaffen.

Jedes lyrische Werk enthält, wie Barańczak schrieb, in sich den Schlüssel zur Übersetzung. Um ihn zu entdecken, ist eine bewusste Lektüre des Textes in Bezug auf seinen Aufbau und vor allem seinen Inhalt notwendig.

Betrachtet man die thematischen Reihen, die Übersetzungsinvarianten, d. h. unveränderliche Elemente sind, so findet man eine Gliederung, die den Strophen entspricht:

1. ich – andere – Alkohol trinken (Glas kippen) – Vergleich
2. ich trinke zu Hause – spiele anderen vor, keinen Alkohol zu kennen
3. Mutter – Sorgen – Klauen der Sucht – rotes Herz
4. Sinn des Lebens – große Geister – Welt sehen – wie eine Taube überfliegen
5. Tabakfelder rauschen in der Niederung – verschollen seit 4000 Jahren – Beruhigung

---

72 Ebd. 13, 258.

Sie in der Übersetzung anzupassen war kein sonderliches Problem, viel schwieriger war es, die Reimstruktur zu rekonstruieren, was auch nicht ganz gelang: In der ersten und letzten Strophe kommen Paarreime und ein ungenauer Reim zusammen: *wierzyć / depresji*.

Im lexikalischen Bereich kommen im polnischen Text mehrere Emulationen und zahlreiche Amplifikationen vor.

Die Wendung »die Welt geht grinsend unter« enthält im Original ein Verb, das eine langsame Veränderung des Zustands der Welt beschreibt. Im Polnischen habe ich mich für eine zweisilbige Variante mit mehr Dynamik entschieden: *padać* (dt. ›fallen, stürzen‹). Die Welt, die das lyrische Subjekt unter Alkoholeinfluss beobachtet, ist in dieser Version einem schnelleren Verfall unterworfen.

Das Lexem *Lebenszweck* (pl. ›sens życia‹) wurde mit *Lebensgrundsatz* übersetzt, was eine ähnliche Bedeutung wie das Original hat und einen Endreim schafft: *pada / zasada*.

In der zweiten Strophe ist es gelungen, eine Struktur aus genauen Reimen zu schaffen: *dłonie / skłonię, komu / domu*. Um sie zu erhalten, habe ich eine Emulation verwendet: *chętnie ku temu się skłonię, że nie znam się na alkoholu* (dt. ›Ich akzeptiere den Verdacht gern, dass ich nichts über den Alkohol weiß‹), die vom Original ein wenig entfernt ist, aber notwendig, damit die Strophenstruktur treu nachgebildet ist.

»Der heimliche Schmerz der Mutter« wurde sinngemäß ins Polnische übertragen, so dass sich die Perspektive etwas verändert hat: *ból ukryty w ciele* (dt. ›der im Leib verborgene Schmerz‹).

Die Alkoholsucht wurde im Originaltext animiert und mit Klauen versehen, in die das lyrische Ich gerät. In der Übersetzung wurde der Alkoholismus mit dem Bild eines Spinnennetzes dargestellt, das den Trinker umschlingt.

Die Zeile »Ich fühle, daß auch mein niederes Leben nicht umsonst und verfehlt ist« wurde mit einem der Zeit des Werkes entsprechenden Bild verstärkt. Die Rückübersetzung lautet: »Und ich fühle jetzt, daß mein niederes Leben kein Irrtum ist, wie ein stiller Phonograph«. Dies ist ein signifikanter Unterschied, der jedoch das Bild des lauten, ungestümen Lebens des Protagonisten betont, in dem das Schweigen (oder Ausbleiben der phonographischen Musik) in Gesellschaft beim Alkoholkonsum eine große Unannehmlichkeit darstellt, die den Spaß verdirbt.

Der Protagonist versteht die großen Geister im Originaltext – in der Übersetzung versteht er sie *hervorragend* (›świetnie‹), was an sich eine Amplifikation darstellt.

Das »nicht zu stark gewählte Bild« verwandelt sich im polnischen Text in ein armseliges, kitschiges, schlechtes Bild.

Etwas seltsam ist Brechts Verwendung des Mont Cenis, der in dem Werk vorkommt, oder vielmehr der Col du Mont-Cenis (2083 m), ein Pass in den französischen Alpen, der mit der Biografie des Autors oder seiner Freunde nichts zu tun hat. Dies ist wahrscheinlich ein Ergebnis seines Studiums von Atlanten und Karten auf der Suche nach besonderen Orten und Namen oder der Lektüre römischer Texte, da der Mont-Cenis ein wichtiger Punkt auf dem Weg von Italien nach Frankreich durch die Alpen und seit dem Römischen Reich bekannt war.

Der verwendete Vergleich »wie betrunkene Tauben den Mont Cenis« ist nicht ganz stimmig. In Brechts Wahrnehmung der Großstädte sind Tauben allgegenwärtig, und dies widerspricht dem imaginierten Bild der Alpen. Diese Vögel erwartet man nicht in der Hochgebirgslandschaft. Das Bild der betrunkenen Tauben wurde in der Übersetzung durch ein Adverbial ergänzt *szpetnie* (dt. ›schrecklich, häßlich, abweisend‹), was den Rauschzustand der Vögel konkretisiert.

Die letzte Strophe, die den dialogischen Charakter dieses Gedichts durch die Rückkehr des Empfängers unterstreicht, enthält das mehrdeutige Substantiv *Niederung*, dessen ursprüngliche Bedeutung ›tiefer liegendes Gebiet, ein Gebiet unterhalb des Meeresspiegels‹ ist. Brechts Verwendung des Adjektivs *bitter* kann als Hinweis darauf gelesen werden, *bittere Niederung* auch in einem psychologischen Sinne zu interpretieren, als einen Zustand gedrückter Stimmung mit bitteren Gedanken. In diesem Fall wird die Zeile »Tabakfelder, die mit bitteren Gedanken rauschen« zu deren Anthropomorphisierung. Im Polnischen habe ich das doppeldeutige Substantiv *depresja*, mit beiden Bedeutungen verwendet.

Das Adjektiv *bitter* kommt im polnischen Text aufgrund von Reim und Rhythmus nicht vor.

Das Gedicht endet mit der Zeile: »Aber sie sind mir wirklich noch eine gewisse Beruhigung«. Diese Zeile ist im polnischen Text verstärkt worden, um eine gereimte Pointe zu schaffen. Die Amplifikation lautet: »Jednak spokój mi dają i ducha ochronę« (dt. ›Sie geben mir doch Ruhe und den Schutz für den Geist‹). Es handelt sich um eine Weiterführung der Bilder aus dem Original, um eine thematische Ergänzung derselben.

* * *

Die Opiumraucherin	*Palaczka opium*

Von einer, die vom schwarzen Rauche raucht	O tej, co czarnym dymem pali,
Weiß man: sie ist jetzt auf das Nichts vereidigt.	Wie się, że pustce się zaprzysiężyła.
Sie wird nun nicht erhöht mehr noch beleidigt	Wywyższyć się jej nie da ni obrazić
Und: daß sie nur den dritten Teil vom Leben braucht.	I że tylko cząstką życia będzie żyła.

Sie braucht jetzt keinen Mut mehr: sie wird
häßlich
(Sie ist nicht mehr verwandt mit ihrem Haar)
Würd sie sich sehn nach einem Vierteljahr
Sie kennte sich nicht: sie ist sehr vergeßlich

Nie musi już być odważna, bardzo brzydka
(z włosami się dawno pożegnać musiała)
Jeśli tęsknota jaka za przeszłością
To ta jej nie zna: wszystko zapomniała.

Seit ihr im Rauch des Bluts Verdikte
schwanden
Schläft sie allein: sie ist der Erde billig.
Sie fährt auf ihres Lebens dünnster Woge!
Nur andere wissen, daß sie noch vorhanden
(Sie ist zu allem Unbemerkten willig)
Die jedem hilft, hilft ihr: die gute Droge.

Odkąd przez dym w uczynkach ciała ni-
ewiele się dzieje,
Śpi sama: i jest ziemi miła.
Na najmniejszej falce życia unosi się
zgrabnie!
I tylko inni wiedzą, że jeszcze istnieje
(chętnie zrobi wszystko, przez co nie podpadnie)
Pomaga jej to, co wszystkim: narkotyków
siła.

(GBA 13, 302)

Opium ist in der Sicht Brechts anders als Alkohol, anders auch als Tabak. Das ist
die Grunderkenntnis des 1925 entstandenen Gedichts. Im *Kleinen Lied* wird
Alkohol als Mittel, die Lebensqualität zu erhöhen gefeiert, seine schädliche
Wirkung in humoristischer Weise negiert und dafür eingetreten, sich das Trinken aus angeblich moralischen Gründen bloß nicht verbieten zu lassen. So auch
in *Über den richtigen Genuss von Spirituosen*. Auch wenn man, wie in *Meines
Bruder Tod*, im Suff einmal zu Fall und damit zu Tode kommen kann. Dies ist kein
Grund, enthaltsam zu sein. Das Risiko gehört zum Leben; man muss es auf sich
nehmen. Ähnlich ist es mit dem Rauchen: an irgendetwas stirbt der Mensch,
früher oder später, sich deshalb den Genuss von Tabak zu verbieten, so lehrt *Der
Virginiaraucher*, wäre glatter Unsinn.

Opium hingegen absorbiert, zerstört die Persönlichkeit, befreit sie damit aber
auch von vermeintlichen Pflichten, die das Leben mit sich bringt und lindert des
Menschen Leid. Opium ist in der Sicht Brechts weniger ein Genussmittel als ein
Narkotikum. Dies brachte er bereits in einem Gedicht von 1920 zum Ausdruck,
das gleichfalls dem Opium gewidmet ist: *In den frühen Tagen*. Merkwürdige
Dinge tut hier der Mensch, verblendet von seinen gesellschaftlichen oder gar
politischen Pflichten. »Und vor roten Fahnen schritt ich schon!«[73] lässt Brecht in
einer Zeit, in der er zwischen dem gerade überstandenen deutschen Kriegswahn
und der kommunistischen Revolution keinen großen Unterschied machte, sein
lyrisches Ich beklagen. Lieber also lasse man »von der roten Fahne«, die stell-
vertretend ist für alle anderen ideologischen Verführungen oder Vereinnah-

---

73 Ebd. 13, 191.

mungen, ab; zugunsten des »roten Mohns«, der gleichzeitig benebelt und somit letztlich »zur Vernunft bringt«, aber auch lähmt und Lebensfreude raubt.

Darum sagt ich; laß es!	Dlatego mówię: przestań!
Rauch den schwarzen Rauch	Wciągaj ten czarny dym
Der in kältre Himmel geht! Ach sieh ihm	Co wspina się w zimne niebiosa, Ach spójrz
Nach: so gehst du auch[74]	Za nim: też tak ulecisz.

lautet der Refrain in einem Fatalismus, der fünf Jahre später in *Die Opiumraucherin* wiederkehrt. Gleich die ersten beiden Verse machen das klar: jener »schwarze Rauch« »vereidigt auf das Nichts« – in gutem wie in schlechtem Sinne. Es folgt eine – kurze wie eindringliche – Beschreibung jenes Verfalls, der bei Morphium- bzw. Heroinabhängigen bis heute zu beobachten ist. Brecht lehnt sich dabei an die Bilderwelt der Lyrik Hugo von Hofmannsthals an.[75] Die Opiumraucherin verfällt in kurzer Zeit, sie wird unansehnlich, und jedermann weiß, dass ihre Lebenserwartung um ein wesentliches kürzer ist als die derjenigen, die sich der Droge enthalten. Einher mit dem körperlichen Verfall geht das geistige Abhandenkommen, das Verschwinden der Persönlichkeit. Das geht so weit, dass sie entscheidungsunfähig und nicht mehr ihrer selbst gewiss ist. Nur Außenstehende, die sie vor sich sehen und ihr Martyrium verfolgen, wissen, dass sie existiert.

Aber handelt es sich tatsächlich um ein Martyrium? Ist das Gedicht eine Warnung vor dem »schwarzen Rauch« des Opiums? Nein. Denn »die gute Droge hilft«, so die letzten Worte des Gedichts. Das Leid, das sie verursacht, ist möglicherweise geringer als das, das dem Menschen durch ein Leben in dieser Welt der Kälte auferlegt ist. Das Opium hilft, aus dieser allmählich in jenes »Nichts« zu fliehen; bisweilen sogar sanft. Wer hätte das Recht, dies zu verurteilen?

Das Gedicht *Die Opiumraucherin* erinnert ein wenig an die hier bereits erwähnten Lehrgeschichten aus dem *Struwwelpeter*. Ihre Funktion war es, den Leser durch Einschüchterung zu erziehen, was durch grausame Beispiele von Schuld und Strafe erreicht werden sollte. Ähnliche Geschichten kursierten noch bis in die jüngste Zeit, zum Beispiel über die Selbstbefriedigung, die angeblich den Körper erschöpft, die Lebenskraft raubt und Haare zwischen den Fingern wachsen lässt.

Es ist wahrscheinlich, dass der Autor selbst keine direkten Erfahrungen mit dem Opiumrauchen gemacht hat und daher in dem Gedicht gängige Vorstellungen und Berichte, z.B. aus den Büchern von Rudyard Kipling und der Tagespresse, wiederholt.

---

74 Ebd. 192.
75 Vgl. ebd., 511.

Die semantische Dominante des Gedichts ist wieder die thematische Reihe, die sich diesmal ausschließlich an der Beschreibung der Protagonistin orientiert:

sie raucht vom schwarzen Rauch – sie ist gleichgültig und ausgelassen – sie muss nicht mutig sein – sie hat ein schlechtes Gedächtnis – keine Haare – sie hat kein Sexualleben mehr – sie ist »ökologisch«, verbraucht nur wenige Ressourcen – dank der Droge

Diese Beschreibung ist von Brecht in drei Strophen mit regelmäßigem Rhythmus und der Reimstruktur aus umarmenden ABBA, ABBA und verschränkten Reimen ABCABC aufgebaut. In der Übersetzung konnte diese Struktur nur teilweise wiedergegeben werden. In Strophe eins ist es der Kreuzreim ABAB, in Strophe zwei ABCB, mit einer ungereimten Strophe, Strophe drei ist nicht so kunstvoll gereimt wie im Original, hier gelang es nur in der Form ABCACB.

Aber auch hier ist eine Reihe von Maßnahmen und Übersetzungslösungen notwendig, um einen angemessenen Zieltext herzustellen. Allerdings konnten auch viele Stellen übersetzt werden, ohne dass inhaltliche oder formale Änderungen am Text vorgenommen werden mussten.

Die Wendung *auf das Nichts vereidigt* ist ein zutiefst philosophischer Begriff für einen auf das Nichts ausgerichteten Menschen, sei es das Nichts der griechischen Zyniker aufgrund der Unerkennbarkeit der Wahrheit, der Leugnung der materiellen Welt, oder das Nichts im Sinne der östlichen Philosophie, z. B. des Tao (Taoismus), die Leere im Buddhismus, die im Herz-Sutra von Buddha treffend beschrieben ist: »Leere ist die Form und Form ist die Leere«. Der Text der Übersetzung enthält eine wörtliche Entsprechung von *vereidigt sein*, in der juristischen Fachsprache in gleicher Bedeutung verwendet.

Die Wendung *einen dritten Teil vom Leben brauchen* hat wahrscheinlich keine tiefere Berechtigung als einen Reim zu generieren, weshalb die Form im Polnischen als ungenaue Übersetzung erscheint: *cząstką życia będzie żyła* (dt. ›sie wird nur einen Bruchteil des Lebens leben‹).

Den Satz *sie braucht jetzt keinen Mut mehr* könnte man ins Polnische mit dem Substantiv *odwaga* (dt. ›Mut‹) übersetzen, wodurch aber doch eine überlange Zeile entstehen würde. Daher verwendete ich an Stelle des Substantivs ein Adjektiv *odważny* (dt. ›mutig‹), mit ähnlicher Bedeutung: *nie musi już być odważna* (dt. ›sie muss nicht mehr mutig sein‹).

Die Zeile *sie ist der Erde billig* in abwertender Bedeutung (dwds) wurde für den Reim ein wenig verändert, d. h. *jest ziemi miła* (dt. ›sie ist der Erde nett‹), was den Kontext ein wenig veränderte.

Sehr ansprechend ist die Wellenmetapher in der Zeile: »sie fährt auf ihres Lebens dünnster Woge«, die dem oft verwendeten Bild des Lebens als einer Reise, hier einer Seereise, entspricht. Um einen Reim entstehen zu lassen ergänzte ich die Zeile um das Adverb *zgrabnie* (dt. ›flink, geschickt‹). Die Metapher konnte ins

Polnische fast wörtlich übersetzt werden: *na najmniejszej falce swego życia unosi się zgrabnie* (dt. ›sie fährt geschickt auf ihres Lebens kleinster Woge‹).

Ziemlich rätselhaft ist die Zeile: »Sie ist zu allem Unbemerkten willig«, die ich als die Handlungen der Protagonistin interpretiert habe, die von ihrer vermutlich bürgerlichen Umgebung nicht bemerkt (und moralisch bewertet) werden: »chętnie zrobi wszystko, przez co nie podpadnie« (dt. ›sie tut gern all das, wodurch sie nicht auffällt‹).

Die Abschlusszeile mit der Formulierung *die gute Droge* musste für den Reim und die Gedichtstruktur geändert werden. *Die gute Droge* wurde zur *narkotyków siła* (dt. ›Kraft der Drogen‹). Dank dessen kann das provokative Gedicht auf eine harmonische Weise ausklingen.

* * *

Das war der Bürger Galgei	*To był mieszczanin Gałgan*
Mit schwerem Kopf und dick	Ma ciężki łeb i pryk
Dem sagten Schurken einst, er sei	Hultaj mówił chór,
Der Butterhändler Pick.	Tyś handlarz masła Pick.
Es waren böse Menschen	To byli wredni ludzie
Die schenkten ihm den Strick	Co mu wręczyli stryk
Er wollt es nicht und wurde	Lecz nie chciał go i został
Am End der böse Pick.	Niedobrym draniem Pick.
Er konnt es nicht beweisen	Nie mógł im tego dowieść
Es stand ihm keiner bei:	Żaden nie pomógł w tym
Steht nicht im Katechismus	Nie pisze w katechizmie
Daß er der Galgei sei.	Że on Gałganem był.
Der Name stand im Kirchbuch.	Imię w parafii księgach
Und am Begräbnisstein?	Także na jego grobie?
Der Bürger Galgei konnte	Co się z Gałganem stało
Gut auch ein andrer sein.	Nie powie dziś nikt tobie.
Der Bürger Joseph Galgei	Mieszczanin Józek Gałgan
Geboren im April	W kwietniu przyszedł na świat
Fromm, ordentlich und ehrlich	Pobożny, schludny, prawy
Wie Gott der Herr es will.	Z Panbóckiem za pan brat.

(GBA 13, 157)

Das Gedicht ist 1920 entstanden und gehört zum Umfeld des Dramas *Galgei*, das Brecht nicht beendete. Es ist möglich, dass das Gedicht als lyrische Einführung dem Theaterstück vorangestellt werden sollte. Dessen Protagonist ist ein Tischler namens Galgei.

Das Thema ist klar: Es geht um einen unfreiwilligen Identitätswechsel, um die Ummontierung eines Menschen in einen anderen, wie Brecht sie u. a. in seinem Drama *Mann ist Mann* vorführt. Dies ist in seinem Werk ein zentrales Thema. Inwieweit ist der Mensch manipulierbar in einer Gesellschaft, die weitestgehend den Gesetzmäßigkeiten der Vermassung und des Marktes folgt? Dem Individuum wird Gewalt angetan. Es wird zerstört, zugunsten eines neu geschaffenen – und dies kann jedermann passieren. Galgei ist ein normaler »Bürger«, ein »Mensch wie du und ich«. Er wird entwürdigt, zu einem Schwein gemacht: »Pick« ist eine Variante von »pig«, wie eine entsprechende Notiz Brechts deutlich macht; phonetisch sind beide Formen kaum zu unterscheiden.

Warum Galgei überhaupt »umgebaut« werden sollte, bleibt völlig offen. Wem soll das nutzen? Aber das ist auch nicht relevant. Brecht ist es wichtig zu zeigen, dass dies grundsätzlich möglich ist, gleich aus welchen Gründen. Geradezu bedrückend ist die Art der Umwandlung. Mit Galgei geschieht nicht viel. Er wird nur einfach anders genannt und so tatsächlich vom Tischler zum Butterhändler, von Galgei zum Schwein.

Galgei will sein Selbst, seine Persönlichkeit behalten; sein gutes Recht, obwohl er ja gar nicht über besondere, herausragende Eigenschaften verfügt. Jene »bösen Menschen« aber setzen ihm die Pistole auf die Brust. Er muss auf jeden Fall verschwinden: entweder durch den Freitod, der ihm nahegelegt wird, oder eben durch die Verwandlung in jemand anderen. Gegen diese vermag er sich nicht zur Wehr zu setzen. Möglicherweise, weil er ein wenig naiv und tölpelhaft ist. Groß und korpulent scheint er zu sein, gottgefällig überdies und versehen mit Tugenden, die ihn gleichzeitig als einen unbedarften und harmlosen Menschen ausweisen, der sich nicht zu helfen weiß. Beigestanden sich zu retten, hat ihm auch niemand. Die Auflösung seiner selbst geht so weit, dass er gar nicht mehr beweisen kann, dass er Galgei war, der sogar um die Inschrift auf seinem Grabstein fürchten muss – für einen frommen Christenmenschen, der um seine Auferstehung bangt, eine fürchterliche Aussicht. Denn er könnte nicht mehr, wie es im Alten Testament heißt, von Gott »bei seinem Namen gerufen werden«.[76] Das heißt, Galgei stünde nicht mehr unter der Obhut Gottes, könnte nicht in den Himmel kommen, zu ihm genommen werden, trotz seines ordentlichen und tugendhaften Lebens.

Galgei ist im April geboren. Das könnte völlig willkürlich oder dem Reim »Wie Gott der Herr es will« geschuldet, oder aber eine autobiografische Anspielung

---

76 Vgl. Jes 43, 1.

sein. Wieder nämlich könnte es um Brechts Freund Caspar Neher gehen. Dieser wurde nicht nur am 11. April 1897 geboren, sondern von Brecht wegen seiner vermeintlichen Tölpelhaftigkeit und moralischen Unflexibilität immer wieder ein wenig belächelt. Und: Auch Neher ließ sich »umfunktionieren«, sogar freiwillig: Im Ersten Weltkrieg wurde aus dem begabten und ambitionierten jungen Künstler ein blind marschierender Frontsoldat.

Das Gedicht ist ein bissiges Beispiel für Gesellschaftskritik, in seiner Bösartigkeit erinnert es ein wenig an die *Historie vom verliebten Schwein Malchus*. Diese ist eine Satire auf das amouröse Werben eines Konkurrenten Brechts um Marianne Zoffs Hand, Oskar Camillus Recht.

Der titelgebende Protagonist Galgei weckt phonetische Assoziationen mit *Galgen*, die jedoch im Polnischen nicht wiedergegeben werden können. Derselbe Begriff bzw. Name, aber mit einem britischen Manierismus geschrieben, *Galy Gay,* wird von Brecht in seinem Stück *Mann ist Mann* verwendet, das, unter dem Einfluss der Werke von Rudyard Kipling, 1926 in Zusammenarbeit mit Elisabeth Hauptmann geschrieben wurde.

Im Polnischen gibt es ein Wort, das fast ein Homophon des Originalnamens ist, nämlich *Gałgan*, das vier Bedeutungen hat: 1. ein Stoff, 2. Kleidungsfetzen (in Plural), 3. ein mieser / bösartiger Mensch, 4. ein kleiner, nicht artiger, energischer Junge (wsjp). Mit seiner Verwendung werden mehrere dieser Bedeutungen gleichzeitig aktiviert und er erlaubt es, die gleiche Silbenzahl beizubehalten.

Die semantische Dominante des Gedichts ist seine schlagwortartige Prägnanz, herbeigeführt durch kurze Zeilenlängen mit der Aufteilung in ein Terzett und vier Quartette mit exakten Kreuzreimen und mit ähnlichen Verslängen – im Terzett erscheint eine 6-silbige Zeile mit einem Enjambement *er sei*, das den Vers um 2 Silben verlängert. Die anderen Verse sind abwechselnd 7 und 6 Silben lang. Es war ratsam, einen ähnlichen Versfuß beizubehalten, da ein solcher bei einem Vortrag des Gedichts mit Musik erforderlich ist.

Die Geschichte selbst ist recht unkompliziert. Im Mittelpunkt steht die Verwandlung des Protagonisten in einen bösen Mann aufgrund einer Erpressung durch ebenfalls böse Menschen, eine Gegenform zum Entwicklungsroman. Die Veränderung seiner Denkweise wird bereits in der dritten Strophe deutlich, in der sich Pick darauf beschränkt zu beweisen, dass er der frühere Stadtbewohner namens *Galgei* sei. Dies ist nicht möglich, da sein Name wohl im Kirchhof, möglicherweise aber nicht einmal mehr auf dem Grabstein steht.

Das Gedicht endet mit einem Zitat aus dem Epitaph auf seinem Grab, das auch metaphorisch verstanden werden kann – siehe, der gute Galgei starb und der schlechte Pick blieb.

Verwandlungen dieser Art sind in der hohen Kultur und in der Popkultur sehr beliebt – man denke nur an die germanischen Legenden von Werwölfen, Robert

Louis Stevensons Novelle (und deren Verfilmung) *Dr. Jekyll und Mr. Hyde* oder die Verwandlungen von Helden in Filmen wie *Batman, Superman, The Saint* (Filmserie mit Roger Moore 1962–1969, Remake mit Val Kilmer 1997) oder Aliens in menschlichen Körpern (*Men in Black* 1997).

Die Übersetzung schien in diesem Fall kompliziert zu sein, aber wieder einmal lieferte das Gedicht von sich aus Lösungen. Der erste Schritt bestand darin, Namensentsprechungen zu finden – *Galgei* wurde zu *Gałgan*, *Pick* blieb *Pick*. Der zweite Schritt war die Rekonstruktion der extrem kurzen Verse, was im Terzett und in der ersten, zweiten und vierten Strophe möglich war. Die dritte Strophe ist etwas unregelmäßig, da sie vier siebensilbige Zeilen enthält, was durch die Länge der Wörter im Polnischen vorgegeben wird.

Das Regime des Gedichts erforderte die Suche nach möglichst kurzen Äquivalenten – daher wurde das Adjektiv *dick* in der Übersetzung zum Substantiv *pryk* (dt. ›plumper, fauler Mensch‹), das sich mit dem Nachnamen *Pick* reimt und sinnverwandt ist.

Glücklicherweise hat *Strick* eine einsilbige Entsprechung im Polnischen aus dem Deutschen *stryk*, die ideal in den Kontext passt.

Die Zeile »(konnte) gut auch ein andrer sein« erforderte eine Emulation, und in der Übersetzung ist sie zu einer Hinwendung zum Leser geworden: »nie powie dziś nikt tobie« (dt. ›es sagt dir niemand heute‹). Dies ist zwar eine völlig andere Form als das Original, aber sie drückt gut die Ungewissheit, das Geheimnis des Schicksals des Bürgers Galgei aus.

Das Epitaph auf Galgeis Grab konnte, bis auf zwei Änderungen, wörtlich übersetzt werden: Der deutsche Name *Joseph* wurde emuliert. An seiner Stelle habe ich eine für informelle Kontakte charakteristische, emotional warme Diminutivform *Józek* verwendet.

Gott der Herr wurde in der Übersetzung zum regionalen, polnischen dialektalen Begriff *Panbócek*, bekannt im polnischen Podhale, in der Literatur und im polnischen Film – insbesondere im Kinofilm *Janosik* (1974) und in der gleichnamigen Filmserie (1973). Der polnische Leser wird hier Assoziationen mit der volkstümlichen Variante des katholischen Glaubens haben, mit einem emotionalen und warmen Kontakt zu Gott. Diese Form ermöglicht, die Länge der Verse in dieser Strophe beizubehalten.

Das Gedicht zeigt einen abrupten »Thronwechsel«, wie in einer Dynastie – *the King is dead, long live the King!* Der neue König ist aber nicht mehr bürgerlich – der gütige Bürger wurde zum Haifisch, der sich gern Opfer in der Gesellschaft sucht.

3.7 Religionen

Karsamstagslegende	*Legenda o Wielkiej Sobocie*
Den Verwaisten gewidmet	osieroconym

Seine Dornenkrone	Cierniową koronę
Nahmen sie ab	Z głowy mu zerwali
Legten ihn ohne	I bez szacunku
Die Würde ins Grab.	Go w grób poskładali.
Als sie gehetzt und müde	Gdy wyczerpani i bez sił
Andern Abends wieder zum Grabe kamen	Innego wieczora znów u grobu byli
Siehe, da blühte	I oto na wzgórku wzeszłe ziarenko
Aus dem Hügel jenes Dornes Samen.	Ciernia zobaczyli.
Und in den Blüten, abendgrau verhüllt	A w jego płatkach w wieczornej szarości
Sang wunderleise	Śpiewał cichutko drozd
Eine Drossel süß und mild	Jasną melodię
Eine helle Weise.	W słodkiej łagodności.
Da fühlten sie kaum	Śmierci już wówczas
Mehr den Tod am Ort	W tym miejscu nie czuli
Sahen über Zeit und Raum	I spojrzeć mogli ponad czasem i przestrzenią
Lächelten im hellen Traum	I uśmiechając się w jasnym marzeniu
Gingen träumend fort.	Odeszli, a marzenie wciąż ich serce tuli.

(GBA 13, 83)

Die *Karsamstagslegende* zählt zu den eher wenigen der frühesten Zeitungsbeiträge Brechts, die nicht geprägt sind von subtiler Doppelbödigkeit bzw. von einer melancholischen Stimmung angesichts des Grauens, das im Ersten Weltkrieg angerichtet wurde. Es scheint sich um eine rasch erledigte Auftragsarbeit zu handeln, mit einem vorgegebenen Thema möglicherweise. Immerhin aber war dies für den Siebzehnjährigen die Gelegenheit, abermals mit einem Beitrag in Augsburger Zeitungen präsent zu sein.

Für eine Auftragsarbeit spricht die Widmung »den Verwaisten«. Nach Monaten des Krieges verflog in der Bevölkerung allmählich die nationale Euphorie. Es wurde immer klarer, dass der Krieg dauern und große Opfer kosten würde; Tote, Verletzte, Verstümmelte, die man in Augsburg gelegentlich sehen konnte, wenn Verwundetentransporte am Bahnhof ankamen. Zu diesen Opfern zählten auch die Kriegswaisen, die immer mehr wurden, Kinder gefallener Soldaten, in so großer Zahl, dass sie nicht mehr versteckt oder ignoriert werden konnten. Man musste sich ihnen stellen, ihrer annehmen, auch in der Presse. Diese Waisen in ihrem Verlust zu trösten, ist die Intention der *Karsamstagslegende,* die am 21. Juni 1915 in der literarischen Beilage einer Augsburger Tageszeitung erschien.

Brecht bedient sich dabei eines konservativen, typologischen Denkens, das auf einem zyklischen Geschichtsbild basiert. Gewisse Ereignisse, Strukturen wiederholen sich immer wieder, und so lässt Brecht die gefallenen Väter der Kriegswaisen in den Spuren Jesu wandeln. Dieser litt und starb, um die Menschheit zu erlösen. Aus der Dornenkrone, dem Insignum des »Leidensmannes«, erwächst, nach der Grablegung Jesu am Karfreitag, neues Leben; so wie auch Jesus auferstanden ist.

Brecht zeichnet geradezu ein Idyll. Die zum Grab eilenden Frauen, die Jesus betrauern wollten, sind plötzlich gelöst, in beinahe heiterer Stimmung. Denn der nun blühende Dornensamen und der sich – warum auch immer – einstellende Gesang der Vögel zeugen davon, dass Jesu Passion zum Guten führte, der Mensch errettet ist. Wie Jesus darf auch er auffahren in den Himmel, seine Sünden werden ihm vergeben. Analog dazu ist auch der Opfertod der Soldaten nicht vergebens. Aus ihm wird Neues erwachsen. Die Gefallenen sind die Saat für eine gute Zukunft, für ein neues Deutschland. Klar ist, dass auch diese für ihr Vaterland Gestorbenen erlöst werden.

Dass Brecht Mitte 1915 die »wunderweise, süß und mild singende Drossel« und deren »helle Weise« schon längst selbst nicht mehr ernstmeinen konnte, ist sicher. Über dergleichen war er hinaus, wie manche der früheren seiner Zeitungsbeiträge dokumentieren. Sich davon zu überzeugen ist leicht: Etwa gleichzeitig entstanden Gedichte wie *Französische Bauern* und *Der Tsingtausoldat,*[77] die das Kriegselend und die damit einhergehende psychische Not eindringlich beschreiben.

Zeigt sich in der *Karsamstagslegende* möglicherweise doch eine Art Distanzierung zum Inhalt, eine Distanzierung, herbeigeführt mit dem Mittel der lächerlichen Übertreibung in den verwendeten Bildern, die teilweise, z. B. bei den »im Traum träumenden Frauen«, gedoppelt sind? Vielleicht auch eine doppeldeutige Sicht des Begriffs »Legende«, der einerseits eine Gattung der Heldenverehrung ist, andererseits auch auf das Überhöhte, Irreale des Erzählten deutet?

Das Gedicht *Karsamstagslegende* fügt sich in das breite Thema von Passion und Auferstehung Christi ein, das im Mittelmeerraum durch die zyklischen Riten im liturgischen Jahr der christlichen Kirchen gut bekannt ist. Das Werk ähnelt in seiner Einfachheit dem Inhalt von Psalmen oder religiösen Liedern, z. B. Weihnachtsliedern, mit denen es die Reimform und das Fehlen komplexer Stilmittel teilt. Die einzige Besonderheit sind Metaphern wie: *abendgrau verhüllt, sahen über Zeit und Raum, helle Weise.*

---

77 Vgl. GBA 13, 85–87.

Darüber hinaus ist der Duktus in Alltagssprache gehalten, wie in den spät-
mittelalterlichen *bibliae pauperum*, die einem weniger gebildeten Publikum die
wichtigsten Glaubenswahrheiten in verständlicher Form nahebrachten. Dazu
gehören auch Darstellungen der Passion Christi in Mysterienspielen, die jährlich
an verschiedenen Orten der Welt stattfinden – in Polen wird eine lange Tradition
solcher Aufführungen bis heute in Kalwaria Zebrzydowska in der Nähe von
Krakau und in Kalwaria Pacławska in der Nähe von Przemyśl gepflegt. Die gleiche
Rolle spielten in der Vergangenheit das polnische Krippenspiel / *Jasełka*, eine
volkstümliche, theatralische Darstellung der Geburt Jesu, sowie die Tradition der
Weihnachtszüge *kolędnicy* (polnisch für ›Sternsinger‹). Vor der Einführung der
Schulpflicht, als Schreib- und Lesefertigkeit, ganz zu schweigen von Latein, eine
Domäne der Gebildeten und des Klerus war, waren es gerade solche Vorführ-
rungen, die den Glauben des Durchschnittsbürgers stützten und die in der Bibel
beschriebenen Ereignisse lebendig werden ließen.

Die semantische Dominante des Textes ist die Erhaltung der Struktur des
Gedichts, die im Silbenbereich unregelmäßig ist, aber die Reime, die auftreten,
sind exakt. Dieses Gedicht stellt keine besondere Herausforderung für den
Übersetzer dar, und ich bin mir bewusst, dass es potenziell viele mögliche
Übersetzungslösungen für diesen Text geben kann. Ich habe die Konvention
eines Volksliedes übernommen, in dem Reime vorkommen sollten. Darüber
hinaus habe ich Diminutiva an zwei Stellen eingeführt – *ziarenko* (dt. ›Samen,
Kleiner Samen‹) von *ziarno* und *cichutko* (dt. ›sehr leise‹), die weichere, gefühlsbetonte Form des Adverbs *leise*. Solche Formen kommen auch in der Kin-
derliteratur vor, etwa in Märchen und Legenden.

Was die Reime betrifft, so hat das Gedicht eine regelmäßige Form – in drei
Strophen sind dies Kreuzreime ABAB, die letzte Strophe ist kunstvoll ABCCB
gereimt. In der Übersetzung habe ich die Lösung mit der dritten nicht gereimten
Zeile, die in drei Strophen vorkommt, übernommen: ABxB, ABxB, ABxA. Die
vierte Strophe hat das gleiche Reimschema wie das Original ABCCB.

Im Translat kommen mehrere Emulationen vor: Im Original wird die Dornenkrone vom Haupt Jesu entfernt, in der Übersetzung habe ich aufgrund der
Silbenzahl eine radikalere Variante eingeführt *zerwali* (dt. ›sie rissen die Krone
ab / weg‹), was die Situation dramatischer werden lässt.

Das Substantiv *Würde* (dt. ›godność‹) musste, trotz des Vorhandenseins einer
wörtlichen Entsprechung, durch eine sinnverwandte Form ersetzt werden, d. h.
szacunek (dt. ›die Hochachtung, Schätzung, Wertung‹). Bei wörtlicher Übersetzung entstünde nämlich eine Mehrdeutigkeit – und *ohne Würde* bezöge sich
dann auch auf die Menschen, die Jesus ins Grab legen, nicht nur auf den Heiland
selbst.

Die Partizipialform *gehetzt* hat auch die Bedeutung von ›verfolgt, beobachtet
werden‹ – ins Polnische konnte man das Wort mit *wyczerpani* (dt. ›erschöpft‹),

ein Effekt des Verfolgtseins, übersetzen. Das zweite Adjektiv ›müde‹ hat eine
genaue Entsprechung im Polnischen, *zmęczony*, das jedoch drei Silben hat.
Deshalb habe ich mich für eine kürzere Variante entschieden, d. h. *bez sił* (dt.
›kraftlos, ohne Kraft‹).

Das Verb *kamen* bildet einen Reim auf Samen; im Polnischen wird es durch
die Kurzform des Verbs ›sein‹ ersetzt: *byli* (dt. ›sie waren‹), wodurch sich der
Reim *byli / zobaczyli* ergibt. Die Konjugation des polnischen Verbs, das in der 3.
Person Plural in der maskulinen Vergangenheitsform die Form *-yli/-ili* annimmt,
hat die Übersetzung etwas erleichtert. Das Phänomen der männlichen und
weiblichen Vergangenheitsformen im Polnischen und anderen slawischen
Sprachen ist in einer deutschen und englischen Übersetzung nicht abbildbar, da
diese Formen neutralisiert werden. Das Gleiche gilt für die 1. und 2. Person
Singular und den gesamten Plural.

Die letzten drei Zeilen der dritten Strophe wurden in der Übersetzung neu
zusammengesetzt, um die Bildhaftigkeit und den Reim zu erhalten. In der
Rückübersetzung sieht es wie folgt aus:

Original	**polnische Übersetzung**	**Rückübersetzung**
Sang wunderleise	Śpiewał cichutko drozd	Sang sehr leise eine Drossel
Eine Drossel süß und mild	Jasną melodię	Eine helle Weise
Eine helle Weise.	W słodkiej łagodności.	In süßer Milde.

Die Übersetzung ist nicht stark verändert und schafft beim Lesen eine ähnliche
Situation wie der Originaltext.

In der vierten Strophe habe ich aus strukturellen Gründen den *Tod* an den
Anfang der Strophe gesetzt, was eine zusätzliche Betonung des Gegensatzes von
Tod und Auferstehung bzw. von Tod und Ewigkeit der Natur bewirkt. Ich habe
die Auferstehung allein aufgrund der christlichen Erziehung und einer gewissen
kognitiven Schablone hinzugefügt. Im Text selbst wird sie nicht erwähnt, zumal
es sich um den Karsamstag handelt, den Tag, als Christus vom Kreuz abge-
nommen und ins Grab gelegt wurde, also vor seiner Auferstehung.

Neue Hoffnung schöpfen die Protagonisten durch das Grünen eines der
aufgegangenen Dornensamen, was enge Bezüge zu Aarons Stab (Num 17, 16–26)
und zum Gleichnis vom Sämann herstellt, in dem es heißt, dass der Samen auf
fruchtbaren Boden fallen muss, um eine Ernte hervorzubringen (Mt 13, 1–9).
Brecht scheint sich mit dem originalen NT-Bericht auseinanderzusetzen:

> »Etliches fiel unter die Dornen; und die Dornen wuchsen auf und erstickten's. Etliches
> fiel auf gutes Land und trug Frucht, etliches hundertfältig, etliches sechzigfältig, etliches
> dreißigfältig. Wer Ohren hat zu hören, der höre!« (ebd.).

Er zeigt, dass sogar der Dorn, der im Gleichnis das Korn erwürgt, ewiges Leben und eine Wiedergeburt erlangen kann. Selbst so etwas Geringfügiges wie ein Samenkorn, das einen Halm treibt, gibt einem Menschen in Not Hoffnung, und so gehen die Protagonisten lächelnd im hellen Traum fort, nicht ahnend, was in Zukunft geschehen wird.

* * *

Deutsches Frühlingsgebet

Wenn diesen Frühling der Bauer früh über die Äcker geht
Ernster wohl noch, als in früheren, helleren Lenzen
Hört er die Lerche nicht, die im Himmel erklingt
Jauchzend vom Frühling singt –
Sieht er die Bäume nicht, die fröhlich und unnütz die Felder bekränzen.
Nein – er sieht nur das junge Korn, das schimmernd in seidenen Matten steht.
Und er faltet die Hände still und spricht das Gebet:

Herr, schütte dein Licht
Aus goldenem Sonnenbecher auf die grünende Erde
Daß sie gesegnet werde
Und segnend aufbricht.

Herr!
Horch, wie die Mütter schreien im dämmernden Land voll Not:
Herr, sie schreien immer für ihre hungernden Kinder um Brot!
Sieh, Herr, sie bangen nicht in dieser feurigen Nacht
Wir fürchten nicht Haß, Lüge und Übermacht.
Kämpfen und Hinterhalt fürchten wir nicht.
Beben kaum für Hof, Haus und Land:
Unsre Söhne bluten an fern dunklem Strand.
Ein Schatten fiel über uns und ein drohend Gesicht
Riesenhaft, grauenhaft groß.
Und wir bangten nicht, sorgten nicht
Als er vorbeischritt, dein düsterer Tod…
Aber, Herr, eins, für eins zittern wir bloß:

In dieser grünenden Äcker Schoß
Reift unser Schicksal und unser Los…
Ständig und dunkel dem Tage entgegen
Dem Fluch oder Segen:
Reift für unsere Kinder das bißchen Brot.

Herr, wir wissen, was wir dir danken.
Mach uns unsern Glauben nicht wanken.
Herr, schütte dein Licht
Aus goldenem Sonnenbecher auf die grünende Erde

Daß sie gesegnet werde
Und segnend aufbricht.

Wenn der Bauer, endend, schwer atmend steht
Atmet er plötzlich der würzigen Saaten Duft
Merkt er das mähliche Reifen von reicheren Lenzen
Hört er die klingenden Lerchen aufjauchzen in sonniger Luft
Sieht er die jungen Felder opalgleich grünend erglänzen.
Und er fühlt das Blühen der Frucht, die im Frühwind weht.
Fühlt die segnende Kraft der Erfüllung in seinem Gebet.

(GBA 13, 77f.)

Niemiecka modlitwa wiosenna

Kiedy na wiosnę rolnik wcześnie poprzez pola bieży
Bardziej poważnie niż kiedyś, w jasne, lekkie wiosny
Nie słyszy skowronka, co w niebie podzwania radosny
I aż zanosząc się o wiośnie śpiewa –
Nie widzi jak wesoło i próżnie pola otaczają drzewa.
Nie – on widzi tylko młode ziarno, w jedwabnej macie blask świeży.
I składa w ciszy ręce, i mówi modlitwę:
Panie, wysyp Twe światło
Ze złotego słonecznego kubka na zieleń tej ziemi
Aby ta mogła być błogosławioną
I by w błogosławieństwie mocy udzieliła plonom.

Panie!
Słuchaj krzyku matek co z mroczniejącego kraju niedostatku leci:
Panie, one stale krzyczą o chleb dla swych głodujących dzieci!
Patrz, o Panie, nie boją się tej ognistej nocy
My nie boimy się kłamstw, nienawiści i przemocy.
Ni walki i podstępu.
O obejście, dom, ojczyznę nie czujemy trwogi:
Nasi synowie krwawią na dalekich, ciemnych brzegach
Cień jakiś padł na nas i twarz taka straszna
Ogromny grymas maski i złowrogi.
My jednak nie baliśmy się, bez trosk,
Kiedy śmierć obok przeszła, twoja śmierć ponura...
Panie, tylko przy jednym drżymy bez pomocy:

W tym zieleniejącym łonie pól, co ziarno ma
Dojrzewa nasze przeznaczenie i nasz los...
Ciągle, w ciemności i naprzeciw dnia
Wbrew błogosławieństwu, klątwie, bo tak trzeba,
Dojrzewa dla naszych dzieci odrobina chleba.

Panie, my wiemy, za co Ci dziękować trzeba.
Nie pozwól nam zachwiać się w wierze.

Panie, wysyp Twe światło
Ze złotego słonecznego kubka na zieleń tej ziemi
Aby ta mogła być błogosławioną
I by w błogosławieństwie mocy udzieliła plonom.

Kiedy rolnik, kończąc, stoi i ciężko oddycha
Czuje nagle wytrawny zapach ziaren siewu
I widzi, jak kłos dojrzewa w te bogate wiosny
Słyszy skowronka, co w słonecznym przestworze podzwania radosny
I widzi opal tych zielonych pól co wciąż się zmienia.
I czuje jak owoc kwitnie, pieszczony przez powiew.
I czuje wielką moc modlitwy i jej wypełnienia.

In engem Zusammenhang mit der *Karsamstagslegende* steht das *Deutsche Frühlingsgebet* und dies gleich in mehrfacher Hinsicht. Die Gedichte sind etwa gleichzeitig entstanden, in der selben literarischen Beilage einer Tageszeitung erschienen, beide sind einem sozialen Thema in Zusammenhang mit dem Ersten Weltkrieg und einer vermeintlich strengen Religiosität verpflichtet und bedienen ähnliche Motive. Hinzu kommt: Die literarische Qualität beider ist vernachlässigenswert; möglicherweise handelt es sich abermals um eine Auftragsarbeit.

Beide Gedichte entstanden im Frühjahr 1915. Der Krieg dauerte nun bereits ein halbes Jahr, und nicht nur die Opfer, gefallene Soldaten, ihre alleingelassenen Familien und verwaisten Kinder, traten immer mehr ins Bewusstsein der Öffentlichkeit. Gleich der erste Winter des Krieges, in den Kaiser Wilhelm II. Deutschland gestürzt hatte, wurde zum Hungerswinter. Umfassendere Vorsorgemaßnahmen waren weder während der Vorkriegszeit, obwohl die politische Lage erkennbar instabil war, noch nach dessen Kriegsbeginn getroffen worden. Zu groß war die nationale Euphorie, zu groß die Siegesgewissheit und die Erwartung, dass alles schnell vorbei sein werde. Rohstoffimporte aus dem Ausland blieben aus, also wurde, um nur dieses Beispiel zu nennen, per Gesetz beim Brotbacken eine Beimischung von Kartoffeln angeordnet.

Diesen Hungerwinter kommentiert das Gedicht wie in ähnlicher Weise die *Karsamstagslegende* das Schicksal der Kriegswaisen. Brecht bedient etliche Bilder und Klischees mediokrer Alltagslyrik dieser Zeit. Wieder amalgamiert er Religion und Krieg und kommt so zu einem aus heutiger Sicht unangenehm wirkenden, frömmelnden Duktus. »Unser täglich Brot gib uns heute!« ist eine der zentralen Bitten des christlichen »Vaterunsers«, an die Brecht sich anlehnt. Er suggeriert, dass sein deutsches Vaterland allen Herausforderungen des Krieges gewachsen ist, dem »drohend Gesicht«, das sich wie eine Chimäre über das Land legte – so lange, wie Gott die Gnade gewährt, die Äcker genügend Ertrag bringen zu lassen. Dabei lag die Not nicht in einer Missernte begründet, sondern in der Unterbrechung der Lieferketten aus dem Ausland und der mangelnden Voraussicht der Regierung.

In der letzten Strophe wird ein gutes Ende Dank der Gnade Gottes in den
Raum gestellt. Der Bauer spürt, dass sein von ihm mühsam bestellter Acker
Ertrag bringen wird. Wie in der *Karsamstagslegende* idyllisiert der junge Brecht;
nur, das jetzt nicht die »Drossel süß und mild singt«, sondern »Lerchen aufjauchzen in sonniger Luft«.

Es handelt sich um mühelos dahingeworfene Alltagsdichtung im Dienste des
Vaterlands, im Dienste der Augenwischerei der leidenden Bevölkerung gegenüber. Auch hier ist die Diskrepanz zu anderen, ambivalenten Beiträgen Brechts
dieser Zeit auffallend.

Bei dem Text *Deutsches Frühlingsgebet* könnte es sich, wie Jürgen Hillesheim
anmerkt, um ein Auftragswerk für eine Zeitung handeln, das nach einer religiösen Tonart geschrieben wurde und auf Stereotypen und religiösen Texten,
insbesondere dem Neuen Testament, basiert.

Es könnte aber auch das Ergebnis der geistigen Bildung des jungen Brecht am
Wilhelminischen Gymnasium sein. Die Themen des Gleichnisses vom Sämann,
das Ideal eines edlen, einfachen und damit guten bäuerlichen Lebens auf dem
Lande, das Ethos der Arbeit, die Utopie einer harmonischen Welt sind hier
vereint, was die im Gedicht beschriebene mit der *Politeia* Platons und auch mit
den Prinzipien des auf dem Evangelium beruhenden Glaubens verbindet. Es sei
darauf hingewiesen, dass die biblischen Motive des Gedichts aufgrund ihrer
Verortung in der mediterranen Tradition in den meisten europäischen Sprachen
vertreten sind und keine besondere Übersetzungsprobleme darstellen.

Wir haben dieses Werk für die Sammlung ausgewählt, weil es sich von den
politisch engagierten und provokativen Gedichten Brechts über die zeitgenössische Welt unterscheidet. Trotz der Tatsache, dass es sprachlich sehr konven-
tionell geschrieben ist, wird es für den Leser eine Bereicherung sein, die vielleicht
das stereotype Bild von Brecht verändert und zusätzliche Farben und Aspekte in
die Rezeption seines Werkes einbringt.

Der Text selbst bestätigt eine ironische Perspektive nicht. Daher wurden
Standardübersetzungsstrategien und -techniken angewandt, um das Gedicht als
ernst gemeintes Gebet zu übertragen.

Die semantische Dominante ist zum einen die Bildsprache: der Bauer, ein
Sämann, der sich auf die Aussaat konzentriert. Die zweite Strophe, dramatischer
im Ausdruck, zeigt ein Land, das vom Krieg verschlungen wird, von der Hun-
gersnot geplagt ist, und den Tod, der am Himmel herrscht, wie der Mond, der
allen sein Gesicht zeigt. Eine Rückkehr zum Bild des sprießenden Korns bietet die
folgende Strophe, verbunden mit der Hoffnung und der Kraft des Gebets. Die
Struktur des Gedichts ist regelmäßig, mit zahlreichen exakten Reimen von unklarer Anordnung.

Ein charakteristischer Teil des Textes ist die kurze Apostrophe an Gott, die zweimal vorkommt: »Herr, schütte Dein Licht…«, und in jede Form der christlichen Liturgie passen würde. Das Gedicht ist stilistisch und semantisch sehr gelungen und wohl leichter auswendig zu lernen als viele bekannte traditionelle Gebete.

Bei der Übersetzung habe ich einen rhythmischen Schwerpunkt gesetzt – unabhängig von der Reimkonstruktion entsteht auf diese Weise ein psalmenähnlicher Text mit einem hörbaren, regelmäßigen Rhythmus.

Für den Reim im erwähnten Refrain war eine kleine Emulation nötig: *błogosławioną / plonom*, was ein ungenauer Reim ist, aber in der Aussprache wird durch den Nasallaut [õ] und seine Variante ohne Nasalität [om] eine Ähnlichkeit erzeugt.

Auf der lexikalischen Ebene sind im polnischen Text mehrere Emulationen zu finden.

Das Verb *gehen* wurde in eine eher archaische Form *bieżyć* übersetzt, heute nur noch in literarischen Texten (z. B. in polnischen Weihnachtsliedern) vorzufinden. Dies hat zum Reim *bieży / świeży* beigetragen.

Obwohl das Verb *erklingen* im Polnischen ein Heteronym mit der gleichen Aktionsart *rozdzwonić się* hat, habe ich wegen der angestrebten Verslänge ein anderes Äquivalent gewählt: *podzwaniać* (dt. ›nebenbei klingen, klingeln, klirren‹), was an sich ein akkompanierender Akt ist. Der Lerchengesang ist demnach das Resultat einer Bewegung.

Das Substantiv »Übermacht« hat im Polnischen ein exaktes Heteronym, das wie im Deutschen semantisch neutral ist, aber nur mit Krieg und sportlicher Rivalität assoziiert wird, wie auch die Verwendungsbelege des DWDS bestätigen:

Gegenüber einer absoluten **Übermacht** muß auch der strategische Genius versagen. [Delbrück, Hans: Geschichte der Kriegskunst im Rahmen der politischen Geschichte – Vierter Teil: Neuzeit, Berlin: Directmedia Publ. 2002 [1920], 3571]

Immer ruhig kämpfend, zuletzt gegen **fünffache Übermacht**, hatten sie sich in vollster Ordnung zurückgezogen. [Liliencron, Adda Freifrau von: Krieg und Frieden, Erinnerungen aus dem Leben einer Offiziersfrau. In: Simons, Oliver (Hg.) Deutsche Autobiographien 1690–1930, Berlin: Directmedia Publ. 2004 [1912], 45222]

Die ausgezeichnete Aufklärung nutzte allerdings nichts gegen **die deutsche Übermacht**. [C't, 2000, Nr. 3]

Das richtet sich nicht einmal so sehr gegen **die ewige Übermacht** der »Enkel«. [Die Zeit, 08. 07. 1999, Nr. 28][78]

---

78 »Übermacht«, bereitgestellt durch das Digitale Wörterbuch der deutschen Sprache, <https://www.dwds.de/wb/%C3%9Cbermacht>, abgerufen am 18. 06. 2023.

Das Wort passt aber überhaupt nicht zum gesprochenen Gebet des lyrischen Wir und der thematischen Reihe »Wir fürchten nicht Haß, Lüge und Übermacht«. Ich vermute sogar, dass Brecht dieses Wort nur verwendet hat, um einen Reim auf *Nacht* bilden zu können. Daher habe ich mich für das sinnverwandte Substantiv des Substantivs *przemoc* (dt. ›die Gewalt‹) entschieden, das eine eher emotional aufgeladene Bedeutung besitzt.

Unabhängig von den Motiven des Autors und der Naivität der Bildsprache war das *Deutsche Frühlingsgebet* gewiss in der Lage, dem damaligen Leser in Kriegszeiten Ermutigung und Hoffnung zu geben.

* * *

Hymne an Gott	*Hymn do Boga*
1	1
Tief in den dunkeln Tälern sterben die Hungernden.	Daleko w ciemnych dolinach głodni umierają.
Du aber zeigst ihnen Brot und lässest sie sterben.	Ty im chleb pokazujesz i umrzeć pozwalasz.
Du aber thronst ewig und unsichtbar	Ciebie na tronie wiecznie i niematerialnie mają
Strahlend und grausam über dem ewigen Plan.	Jaśniejesz okrutny nad wiecznym planem, który stwarzasz.
2	2
Ließest die Jungen sterben und die Genießenden	Pozwoliłeś umrzeć młodym i pełnym rozkoszy
Aber die sterben wollten, ließest du nicht…	Ale nie pozwoliłeś na to tym, co umrzeć chcieli…
Viele von denen, die jetzt vermodert sind	Wielu z tych, w których pleśń się dziś panoszy
Glaubten an dich und starben mit Zuversicht.	Wierzyli w ciebie i zmarli w nadziei.
3	3
Ließest die Armen arm sein manches Jahr	Pozwoliłeś biednym być biednymi lata
Weil ihre Sehnsucht schöner als dein Himmel war	Bo ich tęsknota piękniej niż niebo się mieni
Starben sie leider, bevor mit dem Lichte du kamst	I pomarli niestety, zanim twoje światło Przybyło – pomarli i zgnili wnet błogosławieni.
Starben sie selig doch – und verfaulten sofort.	

4   4
Viele sagen, du bist nicht und das sei besser   Wielu mówi, że ciebie nie ma i tak lepiej,
so.   Lecz jak ma czegoś nie być, co tak zwodzić
Aber wie kann das nicht sein, das so betrügen   umie?
kann?   Gdy tylu żyje przez ciebie i umrzeć nie może
Wo so viel leben von dir und anders nicht   –
sterben konnten –   Powiedz mi, co znaczy, że cię nie ma, Boże?
Sag mir, was heißt das dagegen – daß du nicht
bist?

(GBA 13, 101)

Ein völlig anderes Bild zeigt sich zwei Jahre später, in der *Hymne an Gott*. Brecht
schrieb sie etwa gleichzeitig mit dem Gedicht *Der Himmel der Enttäuschten*,
beide mit ähnlicher Tendenz. Längst lag virtuose und respektlose Lyrik vor,
geradezu brillante, die er später in seine *Hauspostille* aufnahm. Jene beiden aus
dem Jahr 1917 aber passen nicht recht dazu. Hier nämlich ist nicht der abgeklärte,
den christlichen Glauben verspottende Autor am Werk, sondern ein wehkla-
gender und anklagender. Diese Anklage gilt Gott, die Hymne ist eine Anti-
Hymne, kein euphorisches Loblied, sondern eine Abrechnung. Es ist das un-
sagbare menschliche Leid, das Gott zum Vorwurf gemacht wird. Dessen vermeintliche Kinder hungern, gehen zugrunde – er dagegen thront, völlig unberührt davon und von niemandem wahrnehmbar, im Himmel, der »ewig« ist.
   Dann greift Brecht ein Thema, ein Motiv auf, das bereits die Basis des *Kleinen
Lieds* und des *Virginiarauchers* ist: Die Absurdität, dass die Menschen, die sich
moralischen Anforderungen verweigern und ein ausschweifendes, wohl auch
gesundheitlich zehrendes, aber gutes und angenehmes Leben führen, jene »Ge-
nießenden«, gar nicht selten lange leben. Junge Menschen aber, die diese Entscheidung gegen Gott noch gar nicht treffen konnten, werden bisweilen hin-
weggerafft. Brecht variiert dieses Motiv in *Der Hymne an Gott*, stellt es auf den
Kopf. Nun nämlich wirft er Gott vor, gerade diejenigen, die gut leben wollen, zu
verderben, während er die Sterbewilligen nicht erlöst, sondern ihnen weiteres
Leid aufbürdet. Beide Varianten sind fürchterlich. Wie kann das sein? Wie passt
dies zu Gottes »ewigem Plan«?
   Der Christenmensch, vielleicht auch ein solcher, der hungerte und litt unter
diesem »ewigen Plan«, würde möglicherweise antworten: »Gottes Wege sind
unergründbar, jedoch grenzenlos ist seine Gnade.« In seiner Hoffnung, seiner
»Sehnsucht«, malte er sich Gott aus als guten Schöpfer und den Himmel als
künftiges Refugium, seinen Qualen zu entfliehen, als Heimat, in dem er für alles
entschädigt werde, was er durchzumachen hatte. Die Vorstellung dieses Himmels
aber, die Imagination, ohne die manche ihr Leben nicht hätten bewältigen
können, ist viel schöner, erhabener als die Realität. Gott nämlich rief sie nach

deren Tod nicht, entgegen seiner Verheißung. Doch immerhin starben sie
glücklich, in Erwartung ihrer Auferstehung. Wenn es einen konkreten Nutzen des
Glaubens an die christliche Botschaft gibt, dann diesen: dass er Linderung
schafft, »Opium« sein könnte beim leidvollen Sterben. Der Menschen Qual in der
Agonie ist eine Art Vorleistung, ein »Kredit«, der ihnen, so meinen manche, nach
dem Tod gutgemacht wird; mehrfach, vielfach und »ewig«. Und sie erfahren ja
nicht mehr, dass sie verraten, betrogen wurden oder sie sich selbst betrogen.
Allerdings hätte man das auch einfacher, z. B. tatsächlich mit Opium, wie Brecht
in *Die Opiumraucherin* zeigt, haben können. In *Der Himmel der Enttäuschten* ist
dieses Motiv variiert. Dort warten jene »Enttäuschten« auf dem Friedhof, zwischen Grabsteinen, auf jenen »Ruf Gottes«. Der aber erfolgt nicht, und sie sind in
Kälte und Einsamkeit sich selbst überlassen.[79]

Die Folgerung aus den ersten drei Strophen der *Hymne an Gott* scheint naheliegend und ist der Lyrik Brechts ja auch immer wieder eingeschrieben: Das
menschliche Leid erklärt sich dadurch, dass es eben keinen Schöpfungsplan,
keinen guten und behütenden Gott gibt. Den Himmel, den die Gläubigen und
Verzweifelten imaginieren, gibt es nicht. Brecht aber dreht nun den Spieß um. Er
lehnt sich an den Rationalismus René Descartes an. Dieser stellt in seinem
Denkmodell mit dem Verfahren des radikalen »methodischen Zweifels« alles
infrage, was überhaupt bezweifelbar ist. Die Grenzen findet dieses Verfahren
beim Ich des Menschen. Denn dieses ist immerhin der Lage zu zweifeln – also
muss es existieren. Von seinem Grundsatz »cogito ergo sum – ich denke, also bin
ich« leitet Descartes seinen Gottesbeweis ab.

Brecht nimmt Descartes' Erkenntnis auf, um auch diese auf den Kopf zu
stellen. Es ist in Wahrheit noch schlimmer als diejenigen glauben, die behaupten,
Gott würde nicht existieren. Etwas das, so Brecht in der vierten Strophe, so
»betrügt«, so Böses tut, muss doch existieren; so wie nach Descartes der Mensch,
der ja denkt? So kommt er letztlich zum selben Ergebnis wie Descartes, dass es
Gott geben muss. Aber dieser Gott ist furchtbar, dem Menschen ein Gräuel. Er
behütet seine angeblichen Kinder nicht, sondern lässt sie leiden.

Das ist ein Überraschungsmoment, verblüffend und irritierend, aber freilich
nur ein ästhetisches, intellektuelles Spiel mit der philosophischen Tradition.
Selbstverständlich weiß Brecht schon längst um die Nichtexistenz Gottes, an der
er nie mehr Zweifel hegen sollte; so wie Descartes Grundidee rein theoretisch ist,
er niemals ernsthaft die Realität infrage stellen wollte.

Das Gedicht *Hymne an Gott* steht in der Tradition eines im Christentum und
Judentum beliebten Dialogs, einer Auseinandersetzung, eines Feilschens mit

---

79 Vgl. GBA 13, 100f.

Gott. Beispiele für solche Auseinandersetzungen gibt es zuhauf, zum Beispiel im Alten Testament, wo es unter anderem um die Zerstörung Sodoms geht:

> Abraham blieb stehen vor dem Herrn und trat zu ihm und sprach: Willst du denn den Gerechten mit dem Gottlosen umbringen? Es mögen vielleicht fünfzig Gerechte in der Stadt sein; wolltest du die umbringen und dem Ort nicht vergeben um fünfzig Gerechter willen, die darin wären?
> Das sei ferne von dir, daß du das tust und tötest den Gerechten mit dem Gottlosen, daß der Gerechte sei gleich wie der Gottlose! Das sei ferne von dir, der du aller Welt Richter bist! Du wirst so nicht richten.
> Der HERR sprach: Finde ich fünfzig Gerechte zu Sodom in der Stadt, so will ich um ihrer willen dem ganzen Ort vergeben (Gen 18, 22–33)

Abraham versucht durch seine Überzeugungskraft, Gott davon abzubringen, Sodom zu zerstören, weil dort Gerechte leben. Dabei versucht er jedes Mal erneut, über den Erhalt der Stadt zu verhandeln, weil die Zahl der Gerechten abnimmt und er wahrscheinlich selbst daran zweifelt, dass es mehr als zehn gute Menschen in Sodom gibt.

Es ist bemerkenswert, dass die Auseinandersetzung mit Gott in der *Hymne* seine Existenz nicht in Frage stellt und daher keine Anti-Hymne ist, sondern eher eine Art Hiob-ähnliches Klagelied, das Gottes Überlegenheit und Allmacht anerkennt und Ihm (ihm) schwierige Fragen stellt. Das lyrische Subjekt klagt Gott an, dass er den Mangel in der Welt zulässt und dass er im Rahmen der menschlichen Logik unlogisch handelt, indem er die Jungen und die an ihn Glaubenden hungern und sterben lässt und diejenigen am Leben erhält, die gerade sterben wollen. Das Motiv solcher bitteren Erwägungen taucht in der Literatur recht häufig auf, auch im Zusammenhang mit Kriegen und Epidemien.

Das Gedicht selbst erweckt den Eindruck eines unvollendeten Werks, einer Art Drehbuch, wie die unregelmäßigen Reime, die unterschiedlichen Zeilenlängen, die Wiederholungen zeigen (*du aber / du aber; sterben / sterben / starben; starben sie / starben sie*), was die Arbeit des Übersetzers wesentlich erleichtert.

In der Tat ist dies die Form einer philologischen Übertragung, eine der Phasen der literarischen Übersetzung, in der ein noch unvollkommener, unvollendeter Text entsteht, eine Aufzeichnung einer Idee, eine Art Tiefenstruktur. Der Übersetzer notiert dann passable Lösungen im Einklang mit den angenommenen Prioritäten, analysiert mögliche Bedeutungen und sucht nach Entsprechungen.

Die semantische Dominante des Textes ist der Kontrast zwischen einem herrschenden, allmächtigen Gott und sterblichen, leidenden Menschen. Bei der Übersetzung strebte ich an, ein rhythmisch regelmäßigeres Gedicht zu schaffen. Dies erforderte an mehreren Stellen eine Änderung der Wortfolge – das Verb wurde jeweils ans Ende des Verses gesetzt, wodurch eine Reimstruktur entstand.

Das Original weist die Struktur AAXX, ABXB, AAXX, AXXX auf, die meisten Verse sind also ungereimt. Im polnischen Text ist die Struktur wie folgt: ABAB, ABAB, ABXB, XXAA.

Was die Länge der Verse betrifft, so schwankt das Original zwischen 10 und 15 Silben. Die Übersetzung ist ähnlich unregelmäßig und schwankt zwischen 12 und 15 Silben. Eine Maßnahme, die die Harmonie des Übersetzungstextes bewahrt hat, war die Einführung eines regelmäßigen rhythmischen Fußes.

Die Zeile »Du aber thronst ewig und unsichtbar« wurde in Form einer Emulation übersetzt, da es im Polnischen kein entsprechendes Verb zu *thronen* gibt. Ich habe daher folgende Formulierung verwendet: »Ciebie na tronie wiecznie i niematerialnie mają« (dt. ›sie haben Dich auf dem Thron ewig und nicht materiell‹). Das Adverb *unsichtbar* wurde zu *nicht materiell* emuliert, das Äquivalent ist sinnverwandt mit dem ursprünglichen Begriff.

Das Fehlen des Äquivalents *thronen* im Polnischen hat dazu geführt, dass die Partizipialform *strahlend* zum Verb *jaśnieć* (dt. ›strahlen, leuchten‹) wurde, daher lautet die Zeile in der Rückübersetzung *Du leuchtest grausam über dem ewigen Plan*. Dieser *Plan* wird in der Übersetzung auch als Gottes Werk bezeichnet, was eine Amplifikation ist: in der Rückübersetzung lautet die Wendung *Plan, den Du schaffst*.

Das Adverb *vermodert* wurde aufgrund des Reims deskriptiv übersetzt: *w których pleśń się dziś panoszy* (dt. ›in denen heute Schimmel herrscht‹), wodurch ein zusätzlicher Bezug zum Thronen Gottes hergestellt wird.

Die Armen bleiben im Original nach Gottes Willen *manches Jahr* arm – in der Übersetzung ist ein solcher Begriff nicht wörtlich übertragbar, also sind die Armen *jahrelang* arm, was eine größere Dramatik in den polnischen Text bringt.

Die Sehnsucht der Armen ist im Original *schöner als der Himmel* – in der Übersetzung verwendete ich wegen des Reims ein besonderes Verb *mienić się* (dt. ›mit Farben, mit Glanz spielen, schimmern‹), so lautet die Zeile in der Rückübersetzung *Denn ihre Sehnsucht schimmert schöner als der Himmel*.

Auf der Ebene höherer semantischer Einheiten kommt im Original Gott mit seinem Licht – im polnischen Text wird das Licht Gottes selbständig und kommt von allein.

Die Frage des lyrischen Subjekts nach Gott in der letzten Strophe der Hymne ist recht komplex aufgebaut: »Aber wie kann das nicht sein, das so betrügen kann«. Gott erscheint hier als ein Objekt, nicht als Person. Wegen des Reims wurde die Frage leicht verändert: »Lecz jak ma czegoś nie być, co tak zwodzić umie?« (dt. ›Wie soll aber etwas nicht existieren, das so betrügen kann?‹). Der Wechsel des Modalverbs von *können* zu *sollen* vereinfacht sprachlich die Reflexion des lyrischen Ichs und macht sie besser verständlich.

Der Schluss der *Hymne* ist im Original fast in Prosa geschrieben. In der Übersetzung sind die letzten beiden Zeilen gereimt. Am Ende ist eine direkte

Anrede an Gott hinzugefügt worden, *Boże*, die in der polnischen religiösen Literatur recht verbreitet ist und zahlreiche Reimmöglichkeiten bietet:

»Gdy tylu żyje przez ciebie i umrzeć nie może –
Powiedz mi, co znaczy, że cię nie ma, Boże?«

In der Rückübersetzung »Wenn so viele durch dich leben und nicht sterben können – sag mir, was heißt das, dass du nicht existierst, o Gott?«.

* * *

700 Intellektuelle beten einen Öltank an	*700 intelektualistów modli się do cysterny z olejem*
1	1
Ohne Einladung	Bez zaproszenia
Sind wir gekommen	Przyszliśmy
700 (und viele sind noch unterwegs)	700 (a wielu wciąż w drodze)
Überall her, wo kein Wind mehr weht	Zewsząd tam, gdzie nie wieje już żaden
Von den Mühlen, die langsam mahlen, und	wiatr
Von den Öfen, hinter denen es heißt	Od młynów, co mielą powoli, i
Daß kein Hund mehr vorkommt.	Od pieców, o których się mówi
	Że zza nich żaden pies nie wyjdzie z własnej
	woli.
2	2
Und haben dich gesehen	I spostrzegli cię
Plötzlich über Nacht	Nagle po nocy
Öltank.	Cysternę z olejem.
3	3
Gestern warst du noch nicht da	Wczoraj cię jeszcze nie było
Aber heute	Ale dzisiaj
Bist nur du mehr.	Oto już jesteś.
4	4
Eilet herbei, alle!	Pośpieszcie wszyscy, ahoj!
Die ihr absägt den Ast, auf dem ihr sitzt	Którzy piłujecie gałąź, na której siedzicie
Werktätige!	Pracujący!
Gott ist wiedergekommen	Bóg przyszedł ponownie
In Gestalt eines Öltanks.	Pod postacią cysterny z olejem.

5
Du Häßlicher
Du bist der Schönste!
Tue uns Gewalt an
Du Sachlicher!
Lösche aus unser Ich!
Mache uns kollektiv!
Denn nicht wie wir wollen:
Sondern, wie du willst.

5
O, ty brzydka
Jesteś najpiękniejsza!
Zadaj nam przemoc
O, rzeczowa!
Usuń z nas nasze ja!
Stwórz z nas kolektyw!
Bo nie nasza, ale
Twoja wola niech się stanie.

6
Du bist nicht gemacht aus Elfenbein
Und Ebenholz, sondern aus
Eisen.
Herrlich! Herrlich! Herrlich!
Du Unscheinbarer!

6
Nie jesteś uczyniona z kości słoniowej
I hebanu, ale
Z żelaza.
Święta! Święta! Święta!
O niepozorna!

7
Du bist kein Unsichtbarer
Nicht unendlich bist du!
Sondern sieben Meter hoch.
In dir ist kein Geheimnis
Sondern Öl.
Und du verfährst mit uns
Nicht nach Gutdünken noch unerforschlich
Sondern nach Berechnung.

7
Nie jesteś niewidzialna
Nie jesteś wieczna!
Ale na siedem metrów wysoka.
Tajemnicy w tobie żadnej nie ma
Jeno olej.
I postępujesz z nami
Nie według uznania czy w sposób niezba-
dany
Lecz według wyliczeń.

8
Was ist für dich ein Gras?
Du sitzest darauf.
Wo ehedem ein Gras war
Da sitzest jetzt du, Öltank!
Und vor dir ist ein Gefühl
Nichts.

8
Czym jest dla ciebie trawa?
Siedzisz na niej.
Gdzie wcześniej zaś była trawa
Tam teraz spoczywasz ty, o cysterno!
W obliczu ciebie uczucie
Jest niczym.

9
Darum erhöre uns
Und erlöse uns von dem Übel des Geistes.
Im Namen der Elektrifizierung
Des Fortschritts und der Statistik!

9
Dlatego wysłuchaj nas
I wybaw nas od zła naszego ducha.
W imię elektryfikacji
Postępu i statystyki.

(GBA 11, 174–176)

Das Gedicht ist ein Paradebeispiel für sog. Großstadt-Lyrik, die bereits seit der Jahrhundertwende, dann verstärkt in der Zeit nach dem Ersten Weltkrieg, ein festes und immer bekannter werdendes Genre war. Auswirkungen der Industrialisierung, Vertechnisierung, Beschleunigung und Vereinsamung des Individuums, Massenverelendung, aber auch Sittenverfall und ausschweifende Sexualität waren die zentralen Themen. *Aus dem Lesebuch für Städtebewohner* heißt Brechts Sammlung von Großstadt-Lyrik, in der er zu einer sehr eigenen Reflexionsstufe und Sichtweise gelangt. Mit *700 Intellektuelle beten einen Öltank* endet der Zyklus. Dessen Gedichte sind 1926 und 1927 entstanden. Für Brecht ist die Großstadt ein Synonym für eine neue Gesellschaft. Aggressiv und destruktiv ist die Umwelt, die »Städtebewohner« haben hier ihre Erfahrungen zu machen und ihr Verhalten zu ändern oder zugrunde zu gehen.

Negativ konnotiert war die Großstadt indessen schon lange nicht mehr. Dies hatte sich bereits um die Jahrhundertwende grundlegend geändert: Im Moloch zu verschwinden, bisweilen unsichtbar, aber vielleicht auch erfolgreich zu sein, war zusehends zu einem Lebensgefühl und Ziel des modernen Menschen geworden. Auch dafür steht das *Lesebuch für Städtebewohner*. Hier lernt man über deren Charakter, Verhalten und Maximen, die zu verinnerlichen sind, will man in der Großstadt nicht nur überleben, sondern nach oben. Gleich zu Beginn wird der neue »Städtebewohner« in der Kunst der Empathielosigkeit unterwiesen:

Trenne dich von deinen Kameraden auf dem Bahnhof	Rozdziel się z twoim towarzyszem na dworcu
Gehe am Morgen in die Stadt mit zugeknöpfter Jacke	Idź rankiem do miasta w zapiętej kurtce
Suche dir Quartier und wenn dein Kamerad anklopft:	Wyszukaj sobie kwaterę i kiedy twój towarzysz zapuka:
Öffne, o öffne die Tür nicht	Nie, nie otwieraj drzwi
Sondern	Ale
Verwisch die Spuren![80]	Zacieraj ślady!

Überflüssig ist man häufig in der neuen Gesellschaft und in Gefahr zu verelenden. Man ist ein »fünftes Rad am Wagen«,[81] das aber, werden die Lehren des Lesebuchs befolgt, das Potenzial in sich trägt, den Platz eines der anderen vier zu übernehmen, dieses wiederum überflüssig zu machen. Dazu bedarf es an Selbsterkenntnis und, mit Nietzsche zu sprechen, einer »Umwertung aller Werte« in eigener Sache. Was in bürgerlichem Verständnis verabscheuungswürdig, »Schmutz«, »Dreck« ist, wird zur Tugend, zum Baumaterial einer Zukunft in der

---

80 Ebd. 11, 157.
81 Vgl. ebd., 158.

Stadt, ja, sogar der Stadt selbst, die nicht sicher, aber dem tragfähig ist, der ihre Regeln beherrscht:

Ich bin ein Dreck; aber es müssen	Jestem brudem; ale wszystkie rzeczy
Alle Dinge mir zum besten dienen, ich	Muszą służyć mi jak najlepiej, ja
Komme herauf, ich bin	Wspinam się, jestem
Unvermeidlich, das Geschlecht von morgen	Nieunikniony, ród jutra
Bald schon kein Dreck mehr, sondern	Wkrótce już nie brud, ale
Der harte Mörtel, aus dem	Twarda zaprawa, z której
Die Städte gebaut sind.[82]	Zbudowane są miasta.

So haben in der Großstadt die Götter ihre »Gestalt« gewechselt. Der christliche ist längst obsolet, er hat hier nichts mehr zu suchen. Aber ohne zumindest einen Götzen kommt auch der moderne Mensch nicht aus. Er braucht etwas, dem er seine Ehrfurcht erweisen, sich in ihm selbst spiegeln kann. Dieser Götze ist der titelgebende Öltank, der alles Mögliche in sich vereinigt, Synonym ist für die Technisierung, die Größe und Bedrohlichkeit des Molochs, ein gefährliches Schlaraffenland in der Art der Stadt Mahagonny, über die Brecht und Kurt Weill ja ein Songspiel und eine Oper schrieben; Synonym letztlich auch für das möglicherweise Inhaltslose; denn der Tank würde auch angebetet, wäre er leer wie der Himmel.

Brecht bedient sich in dem recht langen Gedicht immer wieder Versatzstücken aus dem deutschen Sprichwörterschatz und der christlichen Tradition; gleich schon in der ersten Strophe: Von den »Mühlen, die langsam, aber sicher mahlen«, das heißt, von der Gerechtigkeit, die mit Gewissheit ihren Lauf nehmen wird, nur nicht gleich, will niemand mehr was wissen. Das durchschaut der moderne Mensch: Er lässt sich nicht mehr mit fragwürdigen Zukunftsperspektiven abspeisen. So also kommt er, im Gegensatz zum Hund, hervor hinter den sprichwörtlichen Öfen und zwar gleich massenhaft. Alleine 700 Intellektuelle und noch mehr stehen für diesen Zustrom, der abermals an den in die »Netzstadt Mahagonny« erinnert.[83] Es handelt sich überdies um eine Anspielung darauf, dass Großstädte wie Berlin und Wien auf Künstler und Intellektuelle, die etwas werden wollten, in der Weimarer Republik tatsächlich geradezu eine Sogwirkung ausübten.

Im Folgenden führt Brecht aus, wie dem Individuum Gewalt angetan wird unter der Herrschaft des Öltanks. Es wird hörig gemacht, der Vermassung zugeführt, »sachlich«, nicht nach einem Schöpfungsplan, sondern »nach Berechnung«. Es ist ein Tanz um einen Götzen, um ein Goldenes Kalb, der im »Nichts« endet. Geistlos wird der Mensch – in Anlehnung an das »Vaterunser«: »erlöse uns

---

82 Ebd., 162.
83 Vgl. ebd. 2, 336.

von allen Übeln« – gemacht, im Namen des »Fortschritts« und all dem, was dieser mit sich bringt.

Es sei denn, man kann sich, wie beispielsweise Brecht selbst, seine Individualität erhalten, sich, genauso »sachlich«, kühl kalkulierend wie der Öltank, der Vermassung entziehen und Erfolg haben, indem man die Gesetzmäßigkeiten des Molochs durchschaut und sie sich selbst zunutze macht. Die *Dreigroschenoper* war dabei Brechts Meisterstück, das ihn 1928 in die Kulturelite der Weimarer Republik katapultierte, ihn selbst »gottgleich« machte im »Dschungel der Großstadt«.

Das Gedicht *700 Intellektuelle beten einen Öltank an* stellt eine andere Art von Herausforderung an den Übersetzer dar als die stilistisch reichen, regelmäßigen Stücke, die sich in dieser Sammlung direkt auf die klassischen Muster der Gattung beziehen.

Die semantische Dominante des Werks ist das Titelobjekt, der Öltank, an den das lyrische Wir seine Gebete unter Verwendung zahlreicher vertrauter Anreden an das Absolute richtet.

Nach Brechts Auffassung sollte der Intellektuelle in der Lage sein, mit der Sprache zu spielen, was er in diesem Gedicht durch die Verwendung von Phraseologismen und deren Variationen sowie durch intertextuelle Bezüge im Namen des lyrischen Subjekts verwirklicht.

So finden wir »Von den Mühlen, die langsam mahlen« – wie Jürgen Hillesheim es treffend anmerkt – *Mühlen der Gerechtigkeit* bzw. *Gottes Mühlen*. Dieser Phraseologismus kommt in der gleichen Form auch im Polnischen vor, was wohl mit dem gemeinsamen mediterranen Kulturkreis zusammenhängt, und wurde auch so übersetzt.

»Öfen, hinter denen kein Hund mehr vorkommt« – das ist ein abgewandelter deutscher Phraseologismus *keinen Hund hinter dem Ofen hervorlocken* in der Bedeutung ›kein Interesse wecken können‹. Dieser Phraseologismus hat keine Entsprechung im Polnischen, und in der Übersetzung habe ich mich zu einem ziemlich radikalen Schritt entschlossen, nämlich zu einer wörtlichen Übersetzung. Im polnischen Text heißt es dann »Od pieców, o których się mówi / Że zza nich żaden pies nie wyjdzie z własnej woli«. In der Rückübersetzung »Von den Öfen, von denen man sagt / Dass kein Hund hinter ihnen aus eigenem Willen vorkommt«. Die figurative Ebene des Phrasems wurde in der Übersetzung bewahrt, obwohl sie im Polnischen nicht als solche erscheint, die Bedeutung wurde leicht verändert und ein wenig unklarer.

Der nächste Phraseologismus erscheint im deutschen Text in einer Fassung, die sich auf die biblische Sprache Martin Luthers bezieht »alle, die ihr absägt den Ast, auf dem ihr sitzet«. Die Änderung betrifft die archaische Form des verwendeten Verbs *sitzen*.

Ein weiterer biblischer Bezug ist der Satz »Eilet herbei, alle!«, der in ähnlichen Fassungen in der Lutherbibel viermal vorkommt (1. Mose, 45.9; 2. Samuel 15.14; 2. Chronik 24.5; Esther 5.5; 2. Petrus 3. 12), dort in einer eher ungewöhnlichen syntaktischen Kombination, die sich wohl aus der Entlehnung aus der Originalsyntax ergeben hat: »eilet, daß wir gehen« (2. Samuel 15.14); »Eilet, daß Hamman tue, was Esther gesagt hat« (Esther 5.5); »Eilet zu der Zukunft des Tages des Herrn« (2. Petrus 3.12).

Eine eigene Kategorie sind die intertextuellen Relationen im Gedicht:

Ein prominentes Zitat ist die Zeile »Du bist nicht gemacht aus Elfenbein / Und Ebenholz«, eine direkte Anspielung auf das Buch Hesekiels »Die von Dedan sind deine Händler gewesen, und hast allenthalben in den Inseln gehandelt; die haben dir Elfenbein und Ebenholz verkauft« (Hesekiel 27.15).

Die dreimalige Wiederholung von »Herrlich« ist eine wörtliche Anwendung der Lobpreisformel des *Trishagion*, die in der Liturgie verwendet wird. So wurde sie auch ins Polnische übersetzt, wobei ein Zitat aus der polnischen Messe verwendet wurde.

Auffallend ist die Auflistung in Form von Negationen: »du bist kein Unsichtbarer / Nicht unendlich bist du [...] in dir ist kein Geheimnis [...] Und du verführst mit uns nicht nach Gutdünken«, was in Gebeten eher selten ist, es sei denn, es handelt sich um eine für den Betenden unerwünschte Situation, wie im Vaterunser: »und führe uns nicht in Versuchung«.

Aus diesem Gebet stammt auch der IT-Bezug: »und erlöse uns von dem Übel«, wobei das lyrische Subjekt »des Geistes« hinzufügt, ein Hinweis auf den Materialismus der Intellektuellen, die den Geist als einen schädlichen Aspekt der Erkenntnis betrachten.

In der dritten Strophe sind die letzten beiden Zeilen eine direkte Anspielung auf das Gebet Jesu in Gethsemane: »Und ging hin ein wenig, fiel nieder auf sein Angesicht und betete und sprach: Mein Vater, ist's möglich, so gehe dieser Kelch von mir; doch nicht, wie ich will, sondern wie du willst!« (Matthäus 26, 39).

Das Gedicht endet mit dem Zeichen des Kreuzes, das im Christentum allgegenwärtig ist – das lyrische Subjekt verlegt die drei göttlichen Personen jedoch in den Bereich des technischen Fortschritts: »Im Namen der Elektrifizierung / Des Fortschritts und der Statistik!«. Ein ähnliches Kreuzzeichen über dem Nachkriegsdeutschland macht Brecht als ein Segenszeichen im späten Gedicht *Die Kinderhymne* (1950), diesmal ohne Provokation: »Und nicht über, Und nicht unter andern Völkern woll'n wir sein / Von der See bis zu den Alpen / Von der Oder bis zum Rhein«.[84]

Analysiert man die Gebete der Intellektuellen zum Öltank, so kann man daraus schließen, dass sie sich zwar von der Religion entfernt haben, die Religion

---

84 Ebd. 12, 294.

sich aber von ihnen nicht entfernen konnte. Die Gründe dafür liegen in der langjährigen religiösen Erziehung in der Schule und im Elternhaus.

Karl Marx hätte sich nach der Lektüre dieses Gedichts in seiner Auffassung bestärkt gefühlt, dass die Religion das Opium des Volkes ist, insbesondere bei Intellektuellen.

3.8 Der Tod

1

Ich beginne zu sprechen vom Tod

Viele Irrglauben sind verbreitet
Aber wenn man den Wunsch von der Furcht abscheidet
Kommt uns die erste Ahnung von dem, was uns droht

Die Welt gewinnt, wer das vergißt:
Daß der Tod ein halber Atemzug ist

2
Denn das ist kein Atemzug
Den zu tun noch uns dann verbleibt
Und das ist nicht das Genug
Sondern es ist das Zuwenig, was uns den Angstschweiß austreibt

Weise ist, wer darin irrt
Und meint, daß er sterbend fertig wird

3
Die Dinge sind, wie sie sind
Ein Gaumen ist immer ein Gaumen, ein Daumen ein Daumen
Aber deinem japsenden Gaumen
Langt nicht ein Wirbelwind

Dein Hals ist angesägt und leck
Dein Atem pfeift aus dem Spalt hinweg

4
Dieses wächserne Grubenlicht
Diese steifen Finger auf deinen Leinen
Die Esser um dich mit dem kalten Weinen
Glaub nicht, du merkst sie nicht

Was da um dich steht und da so weint
Das war der Mensch, das war dein Feind

5
Du kannst ihn nicht fressen mehr
Deine Zähne sind lang wie Rechen

Aber die werden die Nacht noch brechen
Also bleibt dir von nun an der Magen leer

(GBA 13, 184f.)

1
Zaczynam mówić o śmierci

Wiele błędnych przekonań w obiegu
Lecz kiedy oddzielisz życzenie od trwogi
Pojawia się pierwsze wyobrażenie tego, co nam grozi

Świat wygra ten, co zapomnieć umie,
Że śmierć to połowa oddechu jest w sumie

2
Bo nie jest to oddech cały
Którego jeszcze zaczerpnąć możemy
I nie jest go dosyć
Ale za mało, przez co mokrzy ze strachu będziemy

Mądry ten, kto tutaj błądzi
I że gotowym będzie w chwili śmierci sądzi

3
Rzeczy są takie, jakie są
Gardziel zawsze gardzielą, kciuk kciukiem zostanie
Ale do twojej sapiącej gardzieli
Nigdy się trąba powietrzna nie dostanie

Twoja szyja podcięta, jak rura co kapie
A z tej szczeliny oddech słaby sapie

4
To pogrzebowy woskowy kaganek
Te sztywne palce na twojej pościeli
Żarłoki wokół ciebie z zimnym płaczem
Nie sądź, że nie widzisz tych meneli

Ten, co tam wokół stoi w smutku ścięty,
To człowiek był, wróg twój zawzięty

5
Nie pożresz go już niestety
Z zębami długimi jak kołki
Ci jeszcze śmiało ową noc przetrwają
Twój pusty żołądek wywija fikołki

Der Tod ist ein Generalthema in der Literatur, auch im Werk Brechts. Von den fünfzig Gedichten der *Hauspostille* beispielsweise gibt es kaum eines, das den Tod nicht in irgendeiner Form tangiert. Auch sonst tritt er immer wieder in den

Vordergrund; nicht selten in so außergewöhnlicher Form wie in *Ich beginne zu sprechen vom Tod.*

Eine Besonderheit vorweg: Geht es in Dichtung um den Tod, wird in der Regel, vielfach auch bei Brecht, die Frage nach dem Nachher gestellt. Gibt es ein Leben nach dem Tod? Erlöst Gott den Menschen, nimmt er ihn zu sich oder ist, in materialistischer, atheistischer Sichtweise, mit dem Tod alles vorbei? Nicht so in *Ich beginne zu sprechen vom Tod.* Die Theodizeefrage wird nicht gestellt, sie scheint erledigt; schon längst. Nüchtern ist der Titel, nüchtern nähert Brecht sich – »Ich beginne…« – seinem Thema, um es zu einem Horrorszenario zu steigern.

Das Gedicht ist zweigeteilt. In den ersten beiden Strophen teilt Brecht Weisheiten, Einsichten mit. Er befasst sich allgemein mit dem Sterben, damit, was der Tod bedeutet, und den Ängsten, die die Menschen vor ihm haben. In den folgenden drei Strophen stellt Brecht in schockierenden, doch realistischen Bildern schlaglichtartig einzelne Aspekte des Sterbens, des Todeskampfes, dar. Wieso kennt sich der junge Autor mit dergleichen aus? Gut möglich, dass der Tod seiner Mutter dabei eine Rolle spielte, sie starb am 1. Mai 1920, also im Entstehungsjahr des Gedichts.

Zunächst aber nimmt Brecht ein Gedicht von Goethe aufs Korn. Dass er gegen dessen idealistische Lyrik mehrfach während seiner Augsburger Zeit direkt anschrieb, ist nichts Neues; man denke nur an die *Liturgie vom Hauch* aus der *Hauspostille,* in der Brecht Goethes *Ein Gleiches* zu desillusionieren versucht.[85] Nun geht es um ein berühmtes Gedicht aus dem *West-östlichen Diwan:*

Im Atemholen sind zweierlei Gnaden:
Die Luft einzuziehen, sich ihrer entladen;
Jenes bedrängt, dieses erfrischt;
So wunderbar ist das Leben gemischt.
Du danke Gott, wenn er dich preßt,
Und dank ihm, wenn er dich wieder entläßt.[86]

W nabieranym oddechu dwa rodzaje łaski:
Wdychane powietrze, potem wypuszczane;
To jedno męczy, drugie zaś odświeża;
Tak pięknie życie jest poukładane.
Dlatego Bogu dziękuj, kiedy cię pociśnie.
I dziękuj Mu, gdy kiedy ucisk z twojej piersi zniknie.

Im Ein- und Ausatmen sieht Goethe die göttliche Weltordnung gespiegelt, das permanente Miteinander von Gegensätzen, die sich harmonisch ergänzen. Der Mensch, dem Gott den Atem einhauchte, steht mit ihr im Einklang, auch dann,

85 Vgl. ebd. 11, 49–53.
86 Goethe 3, 12.

wenn er stirbt. Sanft wird er »entlassen«, in Einklang mit dem Schöpfungsplan, und dankbar tut er seinen letzten Atemzug.

Mit Worten, trotz ihrer Andersartigkeit genauso brillant gesetzt wie die Goethes, hält der zweiundzwanzigjährige Brecht dagegen: Das ist Unsinn, einer von vielen »Irrglauben«. »Weise« mag der sein, der sich einreden konnte, »mit dem Leben sterbend fertig« zu werden. Die Realität aber sieht anders aus. Der Sterbende wird nicht »genug« vom Leben haben, wie Brecht schon 1918 in *Gegen Verführung* lehrte. Das Leben lassen zu müssen, treibt ihm den Angstschweiß auf die Stirne. Er hat nur dieses eine Leben, nach ihm nichts mehr zu erwarten, also klammert er sich daran. Brecht zerstört die Harmonie vom Ein- und Ausatmen. Den göttlichen Odem haucht der Mensch nicht bewusst und friedlich aus, sondern er verröchelt elendiglich. Die Harmonie ist auf den Kopf gestellt, Goethes Ein- und Ausatmen zerlegt Brecht in Einzelteile: nicht einmal mehr um einen halben Atemzug handelt es sich beim Sterben. Der letzte göttliche Atemzug bleibt dem Menschen buchstäblich im Halse stecken. Dies erinnert an sein *Hauspostillen*-Gedicht *Von der Freundlichkeit der Welt*, in dem der geschundenen Kreatur bei deren Beerdigung von der ihr nach der Liturgie zustehenden »drei Händen Erde« eine verweigert wird.[87] Nichts endet im Leben harmonisch, nichts wird fertig, nichts ist gut.

Nach dieser Einsicht fokussiert Brecht beinahe genüsslich Stationen, Einzelheiten des Sterbens, das qualvoll ist und immer wieder ex negativo auf Goethes »Atem-Idealismus« rekurriert. Da wird im Sterben nämlich nicht friedlich geatmet, sondern der »Gaumen japst«. Brecht spielt damit auf die Schnappatmung kurz vor dem Tode an. Um dem Sterbenden das Atmen zu erleichtern, wurde gelegentlich ein Luftröhrenschnitt vorgenommen, heute ersetzt durch Intubation und künstliche Beatmung. Goethes göttliche Atmung wird damit ad absurdum geführt, der Sterbende pfeift qualvoll aus dem letzten Loch, ihm künstlich beigebracht, sein Leid zu lindern. Dieser nimmt alles wahr, auch die um ihn herum, die heuchelnd weinen, aber leben, essen und Wein trinken können. Sie verschlimmern sein Leid, weil er sie beneidet; die, die nur darauf warten, dass er endlich stirbt. Das ist ein Motiv aus Brechts Gedicht *Vom Tod im Wald*[88] aus dem Jahr 1916. Die langen Zähne schließlich antizipieren den Totenschädel, sind dem Sterbenden aber zu nichts mehr nütze, sie entstellen ihn. Nicht einmal essen wird er bald mehr können, weil sie »brechen«.

Das Gedicht erweckt den Eindruck, dass es unfertig ist, nicht mit der fünften Strophe enden dürfe. Zu erwarten wären weitere angsteinflößende Aspekte der Agonie und – vor allem – deren Ende, der Tod. Doch beides stellt der Autor nicht zur Verfügung. Bewusst bricht er ab, inmitten diese Reigens von Sterbebildern.

---

87 Vgl. GBA 11, 68.
88 Vgl. ebd., 81.

Brecht lässt den Leser alleine in seiner von ihm geschürten Angst, die er damit ins Unermessliche treibt. Er hat durch das bewusst Unfertige, wie der Atemzug im Tod plötzlich Abbrechende, die Phantasie geweckt. Damit korrespondiert, dass Brecht seine Sentenzen niemals mit einem Punkt abschließt; so, als käme noch etwas. Ob der Leser es will oder nicht: Er malt sich weitere Schreckensszenarien aus, wird so möglicherweise um den Schlaf gebracht. Brecht hätte sein Ziel erreicht.

Das Gedicht ist regelmäßig gegliedert und besteht aus fünf Strophen, von denen vier in einem gereimten Distichon enden, der an die Antworten des Chors in der griechischen Tragödie erinnert.

Das semantische Hauptmerkmal des Gedichts ist seine Bildhaftigkeit und die kontrastierende leichte und teils gereimte Form. Die Dinge und Menschen in der einfachen Welt des Sterbenden, der alles aus der horizontalen Perspektive seines Bettes wahrnimmt – *Atmung, Gaumen, Daumen, Grubenlicht, Leinen, Hunger, Besucher* – sind recht treffend zu übersetzen.

Das lyrische Subjekt bewegt sich im Bereich des einst von Tadeusz Kantor (vgl. z. B. das Stück *Wielopole, Wielopole*, 1980) beschriebenen »armen Zimmers der Phantasie«, einem begrenzten Raum, einem »Klischee« der Erinnerung. Es beobachtet kritisch und leidenschaftslos den Sterbenden und seine Umgebung.

Bei dem polnischen Dramatiker Tadeusz Kantor (1915–1992), 17 Jahre jünger als Brecht, finden diese Beobachtungen ihre Verwirklichung im Konzept des Theaters des Todes, in dem der Tod entstellt, verformt, episch gezeigt wird. Brecht konzentriert sich auf einen einzelnen Sterbenden, vielleicht weil er zu diesem Zeitpunkt die Todesmaschinerie des Krieges noch nicht selbst wahrgenommen hatte.

Was die Reime betrifft, so ist das Gedicht abwechslungsreich und wie das vorherige ein Beispiel für die Niederschrift einer Idee, Material für eine größere Form eines Werks. Die Reimstruktur ist AAX, ABAB, ABBA, ABBA, ABBA, ABBA, ABBA, wobei hier das erwähnte Distichon, das sich genau auf AA reimt, nicht mitgerechnet wird.

Es gelang, in der Übersetzung eine recht regelmäßige Reimstruktur zu konstruieren: ABA′B′, ABXB, ABXB, ABXB, ABXB. Das gereimte Distichon blieb wie im Original.

Bei der Übersetzung kommt es zu Emulationen, meist aufgrund von Reimübereinstimmungen, manchmal aufgrund von Unterschieden in der deutschen und polnischen Lexik.

Das Substantiv »Irrglaube« bezeichnet semantisch gleichzeitig Glaube, aber auch Religion. Im polnischen Text wird es übersetzt mit *błędne przekonania* (dt. ›irrsinnige Überzeugungen‹), die Komponente des religiösen Glaubens entfällt.

Es war möglich, die Länge des Verses durch eine Ellipse zu erhalten – ich habe das Prädikat aus der ersten Zeile des polnischen Textes entfernt.

In derselben Strophe verwendet Brecht das Substantiv *Ahnung*, das in direkter Übersetzung ins Polnische ›etw. verstehen, im Begriff sein‹ aber auch ›Begriff‹ bedeutet. Aus diesem Grund habe ich das Substantiv *wyobrażenie* (dt. ›die Vorstellung, ein Bild von etwas.‹) verwendet. Die letzte Zeile des ersten Distichons ist genau übersetzbar – für den Reim ergänzte ich die Zeile mit *w sumie* (dt. ›eigentlich‹).

Eine lexikalische Innovation ist die Subjektivierung der adverbial verwendeten Adjektive *genug* und *zu wenig*. Diese Formen sind ins Polnische nicht übersetzbar, daher habe ich Entsprechungen *dosyć* und *za mało* verwendet.

Die Tautologie »Die Dinge sind, wie sie sind« ist im polnischen Text wörtlich übersetzt worden. In derselben Strophe erscheint das Substantiv *Gaumen*, das Brecht auf *Daumen* reimt und dem Sterbenden sagen lässt, er solle »mit dem Gaumen atmen«, was anatomischer Unsinn ist. Im Polnischen wäre dies völlig unverständlich, daher habe ich das Wort durch *gardziel* (dt. ›der Rachen‹) ersetzt, was eine Assoziation zu *Japsen* hervorruft. Die Asonnanz *Gaumen / Daumen* wurde in der Übersetzung allerdings nicht nachkonstruiert.

Im Distichon nach der dritten Strophe erscheint das Verb *hinwegpfeifen*, das mit demselben Verb, d.h. *japsen*, übersetzt werden musste, um im Translat den Reim zu bilden: *kapie / sapie*.

Das Adjektiv *leck* hat im Polnischen keine Entsprechung, so dass die Feststellung »Dein Hals ist leck« mit einer längeren Umschreibung übersetzt werden musste. In der Rückübersetzung »Dein Hals ist angeschnitten wie ein Rohr, das tropft«.

Auffällig ist das Substantiv *Grubenlicht*, das sowohl eine bergmännische als auch eine Bedeutung im Arbeitsbereich eines Totengräbers haben kann. Im Polnischen musste eine Wahl getroffen werden; ich habe mich für das bergmännische Grubenlicht entschieden, das die Dunkelheit im Zimmer des Sterbenden unterstreicht.

In der Zeile »Die Esser um dich mit dem kalten Weinen« beschreibt das lyrische Ich einen zynischen, berechnenden Ausruf der Trauernden; Und so habe ich auch die Strophe übersetzt – in der Rückübersetzung lautet sie »Die Fresser / Fettwänste um dich herum mit dem kalten Weinen«.

Die Zähne des Sterbenden werden »lang wie Rechen« – dieser Vergleich wurde als eine Emulation übersetzt »z zębami długimi jak kołki« (dt. ›mit Zähnen lang wie Holznägel‹), die einen Teil des Sinns des ursprünglichen Vergleichs bewahrt – eine wörtliche Übersetzung wäre im Polnischen sinnwidrig.

Um das letzte Reimpaar zu bilden, habe ich bei der Übersetzung der Zeile »Also bleibt dir von nun an der Magen leer« eine phraseologische Neuerung

vorgenommen – in der Rückübersetzung »Dein leerer Magen macht Purzel-
bäume«, was im Polnischen verständlich ist.

Wie Jürgen Hillesheim finde ich das Gedicht unvollendet, wenn man sich die
Anordnung der Strophen ansieht, fehlt ein Distichon (der Eingang des Chores).

* * *

Lied von meiner Mutter. 8. Psalm

1
Ich erinnere mich ihres Gesichts nicht mehr, wie es war, als sie noch nicht Schmerzen hatte.
Sie strich müd die schwarzen Haare aus der Stirn, die mager war, die Hand dabei sehe ich
noch.

2
Zwanzig Winter hatten sie bedroht, ihre Leiden waren Legion, der Tod schämte sich vor ihr.
Dann starb sie und man fand einen Kinderleib.

3
Sie ist im Wald aufgewachsen.

4
Sie starb zwischen Gesichtern, die ihr zu lang beim Sterben zugeschaut hatten, da waren sie
hart geworden. Man verzieh ihr, daß sie litt, aber sie irrte hin zwischen diesen Gesichtern,
vor sie zusammenfiel.

5
Viele gehen von uns, ohne daß wir sie halten. Wir sagten ihnen alles, es gab nichts mehr
zwischen ihnen und uns, unsere Gesichter wurden hart beim Abschied. Aber das Wichtige
haben wir nicht gesagt, sondern gespart am Notwendigen.

6
O warum sagen wir das Wichtige nicht, es wäre so leicht und wir werden verdammt darum.
Leichte Worte waren es, dicht hinter den Zähnen, waren herausgefallen beim Lachen und
wir ersticken daran in unsrem Halse.

7
Jetzt ist meine Mutter gestorben, gestern, auf den Abend, am 1. Mai! Man kann sie mit den
Fingernägeln nicht mehr auskratzen!
(GBA 11, 21 f.)

Pieśń o mojej matce. Psalm 8

1
Już nie potrafię przypomnieć sobie jej twarzy, jaka była, kiedy jeszcze nie męczyły jej bóle.
Odgarniała zmęczona czarne włosy z czoła, które było filigranowe, widzę przy tej czynności
jeszcze jej dłoń.

2
Dwadzieścia zim ją oblegało, jej cierpienia to był cały legion, śmierć się jej wstydziła. A potem umarła i znaleziono dziecięce ciałko.

3
Wzrastała w lasach.

4
Umarła wśród twarzy, które za długo patrzyły na jej umieranie i przez to stwardniały. Wybaczono jej jej cierpienie, ale błądziła między tymi twarzami tu i tam, zanim zapadła się w sobie.

5
Wielu od nas odchodzi a my ich nie zatrzymujemy. Mówimy im wszystko, nie ma już nic pomiędzy nimi i nami, nasze twarze twardnieją przy pożegnaniu. Ale nie powiedzieliśmy tego, co ważne, oszczędzaliśmy nawet niezbędne słowa.

6
O czemu nie mówimy rzeczy ważnych, byłoby to przecież takie łatwe, przez to zostaniemy potępieni. Były to lekkie słowa, zaraz za zębami, wypadały przy śmiechu i dławiliśmy się nimi potem w gardle.

7
A teraz moja matka umarła, wczoraj, pod wieczór, pierwszego maja! Nie da się jej wydrapać nawet pazurami!

In *Ich beginne zu sprechen vom Tod* mag das Sterben der Mutter eine Rolle spielen. Diesem stellt Brecht sich im *8. Psalm* direkt. Dabei vermeidet er – möglicherweise wegen zu großer eigener Betroffenheit und aus Respekt seiner Mutter und der Familie gegenüber – vordergründig Erschreckendes. Er verklausuliert es poetisch und versteckt sich hinter pathetischen Worthülsen.

Dass die Leiden der Mutter Brechts, in Anlehnung an eine biblische Wendung, »Legion«,[89] also unzählige waren, ist, biografisch gesehen, nicht falsch, auch die Dauer ihrer Krankheit von »zwanzig Wintern« nicht. Ihre Krebserkrankung, an der sich letztlich starb, war seit ca. 1910 konkreter fassbar. Dennoch schreibt Brecht an anderer Stelle:

> Meine Mutter zählt bald 50 Jahr
> Von denen dreißig sie am Sterben war.[90]

Und, sich selber in die dritte Person setzend:

> »Einer sieht eine gemeine Person und sagt: Meine Mutter zum Beispiel war niemals, keine Minute ihres Lebens, so gesund wie diese.«[91]

---

89 Vgl. Mk 5, 9.
90 GBA 13, 144.
91 Ebd. 26, 116.

Brecht hatte seine Mutter tatsächlich zeit seines Lebens nicht gesund erlebt, das betont er gleich am Anfang: Sein lyrisches Ich will nicht mehr wissen, wie sie aussah, bevor die Leiden ihren Gesichtsausdruck bestimmten. Sich an ein Gesicht nicht mehr erinnern zu können, ist ein Topos, der im Frühwerk Brechts immer wieder vorkommt. In einem seiner bekanntesten Gedichte, gleichfalls aus dem Jahr 1920, *Erinnerung an die Marie A.*, ist es das Gesicht einer von vielen Geliebten von einst, das in der Erinnerung verschwimmt.[92] Sei es amüsant oder makaber: Dies ist ein Hinweis auf Brechts Ökonomie auch in poetischer Hinsicht. Ein und das selbe Motiv, das er für gelungen hält, verwendet er für völlig unterschiedliche Situationen: Egal, ob es um ein Hohes Lied der Promiskuität geht, wie in *Erinnerung an die Marie A.*, oder um das Sterben einer Mutter.

Sophie Brecht litt, wahrscheinlich schon vor der Geburt ihrer beiden Söhne, unter Depressionen. Diese führten zu erheblichen Belastungen, zu Verstimmungen des Vaters, der diese Krankheit seiner Frau nicht recht einzuordnen wusste. Von einem intakten, harmonischen Familienleben konnte keine Rede sein. Der Vater hatte ein Verhältnis mit Marie Röcker, die eigentlich angestellt worden war, um Brechts Mutter im Haushalt zu entlasten und sie gegebenenfalls zu pflegen. Nach deren Tod lebte der Vater mit Röcker zusammen.

Brechts Umgang mit dem Tod der Mutter ist auffällig. Sein Bruder Walter berichtet, dass er am Sterbeabend so ausgelassen wie sonst mit Freunden in seiner Mansarde gefeiert habe,[93] also im selben Haus und unmittelbar über der Wohnung, in der die Mutter verstarb. Bei ihrer Beisetzung war er nicht zugegen. Jan Knopf wertet diese Art der Trauerverweigerung als Protest dem Vater und dessen jahrelangem Verhältnis mit Röcker gegenüber.[94] War es Trauerverweigerung oder schlicht eine andere Art von Trauer? Wie dem auch sei: Man sollte sich hier Bewertungen enthalten; nicht zuletzt aufgrund der in Walter Brechts Memoiren immer wieder auftretenden Scheinheiligkeit dem berühmten Bruder gegenüber.

Der *8. Psalm* verrät durchaus Brechts Bild- und Sprachgewalt, wenn er zum Beispiel die tragische Situation grotesk auf den Kopf stellt, dass der sterbenden Mutter verziehen werden muss, dass sie die Umstehenden mit ihrem Leid konfrontiere; einem Leid, das durch das Umherirren ihres Blickes zwischen den Gesichtern der »ihr beim Sterben Zuschauenden« eindrücklicher wird als durch jedes direktere Bild.

Dann aber beginnt ein poetisches Lamentieren, das sich um Selbstvorwürfe dreht, die sich Trauernde in steter Regelmäßigkeit machen: Hat man etwas versäumt? Hat man sich mit Schuld beladen? Nun ist es zu spät: »Man kann sie

---

92 Vgl. ebd. 11, 92.
93 Vgl. Brecht, Walter, 192 f.
94 Vgl. Knopf, 36 f.

mit den Fingern nicht mehr auskratzen« ist ein süddeutsches Sprichwort, das meint, dass nun nichts mehr gut zu machen ist; nicht einmal, wenn man bereit wäre, die Verstorbene mit bloßen Händen wieder aus ihrem Grab zu holen.

Das *Lied von meiner Mutter* weicht völlig vom Schema eines gereimten Liedes ab. Das Einzige, was es mit Lyrik gemeinsam hat, ist die Gliederung in nummerierte Strophen, die dem Übersetzer ein anderes Aufgabenspektrum eröffnet: Er muss nicht mehr nach wohlklingenden Äquivalenten, akzentgleichen und sich reimenden Wörtern suchen, sondern kann sich auf den Inhalt des Psalms konzentrieren.

Im Gegensatz zu den bekannten alttestamentlichen Psalmen, die dazu dienen, die Allmacht Gottes und seine Fürsorge für den Menschen zu preisen und den Gläubigen somit Hoffnung geben, finden wir in diesem Gedicht keinen Aspekt der Harmonie, der Schicksalsergebenheit und des Vertrauens auf das Absolute. Das heißt, Brecht widerspricht sich einmal mehr selbst. Das lyrische Subjekt wirkt angesichts des Leidens und Sterbens seiner Mutter nicht betroffen, sondern es versteckt sich hinter einer Maske aus Epik und schlechtem Gedächtnis, um dann in den Strophen fünf und sechs seine Perspektive zum »Wir« zu wechseln. Hier zeigt sich diese Haltung des lyrischen Subjekts sehr deutlich – ein verhärtetes Gesicht, emotionslos, das nichts Wichtiges sagt, sondern sich auf unverbindliche und leichte Worte beschränkt. Somit ist dies in Brechts Werk ein weiterer zynischer, harter und für ein gutes Funktionieren in der Gesellschaft geeigneter Charakter, neben den begabten, männlichen Boxern der *Gedenktafel*, Mackie Messer, ein Haifisch als Synonym für einen Verbrecher, Arturo Ui oder den schrecklichen Akteuren des Nationalsozialismus in der *Kriegsfibel*.

Die eigentliche sanfte Haltung, die Verletzlichkeit des lyrischen Ichs, des den Tod der Mutter miterlebenden bürgerlichen Sohnes, der auf den ersten Fotos Brechts aus der Augsburger Zeit zu sehen ist, kommt erst in der letzten Strophe zum Vorschein – hier werden auch Ausrufezeichen verwendet.

In der Übersetzung habe ich einige kleinere Änderungen vorgenommen, die die Stilistik der Übersetzung betreffen.

Die einfache Phrase »Sie hatte Schmerzen« ist in der wörtlichen Übersetzung ins Polnische stilistisch nicht gut, so dass ich sie als »męczyły ją bóle« (dt. ›die Schmerzen haben sie geplagt‹) übersetzt habe.

Die Wendung *magere Stirn* ist nicht ins Polnische übertragbar. Aus diesem Grund habe ich als Synonym ein Adjektiv benutzt, das im Deutschen und im Polnischen sehr ähnlich klingt, nämlich: *filigranowy*.

Die Phrase »ihre Leiden waren Legion« ist eine enge Anlehnung an die Beschreibung des Besessenseins durch böse Geister oder die allererste Beschreibung des Multiply Personality Syndroms in der Geschichte – ›mein Name ist Heer, denn wir sind viele‹ (Markus 5,9).

Ich musste *Kinderleib*, die metaphorische Bezeichnung für den kleinen Körper der Mutter, der nach ihrem Tod vorgefunden wurde, als Substantiv mit einem Adjektiv übersetzen, *dziecięce ciałko* (dt. ›der Leib eines Kindes‹), weil die Bildung von Zusammensetzungen im Polnischen stark eingeschränkt ist. Ein zusätzliches Stilelement ist der eingeführte Diminutiv mit dem Morphem *-ko*, der die Zierlichkeit der sterbenden Mutter unterstreicht.

Die Zeile »Sie ist im Wald aufgewachsen«, wörtlich im Singular übersetzt, würde zu einer Vereinfachung der Semantik im polnischen Text und zu einem satirischen Effekt führen. Ich habe mich daher für die anspruchsvollere Pluralform entschieden: *w lasach*, die eine zusätzliche IT-Beziehung zu dem Gedicht *Vom Armen B.B.* bildet: »Ich, Bertolt Brecht, bis aus den schwarzen Wäldern«.[95]

Das Verb »zusammenfallen« hat ein polnisches Heteronym *zapadać się*, das sich in erster Linie auf physikalische Phänomene bezieht. Um es auf die Beschreibung von Personen anzuwenden, war es notwendig, diese Form mit *w sobie* (dt. ›in sich‹) zu erweitern.

Die Zeile »Viele gehen von uns, ohne daß wir sie halten« lässt sich ins Polnische wörtlich nicht übertragen, da die entsprechenden Verben eine zu allgemeine Bedeutung haben. Aus diesem Grund war eine sorgfältige Äquivalentenwahl und grammatische Erweiterung für den polnischen Text notwendig. Die Rückübersetzung lautet nun: »Viele gehen von uns weg, und wir halten sie nicht auf«.

Die Übersetzung des Adjektivs *verdammt*, das sich im Volksmund sowohl auf die Religion ›zur ewigen Verdammnis verurteilt sein‹ (polnisches Äquivalent *potępiony*), als auch auf ›mit einem Fluch *belegt*‹ sein (polnisches Äquivalent *przeklęty*) bezieht, bereitete einige Schwierigkeiten. Das lyrische Ich hat wohl die erste Bedeutung im Sinn, da das Verdammtsein als Folge des schlechten Verhaltens des lyrischen Wir erscheinen soll, das nicht das Wichtige in der Kommunikation sagt.

Der abschließende Ausdruck »Man kann sie mit den Fingernägeln nicht auskratzen« hat keine Entsprechung im Polnischen. Ich habe mich für eine wörtliche Übersetzung entschieden, die die Verzweiflung des lyrischen Ichs im polnischen Text wesentlich steigert.

* * *

---

95 GBA 11, 119.

Meines Bruders Tod	*Śmierć mojego brata*

Im Rausch geschmissen auf die kalten Steine
Es bog mein Bruder seinen Hals zurück
Und verbat sich zitternd alles Weinen
Und sammelte sich selbst in einen Blick.

Er sah uns nicht. Ihn blendete das Helle.
Er sagte nichts. Die Kehle war zu eng.
Er langte an die Brust an jene Stelle
Wo er ein *Herz* hat, und er sagte streng:

Geht fort und schämt euch! Und es ward sehr stille.
Die Steine sind's, sagt er, die *mir* gehören!
Und keiner weint, ihr, denn es ist mein Wille.
Da wagte keiner mehr von uns, ihn noch zu stören.

Wir gingen abseits.
Er lag bis Mittag trunken murmelnd da.
Und starb dann heimlich und verfiel in Eile.
Wohl da er meinte, daß ihn keiner sah!

Rausz zrzucił go z furią na zimne kamienie
Mój brat swą szyję odgiął w umęczeniu
Powstrzymał tak jak umiał płaczu wszelkie drżenie
I cały zawarł się w jednym spojrzeniu.

Nas nie widział. Światło go raziło.
Gardło zbyt ciasne, więc całkiem nie mówił.
Dłoń na piersi złożył wskazując na miejsce
Gdzie ma *serce,* i z mocą przemówił:

Idźcie stąd i się wstydźcie! I cisza zapadła.
Kamienie te są moje, krzyknął w uniesieniu!
Niech nikt nie płacze, taka moja wola.
I nikt z nas nie chciał jego spokoju mieć na sumieniu.

Zeszliśmy na bok
On do południa leżał napity bełkocąc czcze zdania.
A potem skrycie umarł i zapadł się w sobie.
Chyba myślał, że nikt nie widział jego umierania.

(GBA 13, 163f.)

Ein weiteres Mal bringt Brecht die Themen »Alkohol« und »Sterben« in Verbindung. Nach dem *Lied von meiner Mutter* könnte man nun meinen, dass abermals Autobiografisches eine Rolle spielt. Aber dem ist nicht so. Brechts Bruder Walter überlebte den Dichter um Jahrzehnte. »Bruder« ist eine verallgemeinernde Bezeichnung und meint »jedermann«, »einer von uns«, »ein Mensch wie du und ich«.

Ein angetrunkener Mann stürzt und stirbt an seinen Verletzungen. Das klingt recht spektakulär, kommt allerdings gar nicht selten vor. Solche Schicksale bzw. Sterbefälle sind alleine im Bereich der Künstler vielfach dokumentiert; bis in die neuere Zeit. Dass es sich bei *Meines Bruders Tod* um ein fingiertes Grabgedicht Brechts handele, wie die Kommentatoren der GBA meinen,[96] erschließt sich nicht. Vielmehr greift der Autor auf ein Motiv zurück, das bereits vier Jahre zuvor eines seiner bedeutendsten Gedichte prägte: *Vom Tod im Wald*, von dem bereits

---

96 Vgl. GBA 13, 459.

mehrfach die Rede war. Auch dort liegt ein Mann im Sterben, die Gründe bleiben unbekannt. Sein Todeskampf ist furchtbar, er krallt sich in die Wurzeln eines Baumes. Noch mehr Qual allerdings bereitet ihm das Wissen, dass er sein Leben lassen muss. Denn er hat nur dieses eine, und es wird – ein zentrales Motiv der Lyrik des jungen Brecht und speziell auch in *Ich beginne zu sprechen vom Tod* – dem Menschen nicht gereicht haben, wenn er stirbt.

Der Sterbende in *Vom Tod im Wald* ist nicht alleine, er hat »Gefährten«. Unklar bleibt, ob es Freunde oder Kameraden, Waldarbeiter möglicherweise, sind. Deren Verhalten bzw. ihre Reaktion auf das Sterben ändert sich situationsbedingt. Zunächst bieten sie dem Mann Hilfe an, wollen ihn in sein Heim tragen. Doch sie werden zurückgewiesen, und aus ihrer Anteilnahme wird unvermittelt Spott und Hohn. Die Zurückweisung hat ihren Grund: Der Sterbende ist schlicht neidisch auf diejenigen, die noch ihr Leben haben:

> Leben will ich! Essen! Faul sein! Schnaufen!
> Und im Wind fortreiten so wie ihr![97]

Die Gefährten, die nun plötzlich jede Empathie verloren haben, warten auf den Tod, um den Mann am Baum, an dem er starb, endlich verscharren zu können. Kurz vor Entstehung von *Meines Bruders Tod* kehrt dieses Motiv an zentraler Stelle des Frühwerks Brechts wieder, am Schluss seines ersten großen Augsburger Dramas *Baal*. Das Lebenskonzept des vitalistischen Protagonisten scheitert kläglich: Anstatt noch »mit Genuss zu verrecken«, wie er es großmäulig vorhatte, stirbt er kläglich und bittet seine Gefährten zuvor, ihn im Sterben nicht alleine zu lassen. Doch Baal wird verspottet und endet elendiglich auf einem Bretterboden.[98]

Jenes »Bruders« Tod ist nicht leichter, »trunken murmelnd« leidet er offenbar über Stunden. Doch mit den Gefährten bzw. »Brüdern« geht er anders um als der Mann im Wald und Baal. Zwar hat auch der in Trunkenheit Gestürzte offenbar sein Leben geliebt und genossen, wie sein Alkoholgenuss zeigt. Aber nach einem kurzen Moment des Innehaltens, der Selbstreflexion akzeptiert er, dass er für seine Lebensfreude nun den Tribut zu zollen hat. Die Steine, der Boden, auf den er stürzte, auf dem er liegt, auf das Ende wartet und in dem er bald vergraben wird, sind nunmehr das Seine. Die »Brüder« schickt er weg, zurück ins Leben, jegliche Anteilnahme verbittet er sich, und mit dem Sterben wartet er, bis er sich nicht mehr von ihnen beobachtet fühlt. Der Moment des »Verreckens« auf den Steinen ist ihm peinlich, er fürchtet den totalen Würdeverlust. So hat der Tod des »Bruders« etwas Intimes, er ist zur Privatsache geworden; zumindest in diesem Gedicht. Erstaunlich ist, dass dieses Motiv der Interaktion zwischen einem

---

97 Vgl. ebd. 11, 81.
98 Vgl. ebd. 80–82.

Sterbenden und solchen, die weiterleben dürfen, Brecht derart wichtig war, dass er im Frühwerk gleich mehrere Variationen präsentiert.

Das Gedicht *Meines Bruders Tod* ist regelmäßig gegliedert und besteht aus vier Strophen mit Endreimen ABAB und unterschiedlichen Verslängen von 5 bis 13 Silben. Aufgrund seiner Struktur gehört es der Gattung des Liedes an und kann daher auch im Stil der Lieder Brechts vorgetragen werden.

Das Gedicht ist in einem hohen Stil geschrieben, das lyrische Subjekt verwendet eine anspruchsvolle Sprache, z. B.: »er verbat sich Weinen«, »er langte an die Brust«, »es ward sehr stille«. Im Grunde kann man nicht wissen, was ernst gemeint ist und was eine ironische Darstellung eines alkoholisierten Menschen ist, der dramatisiert, dass er stirbt (so wie ein hungriger Mensch *am Hunger* oder ein Tourist in den Tropen *an der Hitze stirbt*). Dies erinnert an recht subjektive Beteuerungen nach einem Trinkgelage; solche wie »ich werde nie wieder Alkohol zu mir nehmen!«, die nur so lange gültig sind wie die Katerbeschwerden andauern.

In der Populärkultur ist der betrunkene Mensch seit eh und je Gegenstand zahlreicher Witze und Späße, wie Sprüche, Anekdoten, Memes oder Kurzfilme auf *Social Media* belegen. Diese Haltung ist das Ergebnis der Trinkkultur, die die menschliche Zivilisation scheinbar schon immer begleitet hat. Je nach der Epoche (apollinisch oder dionysisch) ändert sich auch der Umgang mit Alkohol und Trinkern – er kann ein magisches Elixier zur Unterstützung des Künstler-Demiurgen sein oder ein Medium der Verständigung unter Teilnehmern an bacchantischen Gelagen oder ein Nektar des Vergessens, wie der Absinth. Dieses Gedicht ist jedoch ein seltenes Beispiel für eine pathetische Beschreibung eines Trunkenbolds.

Die semantische Dominante des Gedichts liegt auf der HsE-Ebene und zeigt das Bild eines von Alkoholrausch gequälten Protagonisten. Der Übersetzer sollte versuchen, den hohen Stil des Gedichts, die ausgefeilte Lexik, die formale Gliederung und die rhythmische Regelmäßigkeit (konstanter Versfuß) zu rekonstruieren, um den melischen Charakter zu erhalten. Die so gewählten Prioritäten zwingen dazu, zahlreiche Amplifikationen und Emulationen auf lexikalischer Ebene in die Übersetzung einzuführen.

»Er bog seinen Hals zurück« wurde im polnischen Text logisch weiterentwickelt zu (Rückübersetzung): »Mein Bruder bog seinen Hals in Zermürbung zurück«, um den Reim *umęczeniu / spojrzeniu* zu erzeugen.

Die Zeile »verbat sich zitternd alles Weinen« wurde um »tak jak umiał« (Rückübersetzung »wie er es konnte«) amplifiziert, wodurch eine in der Alltagssprache populäre Ausdrucksform entstand.

Die Zeile »Ihn blendete das Helle« wurde mit »Ihn reizte das Licht« übersetzt. Diese Lösung ähnelt im Polnischen der medizinischen Beschreibung eines Patienten, der untersucht wird.

Die Wendung »er sagte streng« wurde in »er sprach mit Kraft« umgewandelt, da andere mögliche polnische Varianten wie *srogo, ostro* nicht zum Kontext passen. Wenn es darum geht, das Pathos des sprechenden Trunkenbolds zu vermitteln, passt der gewählte Ausdruck bestens in die Konvention.

Interessant ist der I-Faktor in der Wendung »und es ward sehr stille«, der direkt auf die Beschreibung der Erschaffung der Welt in der Lutherbibel anspielt: »Und Gott sprach: Es werde Licht! Und es ward Licht« (1. Mose, 1.3). In der dargestellten Welt hat der Protagonist die Macht der Schöpfung, die ihn auch in den letzten Stunden seines Lebens nicht im Stich lässt. Er gibt seiner Umgebung Befehle, und es wird, wie er befiehlt. Er unterstreicht seine Macht mit den Worten »denn es ist mein Wille«, eine Anspielung sowohl auf das *Vaterunser* »Dein Wille geschehe« als auch auf das Lukasevangelium und die Beschreibung des Gebetes Jesu in Gethsemane, bevor er von den Juden gefangen genommen wird: »und sprach: Vater, willst du, so nimm diesen Kelch von mir, doch nicht mein, sondern dein Wille geschehe!« (Lukas 22,42). Bemerkenswert ist, dass der Kelch auch in diesem Gebet vorkommt, an das sich Brecht wörtlich anlehnt.

Die Zeile »Da wagte keiner mehr von uns, ihn noch zu stören« wurde von mir stark verändert, um einen Endreim und eine rhythmische Passung zu schaffen. In der Rückübersetzung heißt es: »Und keiner von uns wollte seinen Frieden auf dem Gewissen haben«.

Eine Amplifikation war in der Zeile »Er lag bis Mittag trunken murmelnd da« notwendig. Das Bild wurde in der Übersetzung durch den Inhalt der von dem Protagonisten gesprochenen Worte ergänzt, was wiederum Rhythmus und Reim aufrechterhält. In der Rückübersetzung heißt es: »Er lag bis zum Mittag trunken und murmelte leere Worte«. Dieser Zusatz verändert die Beschreibung nicht wesentlich.

Der Ausdruck »er verfiel in Eile« war nicht vollständig übersetzbar; auf Polnisch ist es eine unsinnige Aussage, da *in Eile* hier ein Adverb ist, das sich auf ein bewusstes, geplantes Handeln bezieht, wie in dem Satz *Beeile dich!* oder *Ich bin in Eile*. »Ineinander-Verfallen« ist ein unwillkürlicher Vorgang, zumal das Objekt der Handlung nicht mehr am Leben ist.

In der letzten Strophe erscheint die Amplifikation »er meinte, daß ihn keiner sah« – im Polnischen wurde sie für den Reim um das Objekt ergänzt. Die Rückübersetzung lautet: »Er dachte wohl, dass niemand sein Sterben sah.«

* * *

Immer beruhigt der Tod	*Śmierć zawsze uspokaja*
Verdunkelnd das Ziel	Zaciemniając cel
Er begräbt unter Schmutz	Zakopuje pod warstwą brudu
Und Zufriedenheit	I zadowolenia
Den nicht zu Wort Gekommenen ganz.	Całkowicie tego, co nie doszedł do głosu.
Sein Gericht, das er sucht	Jej sąd, którego poszukuje
Wird vertagt und vertröstet wird	Został odroczony i zwodzi
Kläger und Angeklagter zugleich	Oskarżyciela i oskarżonego zarazem
Und das Gericht	A sąd
Tritt niemals zusammen.	Nigdy nie zbierze się na posiedzenie.
Wo er liegen bleibt, der Platz	Tam, gdzie ona się położy, to miejsce
War das Ziel nicht und oft	Nie było celem i często
Stand er schon dort	Stała już tam wcześniej

(GBA 14, 96)

Zehn Jahre nach Entstehung von *Ich beginne zu sprechen vom Tod, Lied von meiner Mutter* und *Meines Bruders Tod* nähert sich Brecht in völlig anderer Weise dem Sterben. Die Kommentatoren der GBA gehen wohl mit Recht davon aus, dass *Immer beruhigt der Tod* ein Fragment ist, weil das Manuskript keinen Schlusspunkt aufweise,[99] und tatsächlich scheint das Gedicht plötzlich abzubrechen: Aufgenommene Gedanken und Bilder werden nicht weitergeführt. Allerdings ist zu beachten, dass Brecht schon in *Ich beginne zu sprechen vom Tod* im gesamten Gedicht bewusst und konsequent Punktsetzungen unterlässt, um auf das letztlich Offene und Unfassbare des Todes zu deuten.

Der Tod erscheint als Palliativ, das Trost spenden, aber auch, je nach dem, ein Affront sein kann: Denn den einen, den Sündern, erspart er das Gericht, den Redlichen, Gerechten aber enthält er es vor. Brecht spielt auf das christliche Motiv des »jüngsten Gerichtes« an, von zentraler Bedeutung unter anderem im katholischen Requiem, das von prominenten Komponisten vielfach vertont und von bildenden Künstlern gestaltet wurde. Nach dem Matthäus-Evangelium tritt beim Jüngsten Gericht Jesus als Richter in Erscheinung, um über die »Gerechten« und »Ungerechten« zu richten, sie in den Himmel oder in die Hölle zu schicken.[100] Seitens der Kirche wurde dieses Szenario immer wieder als Zuchtinstrument genutzt, die Gläubigen zu disziplinieren.

Dieses Gericht aber, so Brecht, wird nicht zusammentreten. Der Tod verhindert dies, »verdunkelt«, »vergräbt« die Erwartung, dieses Bedürfnis, das ein zutiefst menschliches ist. Auch der »Sünder« kann sich nicht recht freuen. Denn

---

99 Vgl. ebd. 14, 503.
100 Vgl. Mt 25, 31–46.

man »sucht« jenes Gericht: dass entschieden werde über die Taten jedes Einzelnen, über Gutes und Böses. So aber kommt niemand »zu Wort«: Weder jener Sünder, der durch den Opfertod Jesu möglicherweise doch erlöst werde, noch der Redliche, der Gottes Gebote stets erfüllte und dies durch den Spruch, um den er durch den Tod betrogen wird, bestätigt wissen und seinen »Himmelslohn« erhalten will.

So ist die Botschaft – dies ist das Besondere an Brechts Gedicht –, dass »der Tod beruhigt« und dass es jenes Gericht nicht geben wird, nur vordergründig eine gute. Sie erleichtert bestenfalls bedingt, macht die Welt nicht besser, das Leben kaum leichter. Da kann man sich drehen und wenden wie man will. Sollte es sich tatsächlich um ein Fragment handeln, wäre es hochinteressant zu wissen, wie Brecht diesen in der ersten Strophe vorangestellten provozierenden Grundgedanken weitergeführt hätte.

Für den Übersetzer stellt dieses Gedicht einen großen stilistischen Sprung gegenüber Werken dar, die nach klassischen lyrischen Mustern entstanden sind. Wir erkennen hier weder Rhythmus noch Reim. Es hat auch keinen melodischen Charakter. Es ist die Aufzeichnung einer Idee, eine lyrische Skizze.

Die semantische Dominante des Gedichts ist sein Protagonist, der Tod, der als Begriff in der Lutherbibel kein einziges Mal vorkommt; er wird in verschiedener Weise durch das Verb sterben ersetzt. Der im Gedicht vorkommende Tod, seine Gestalt, ist das Ergebnis von Entwicklungen in der mediterranen Kultur und vielleicht ein Überbleibsel früherer Kulte.

Im polnischen Bibeltext kommt der Tod als Lexem vor und wird als weibliche Figur personifiziert. Dies stellt bei Übersetzungen oft ein zusätzliches Problem dar, da es auf der HsE-Ebene zu erheblichen Veränderungen kommt – wie z.B. in der Übersetzung der *Todesfuge* von Paul Celan – wo die Übersetzung des Textes ins Polnische die Aufnahme jenes weiblichen Todes erfordert, was das Bild des dort beschriebenen Henkers – der »Meister aus Deutschland / seine Augen sind blau« – völlig verändert.

Diese Änderung des Geschlechts erschwert auch die Übersetzung vieler Aphorismen und Sprichwörter aus dem Deutschen, z.B. *Der Tod ist des Schlafes Bruder*, weil er die weibliche Form annehmen muss, was die Umwandlung von *Bruder* in *Schwester* bedeutet und die Konnotation des Aphorismus beim Empfänger verändert. Ähnliche Probleme ergeben sich bei der Übersetzung anderer Personifikationen abstrakter Phänomene aus dem Deutschen, wie z.B. Krieg, das im Polnischen ebenfalls in der weiblichen Form vorliegt und so verschiedene Kulturtexte konnotiert sind, wie z.B. das polnische Kriegslied *Wojenko, wojenko* (Text von Feliks Gwiżdż / Henryk Zbierzchowski / Edward Słoński / Józef Obrochta-Maćkulin, Übersetzung PS):

Wojenko, wojenko, cóżeś ty za pani,	Krieg, Krieg, was bist du für eine Dame,
Że za tobą idą, że za tobą idą	Dass hinter dir ziehen, dass hinter dir zie-
Chłopcy malowani?	hen
	Bildschöne Jungen?
Chłopcy malowani, sami wybierani,	Bildschöne Jungen, nur die auserwählten,
Wojenko, wojenko, wojenko, wojenko,	Krieg, Krieg, Krieg, Krieg,
Cóżeś ty za pani?	Was bist du für eine Dame?

Die Übersetzung ins Deutsche führt zu einer Veränderung auf der Ebene der HsE – der Krieg ist im Original eine schöne Frau, eine Dame, die die schönsten Jungen dazu bringt, ihr in den Tod zu folgen. Analysiert man denselben Text im Deutschen, wird nicht mehr klar, warum der Krieg gerade die schönsten Jungen anziehen will.

Ähnliche kulturelle Unterschiede gelten für die Jahreszeiten – im Deutschen sind sie alle männlichen Geschlechts, im Polnischen sind sie weiblich, und daher wird jede Jahreszeit als eine Frau personifiziert. Auch die Einteilung der weiblichen Schönheitstypen in Bezug auf Haut-, Augen- und Haarfarbe in den vier Jahreszeiten ist in der polnischen Kultur ähnlich.

Im Gedicht *Immer beruhigt der Tod* versucht das lyrische Subjekt die erschreckende Vorahnung des Jüngsten Gerichts aus der Offenbarung zu unterlaufen:

»Und ich sah Stühle, und sie setzten sich darauf, und ihnen ward das Gericht gegeben; und die Seelen derer, die enthauptet sind um des Zeugnisses Jesu und um des Wortes Gottes willen, und die nicht angebetet hatten das Tier noch sein Bild und nicht genommen hatten sein Malzeichen an ihre Stirn und auf ihre Hand, diese lebten und regierten mit Christo tausend Jahre« (Offenbarung 20, 4).

Das Gedicht zeigt also das Gegenteil der großen Versammlung des Jüngsten Gerichts: sein Verschwinden, seine mangelnde Tatkraft, seine Verfahrenslosigkeit, seine Unfähigkeit, die Parteien anzuhören, das Fehlen jeglichen Urteils, das es ermöglicht, den Begriffen Moral, Sünde, Heilung, Verdammnis, die bisher als Leitbilder der bürgerlichen Tugenden galten, sowie der Forderung nach guten Taten zu widersprechen. Ohne das Gericht verschwinden auch die mit ihm verbundenen Rollen wie die der Kläger, der Angeklagten und vielleicht sogar des Richters, Gottes, der abwesend ist.

Das bürgerliche Rattenrennen zum Himmel, der Ablasshandel, das ewige Beten und Fasten, die Träume vom Paradies und der Erlösung und ein ethisches Leben mit seinen Opfern werden sinnlos. Auch die Angst vor Bestrafung für die eigenen Verfehlungen verschwindet dank des Todes, weshalb »der Tod immer beruhigt«.

Die Übersetzung selbst enthält aufgrund der Alltäglichkeit der verwendeten Formulierungen, die aus der Rechtssprache stammen, nicht viele Änderungen: Kläger, Angeklagter, vertagt sein, zusammentreten – all dies konnte sehr textnah übersetzt werden. Das Gedicht unterscheidet sich nicht von einem Prosatext und erforderte daher keine besonderen Verfahren bei der Übersetzung.

3.9   Das Leben

Das Beschwerdelied   *Skarga*

So mancher rennt sich müd   Niektóry w biegu się zmęczył
Weil er die Ruh zu sehr   Bo spokój za bardzo chroni.
Liebt. Alle rennen nach dem Glück: Wszyscy biegają za szczęściem:
Das Glück rennt hinterher.   A ono za nimi goni.
Wer sich lang zermartert   Kto się długo pomęczy
Kommt zu spät zum Fraß.   Na żarcie za późno przychodzi,
Wer sich kurz zermartert   Kto się za krótko męczy
Rennt die falsche Straß.   Wnet na złe drogi schodzi.

Weit schneller rennt man ohne Kopf   Wiele szybciej biec bez głowy
Verliert ihn gern und dann   Kiedy chętnie ją stracicie
Greift man die Frucht und staunt, daß man   Zadziwieni łapiąc owoc
Ohne Kopf nichts fressen kann.   Bez niej jeść nie potraficie.
Wollt ihr Sterne langen   Kiedy chcecie gwiazdy łapać
Müßt ihr rennen sehr   Biec musicie z całej pety
Denn ihr tragt an Stangen   Ale gwiazdy te na tyczkach
Schnell sie vor euch her.   Unoszone w dal, niestety.

Der Baum des Lebens strotzt   Drzewo życia napełnione
Von Früchten überall: Owocami wokół nas:
Steig nicht hinauf, du schindst dich nur: Nie wchodź na nie, będziesz ranny
Man pflückt sie nur im Fall!   Tylko spady zbierać czas!
Wird euch von der Meute   A jeśli wam tłuszcza
Zahnwerk eingehauen   Zęby powybija
Müßt ihr Zahn und Beute   Trzeba łup i zęby
Ungekaut verdauen.   Całe pchać do ryja.

Und flaggst du faul im Gras	Gdy w trawie jak leń zlegniesz
Und streckst die Zung heraus:	I język swój wystawisz
Plumpst dir die Frucht ins große Maul	Wpadnie ci owoc w pysk wielki
Und schlägt die Zähn dir aus.	I zęby ci przestawi.
Rauft ihr um das Saufen	Kiedy walczycie o chlanie
Wird der Wein verschüttet	To wino się rozleje
Und ihr seid vom Raufen	A w głowach od bitki szumi
Statt vom Wein zerrüttet.	I to się bez wina dzieje.
Und kommt ihr hoch, so kommt	Szczyt tylko osiągacie
Ihr höchstens auf ein Weib	Gdy babę posiadacie
Das zieht ihr aus, sie euch hinab:	Kiedy ją rozbieracie, ona was na dno skaże:
Ihr zahlt den Zeitvertreib.	Gdy za czas płacić każe.
Schön ist das Leben	Życie jest piękne wtedy
Wenn du schöner bist:	Kiedy i tyś piękny fest:
Dann bleibst du dran kleben	Przykleisz się do niego
Weil es schmutzig ist.	Bo życie brudne jest.
Das ewig Weibliche	Wieczna natura kobiety
Ja manchen zieht's hinan:	Niektórych tak przyciąga:
An einem Galgen sehr solid!	Że stryk im się zaciąga!
Nur hängt kein Mann dann dran.	I żaden nie wisi już pan.
Sind zu kurz die Brücken	Bo mosty są za krótkie
Was das Herz beschweren!	Co serce obciążają!
Ob viel oder wenig fehlt	Czy dużo, czy też mało
Daß sie lang gnug wären!	Lecz nigdy nie starczają!

(GBA 13, 91 f.)

Bei seinen ersten Veröffentlichungen für Augsburger Tageszeitungen zeichnete Brecht zunächst mit »Berthold Eugen«. Damit wählte er ein Pseudonym, das nahe an seinem Namen ist, damit Bekannte sehr wohl wissen konnten, wer der Autor der Texte war. Um 1916 machte Brechts literarische Produktion geradezu einen Quantensprung. Ab nun entstanden Gedichte von hoher Qualität, einige zählen zu den bekannteren Brechts. Niemand wusste das besser als er selbst, der nun offen den Autorennamen »Bert Brecht« als sein Markenzeichen führte. Aus diesem Jahr stammt auch das *Beschwerdelied*, das Brecht, wie manch andere, möglicherweise für seinen Zyklus *Die Hauspostille* vorsah und einen Ausschnitt aus ihm sogar in die *Dreigroschenoper* übernahm.[101]

Zwischen Lebenshinwendung, Todesbedrohung und abgeklärtem Fatalismus changieren Brechts frühe Gedichte häufig; so auch das *Beschwerdelied*. Der Titel scheint zunächst ein wenig kryptisch zu sein: Wer beschwert sich über was? Er

---

101 Vgl. GBA 13, 432.

erschließt sich aber, wenn man sich den Tenor des Gedichts vor Augen führt. Die Einsicht der berichtenden Instanz lautet: Du kannst dich drehen und wenden wie Du willst, moralisch und solide sein oder nach Genuss gieren, das Leben ist furchtbar, eine Katastrophe für den Menschen, der immer zu kurz kommt. Darüber »beschwert« sich die erzählende Instanz bei einer Autorität, die es nicht gibt. Denn wer sollte dieses »beschwerte Leben«, so die Doppeldeutigkeit des Titels, ändern können? Gott oder der Mitmensch?

Die »Verhältnisse sind eben so«, frei nach der *Dreigroschenoper*,[102] und dem Menschen bleibt nichts als alle Illusionen zu durchdringen und das Leben als ein »beschwerliches« und – keineswegs negativ konnotiertes – »schmutziges« hinzunehmen. Das Besondere an diesem Gedicht ist, dass, passend zum Markenzeichen »Bert Brecht«, dieser an sich ernste und niederdrückende Fatalismus – anders als beispielsweise in *Von der Freundlichkeit der Welt*[103] – in beschwingthumorvollem Ton vorgetragen wird, was den »bürgerlichen« Leser doppelt provoziert haben dürfte. Anlehnungen an literarische Vorbilder des jungen Brecht wie Paul Verlaine und Frank Wedekind, dessen Bild in Brechts Mansarde in der Augsburger Bleichstraße hing, sind im *Beschwerdelied* unverkennbar.

Brecht führt seine Erkenntnis in mehreren Varianten vor, wobei er zum Teil recht originelle Bilder und Motive verwendet. Gieren nach Glück, ihm hinterherrennen, ist sinnlos, da jenes Glück, wider Erwarten, dem Menschen seinerseits hinterherläuft, es für ihn dadurch allerdings unerreichbar bleibt. Ähnlich ist es mit den Sternen, denen er gleichfalls hinterherrennt, nach denen er greifen möchte. Sie bleiben, trotz aller Anstrengung, immer in selber Ferne. Denn der Mensch trägt sie – ähnlich wie einen Lampion, der ein wichtiges Requisit der Selbstinszenierung des jungen Brecht und seines Augsburger Freundeskreises war – an einer Stange vor sich her, ohne es zu wissen. Diese Stange ist immer gleich lang, damit der Lampion oder Stern immer gleich weit weg, egal wie schnell der Mensch rennen mag. In der GBA folgt nach dem *Beschwerdelied* fast unmittelbar die zeitnah entstandene *Serenade*, in der es heißt: »Da trottet übern Rathausplatz / Bert Brecht mit seinem Lampion.«[104]

Es ist letztlich egal, was der Mensch tut. Sich anstrengen, »sich zermartern«, ist genauso sinnlos wie diese Anstrengung einfach zu unterlassen. Glück erfährt der Mensch bestenfalls »im Fall«, wenn er im Begriff ist unterzugehen und dann kaum noch etwas oder nichts mehr von ihm hat. Innerhalb seines Reigens der »Vergeblichkeit menschlichen Strebens« unterlässt es Brecht nicht, sich auch an dem zu vergreifen oder es zu parodieren, was dem bürgerlichen Leser hoch und heilig ist: an der Religion und an der traditionellen, idealistischen Kunst. Sa-

---

102 Vgl. ebd. 2, 263.
103 Vgl. ebd. 11, 68.
104 Ebd. 13, 93.

krosankt ist nichts mehr in diesem genüsslich vorgetragenen Fatalismus. Der »Baum des Lebens«, eng verbunden mit dem Schöpfungsmythos vieler Religionen[105] und Bindeglied von Himmel und Erde, in die er mit seinem Wipfel und den Wurzeln reicht, zeichnet sich bei Brecht vornehmlich aus durch seine Fallhöhe. Diese wird demjenigen zum Verhängnis, der, ähnlich dem von Eva angestachelten Adam im Ersten Buch Mose,[106] sich anschickt, die Frucht zu ernten.

Und wieder wird Goethes Idealismus auf den Boden der Tatsachen zurückgeholt; so zumindest die Absicht Brechts. »Das Ewig-Weibliche / Zieht uns hinein« lässt Goethe im zweiten Teil seines *Faust* (Vers 12110f.)[107] den *Chorus mysticus* sprechen. Damit meint er, dass der Mann moralisch veredelt werde durch die hoheitliche und reine Liebe einer Frau. Brecht dagegen sieht jenes »Hinanziehen« vordergründig sexuell. Der Mann steigt nicht in höhere Sphären, sondern schlicht auf das Weib und merkt nicht, dass dies sein Verhängnis sein kann und er wie an einem Galgen hochgezogen wird.

Was aber soll der Leser aus dem *Beschwerdelied* folgern? Nichts! Brecht stand niemals ernsthaft im Verdacht, literarischer Lebensberater zu sein.

Ich sehe dieses Gedicht als eine Reflexion über den metaphysischen Aspekt des Lebens und das Nichts. Das lyrische Subjekt kehrt zu den Lebenden zurück, beginnt, das irdische Leben wahrzunehmen ohne dass der Tod, wie im vorangehenden Gedicht, anwesend ist, und erkennt dessen Einfachheit an. Es beschließt jedoch, diesmal gesellschaftliche Werte, Ideale und Eitelkeitsträume anzufechten.

In der ersten Strophe verneint Brecht den Sinn des verrückten Rattenlaufs, des Strebens, des dem Glück Hinterherlaufens. Diese Haltung bringt ihn der für die östliche Philosophie typischen Naturverbundenheit näher, die in den beiden Gedichten aus der *Hauspostille*, *Vom Klettern in Bäumen*[108] und *Vom Schwimmen in Flüssen*,[109] die ebenfalls Lebensanleitungen sind, ihre volle Gestalt annimmt. Es ist das taoistische Konzept *wu-wei* (無為), das alle Bemühungen vergeblich erscheinen lässt und zur Untätigkeit auffordert. Der Mensch sollte sich dem Schicksal ergeben und alles von selbst geschehen lassen, ohne etwas willentlich beeinflussen zu wollen. Dann wird es sich selbst vollenden, wie *Tao Te Ching* es treffend beschreibt:

---

105 Vgl. Gen 1, 29.
106 Vgl. ebd., 2–5.
107 Vgl. GBA 13, 433.
108 Vgl. ebd. 11, 71f.
109 Vgl. ebd., 72f.

Therefore the Master	Deswegen agiert die Meisterin
acts without doing anything	ohne etwas zu tun
and teaches without saying anything.	und unterrichtet ohne etwas zu sagen.
Things arise and she lets them come;	Die Sachen erscheinen und sie lässt sie
Things disappear and she lets them go.	kommen;
She has but doesn't possess,	Die Sachen verschwinden und sie lässt sie
acts but doesn't expect.	gehen.
When her work is done, she forgets it.	Sie hat sie, aber besitzt sie nicht,
That is why it lasts forever.[110]	agiert, aber hat keine Erwartungen.
	Wenn das Werk vollbracht ist, vergisst sie
	es.
	Daher bleibt es für immer erhalten.

Übersetzung PS

Auch in der Popkultur gibt es zahlreiche Bezüge, auch in Form von Sprüchen; auf Polnisch zum Beispiel: *jak zarobić a się nie narobić* (dt. ›wie verdienen, ohne hart zu arbeiten‹).

Auf eine ähnlich sinnlose Anstrengung wird auch durch eines der boshaften *morale patches* der US-Armee angespielt, das auf Uniformen getragen wird: »Don't run, you only die tired«. Dasselbe sagt auch das lyrische Subjekt: »Es hat keinen Sinn zu rennen, müde zu werden, denn das Ergebnis ist dasselbe«.

Die zweite Strophe ist eine Erweiterung des Phraseologismus *den Kopf verlieren*, im Sinne von ›unkonzentriert, unruhig, panisch werden und deshalb unüberlegt, unbesonnen handeln‹ (dwds), der hier wörtlich genommen und mit dem Bild des Essens ohne Kopf kombiniert wird.

Die letzten vier Zeilen der zweiten Strophe sind ein recycelter Spruch des Virgil »*Per aspera ad astra*«, der auf theatralische Weise rekontextualisiert wird – die Sterne werden zu Requisiten, der Schauspieler kann sie in seiner Blindheit nicht erreichen, weil sie an seiner Person befestigt sind.

In der nächsten Strophe gibt es eine IT-Relation zum biblischen Baum des Lebens, es ist der Baum, den Gott in die Mitte des Gartens Eden gestellt hat (1. Mose 3,22–24). Gott verbot, Früchte von ihm zu pflücken; der Ungehorsam des Menschen führte zu seiner Vertreibung aus Eden. Die göttliche Perspektive wird hier mit der menschlichen kombiniert – der Mensch soll nicht auf diesen Baum klettern, um sich nicht zu verletzen, es geht also nicht um ein göttliches Verbot, sondern um rationales Handeln. Außerdem ist die Meute in der dargestellten Welt bedrohlich. Sie kann dem Protagonisten die Zähne ausschlagen, so dass es schwierig wird, die auf den Boden fallenden Früchte zu essen.

---

110 *Tao Te Ching. A New English Version, with Foreword and Notes.* Übersetzung und Redaktion Stephen Mitchell. Harper Perennial Modern Classics, New York, London, Toronto, Sydney, 2006, 2.

Die nächste Strophe steht in der Tradition des Schlaraffenlandes (in der britischen Kultur als *Cockaigne* bekannt), das u. a. 1567 von Pieter Brueghel dem Älteren gemalt wurde – von dort stammt das Motiv der Nahrung, die vom Himmel in die Mäuler der Faulpelze fällt, und das obsessive Motiv der ausgeschlagenen Zähne.

Die nächste Strophe widerspricht dem ehrgeizigen Streben des Mannes – die Krönung seines Könnens ist es, auf ein Weib zu klettern, und auch das ist nur gegen Geld möglich.

In der letzten Strophe wird die Weiblichkeit als eine Bedrohung, als Falle für den Mann dargestellt, der die Liebe sucht, obwohl das Leben schmutzig und einfach ist.

Das Gedicht *Das Beschwerdelied* stellt eine Herausforderung für den Übersetzer dar, da es ein relativ kurzes Metrum – durchschnittlich sechs Silben – und unregelmäßige Reime aufweist. Jede Strophe ist zweigeteilt – die ersten vier Zeilen sind ein Exemplum, das zweite Quartett hat den Charakter eines verallgemeinerten Grundsatzes, der an ein Sprichwort bzw. an eine Weisheit erinnert.

Um die Struktur des Gedichts zu rekonstruieren, habe ich der Melodie den Vorrang gegeben – die Übersetzung blieb im Rhythmus und im Reim einigermaßen regelmäßig. Dieses Ziel konnte durch zahlreiche lexikalische und syntaktische Emulationen und Amplifikationen erreicht werden.

Das Verb *sich müde rennen* wurde zu *müde werden* emuliert, wodurch die 8-silbige Zeile im Translat erhalten blieb.

Die Form *jemand rennt die falsche Straße* wurde durch den polnischen Phraseologismus *schodzić na złe drogi* (dt. ›vom rechten Weg abkommen‹) ersetzt, der eine figurative Komponente ins Gedicht einführt, während der Ausdruck im Original wörtlich verstanden werden kann.

Die Wortgruppe *sehr rennen* amplifizierte ich um das kaum übersetzbare, umgangssprachliche Adverb *z całej pety* mit der Bedeutung ›mit ganzer Wucht‹.

Das Verb *schinden* wird von Brecht in seiner ursprünglichen Bedeutung von ›häuten‹ verwendet – eine Übersetzung wäre zwar möglich, würde aber viele zusätzliche Silben kosten, daher habe ich eine Reduktion mit einem einfacheren Begriff *być rannym* (dt. ›verwundet sein‹) vorgenommen.

Das Bild der Schläger, die vom Raufen, nicht vom Wein zerrüttet sind, war schwer zu übersetzen. Im polnischen Text habe ich einen Begriff aus dem Podhale-Dialekt eingeführt *bitka* (dt. ›Schlägerei, Prügelei‹), und ich emulierte die syntaktische Form zu *I to się bez wina dzieje* (dt. ›und dies passiert ohne Wein‹).

Die Klage des lyrischen Subjekts über das Leben stigmatisiert dessen Primitivität, Perspektivenlosigkeit und mangelnden Ehrgeiz. Das Leben hat zwar märchenhafte Elemente, aber es sind die Mitmenschen, die es zum bürgerlichen Tümpel machen, den man kaum verlassen kann. Und wenn, dann nur, um auf ein

Weib zu steigen, um die auf Stangen am Rücken montierten Sterne zu erreichen.
Letzteres wird nie gelingen.

* * *

Über die Städte 2	*O miastach 2*
Etliche ziehen fort, eine halbe Straße	Niektórzy się wyprowadzają, pół ulicy dalej
Hinter ihnen werden die Tapeten geweißnet	Po nich bieli się tapety
Niemals sieht man sie wieder, sie essen	Nigdy się ich już nie widzi, jedzą
Ein andres Brot, ihre Frauen liegen	Inny chleb, ich kobiety leżą
Unter anderen Männern mit gleichem Ächzen	Pod innymi facetami z tym samym stękaniem
An frischen Morgen hängen	Świeżym rankiem wiszą
Aus den gleichen Fenstern Gesichter und Wäsche	W tych samych oknach twarze i pranie
Wie ehedem	Jak wcześniej

(GBA 13, 363)

Zehn Jahre später: ein anderer lyrischer Ton, der gleiche Fatalismus: Alle Ge-
nüsslichkeit und die Freude daran, dem Leser Lebenssicherheit zu nehmen, sind
verschwunden. Duktus und Motive erinnern auch hier an den Großstadtzyklus
Aus dem Lesebuch für Städtebewohner, der zu etwa gleicher Zeit entstand. Aber
handelt es sich tatsächlich nur um Großstadtlyrik, wie der Titel es nahelegt?
Gewiss: Der Schauplatz ist die Stadt, die Sphäre des Urbanen. Menschen ziehen
offenbar um, wechseln ihre Wohnung, ihren Wohnort. Sie verschwinden in der
Anonymität des »Molochs« der Großstadt. Niemand fragt mehr nach ihnen.
Denn erfolgreich haben sie, wie es in *Aus dem Lesebuch für Städtebewohner* heißt,
»ihre Spuren verwischt«.[111]

Doch es geht nicht um Menschen, die einfach nur umziehen, von einem
Stadtteil in einen anderen; möglicherweise, weil sie sich ihre alte Wohnung nicht
mehr leisten können oder weil sie Karriere machten und nun ein besseres Leben
vor sich haben. Vergänglichkeit und Tod sind die eigentlichen Themen des Gedichts, die vor dem Hintergrund dieser Stadtkulisse vorgeführt werden. Das
Beschleunigte, Anonyme der Stadt führt radikal vor Augen, was das Leben eines
Menschen ist: so gut wie nichts.

Ist ein Mensch in anderer Umgebung »gegangen«, weiß man über die näheren
Umstände Bescheid. Möglicherweise nimmt man an seiner Beisetzung teil, er
wird vermisst oder sein »Nichtmehrvorhandensein« zumindest noch für eine

---

111 Vgl. GBA 11, 157.

gewisse Zeit zur Kenntnis genommen. In der Stadt hinterlässt er tatsächlich keine Spuren. Spätestens der Anstreicher tilgt sie. Er kann kaum erwarten, die Wohnung neu zu streichen, denn die neuen Bewohner stehen schon auf der Schwelle. Auch diese werden nicht lange hier sein. Die Fenster bleiben dieselben, die Gesichter, die aus ihnen schauen, kommen und gehen; Anlass genug, nicht länger bei ihnen zu verweilen. Gleich bleibt auch die Verrichtung des Geschlechtsverkehrs, der als anonyme Lustbefriedigung erscheint. Dazu bedarf es, bei Brecht ein geläufiges Bild, keines Individuums, keines »Gesichtes«.[112] Männer, unter den man als Frau zu liegen kommen könnte, gibt es schließlich genug in der Stadt.

Verschwunden sind die alten Bewohner, für immer. Sie essen nicht mehr das herkömmliche Brot, denn sie benötigen keine Nahrung mehr. Jene »anderen« Speisen sind die des Himmels oder, je nach Sichtweise, des Nichts – ein Motiv, das beispielsweise am Schluss von Mozarts *Don Giovanni*, Brecht gut bekannt,[113] von Bedeutung ist.[114]

Wieder wird der Leser alleine gelassen mit diesen Erkenntnissen, den Impressionen einer auktorialen Instanz, die »über die Städte« zu fliegen und genau hinzuschauen scheint, wohl Schlüsse aus ihren Beobachtungen zieht, aber sich hütet, diese in Handlungsanweisungen zu überführen.

Die Faszination für die Stadt als eine neue soziale und zivilisatorische Schöpfung ist in der Zwischenkriegszeit auch in der polnischen Kultur präsent. In der Künstlergruppe Krakauer Avantgarde (1922–1927) erschien 1922 ein Manifest von Tadeusz Peiper mit dem bedeutsamen Titel *Miasto – Masa – Maszyna* (dt. ›Stadt – Masse – Maschine‹).

Darin beschreibt Peiper die Entwicklung der Städte und des Bürgertums, das Verschwinden der Rolle des Individuums. Er sieht die Stadt als Produzentin von Neuem, aber auch als Moloch, der dem Menschen eine Lebensweise aufzwingt, die mit seiner Physiologie unvereinbar ist und die auch seine Wahrnehmung der Realität negativ beeinflusst. Der Mensch leidet unter Muskelschwund, ist dazu verurteilt, auf kurze Entfernungen zu achten und Luft von fragwürdiger Qualität zu atmen. Aber die Stadt bringt durch ihren Einfluss einen neuen Menschen und einen neuen Künstler hervor, der beginnt, in der urbanisierten, künstlichen Landschaft Schönheit zu sehen, was von ihm allerdings verlangt, seine ästhetische Wahrnehmung zu ändern:

> »Die Schönheit der geraden, langen Boulevards sehen, die von den Bedürfnissen des Lebens geformt wurden und wie Saiten gespannt sind, auf denen die Räder der Karren und die Absätze der Menschen ein Lied spielen, das man sonst nirgendwo hört. Die

---

112 Vgl. ebd., 92f.
113 Vgl. ebd. 23, 21, 40, 27, 152, 311.
114 Vgl. Mozart, 832.

Schönheit der mit bunten Plakaten bedeckten Wände zu sehen und sich an diesem außergewöhnlichen Epos zu erfreuen, das dem Leben der Stadt stets eine Woche voraus ist. In den Schaufenstern eine Schönheit zu sehen, die der von Kathedralkapellen gleichkommt. Im silbernen Glanz der Straßenbahnschienen eine Schönheit zu sehen, die mit der der Sonne auf der Stirn einer Flusswelle rivalisiert. In der modernen und geschickt gekleideten Frau, die über den Bürgersteig eilt, den Schmetterling bewundern, den die Natur nicht erschaffen könnte«[115]

Brechts Gedicht *Über die Städte 2* ist geradezu eine Paraphrase auf das urbane Leben der Neuzeit – nicht zuletzt durch seine moderne Form, das Fehlen regelmäßiger Versfüße, Reime und den weitgehenden Verzicht auf eine metaphorische Sprachverwendung. Die Thematik der Stadt erfordert einen neuen Menschen und einen neuen Dichter, der allerdings den bürgerlichen Tümpel glücklich verlassen hat und nun die dargestellte Welt neu definiert, die unpersönlich ist, wie die Passivform »werden Tapeten geweißnet« und die unpersönliche Form »niemals sieht man sie wieder« andeuten. Diese Welt ist recht transparent strukturiert, sie spiegelt sich wider in der thematischen Reihe *Straße – Tapeten – Brot – Frauen – Männer – Morgen – Fenster – Gesichter – Wäsche*.

Die Aufgabe des Übersetzers erweist sich diesmal als recht einfach – er muss die vorgegebene thematische Reihe möglichst in der Alltagssprache und in unpersönlichen Formen wiedergeben.

Eine gewisse Schwierigkeit stellt die Übersetzung des Substantivs *Frau* dar, das im Deutschen sowohl *Ehegattin* als auch *Frau* in engerem Sinne bedeutet. Wie auch immer der Übersetzer sich entscheidet, er wird gezwungen sein, die Botschaft zu reduzieren. Ich habe mich für *kobieta* entschieden und das mögliche Äquivalent *żona* gestrichen. Dies könnte mit der Vielfalt der zeitgenössischen Beziehungen begründet werden, die nicht unbedingt offiziell legitimiert sein müssen, was auch ihr Ende und das Fortziehen der Partner erleichtert.

Die einzige Metapher im Gedicht ist »aus den Fenstern hängen Gesichter«, die sich ins Polnische wörtlich übersetzen ließ.

* * *

---

115 T. Peiper »Miasto – Masa – Maszyna«. [In:] »Zwrotnica«, Nr. 2 / 1922, 25, Übersetzung PS.

Diese Babilonische Verwirrung der Wörter	*To babilońskie pomieszanie języków*
Kommt daher, weil sie die Sprachen	Chodźcie zatem, ponieważ języki
Von Untergehenden sind	Należą do tych, co upadają
Daß wir sie nicht mehr verstehen	Że nie możemy ich zrozumieć
Das kommt daher, daß es	Jest związany z tym, że
Nichts mehr nützt, sie zu verstehen	Nie ma żadnego pożytku z ich rozumienia
Was nützt es den Toten	Co za sens w opowiadaniu zmarłym
Zu erzählen, wie man besser	Historii jak można było lepiej
Gelebt hätte, bewege doch nicht	Żyć, nie zachęci to przecież
Den Erkalteten dazu	Ostygłego do
Die Welt zu erkennen	Poznania świata
Streite nicht	Nie kłóć się
Mit dem, hinter dem	Z tym, za którym
Schon die Gärtner warten	Już czekają ogrodnicy
Gedulde dich lieber.	Okaż lepiej cierpliwość.
Neulich wollte ich euch	Ostatnio chciałem wam
Erzählen mit Arglist	Opowiedzieć podstępnie
Die Geschichte eines Weizenhändlers in der Stadt	Historię handlarza pszenicą w mieście
Chikago, mitten im Vortrag	Chicago, w środku opowieści
Verließ mich meine Stimme in Eile	Z pośpiechu zabrakło mi głosu
Denn ich hatte	Bo
Plötzlich erkannt: welche Mühe	Nagle zrozumiałem: jaki wysiłek
Es mich kosten würde, diese Geschichte	Musiałbym podjąć, by tę historię
Jenen zu erzählen, die noch nicht geboren sind	Opowiedzieć tym, którzy jeszcze się nie urodzili
Die aber geboren werden und in	Ale którzy jednak się urodzą i
Ganz anderen Zeitläuften leben werden	Będą żyć w zupełnie innych czasach
Und, die Glücklichen! gar nicht mehr	I, szczęśliwcy! W ogóle nie
Verstehen können, was ein Weizenhändler ist	Będą mogli zrozumieć, kto to jest handlarz pszenicy
Von der Art, wie sie bei uns sind	Jak ci, którzy są u nas
Da fing ich an, es ihnen zu erklären, und im Geist	I zacząłem im wyjaśniać, a w duchu
Hörte ich mich sprechen sieben Jahre	Słyszałem siebie jak gadam siedem lat
Aber ich begegnete	Ale napotykałem
Nur stummem Kopfschütteln bei allen	Tylko nieme kręcenie głową wszystkich
Meinen ungeborenen Zuhörern	Moich nienarodzonych słuchaczy
Da erkannte ich, daß ich	I zrozumiałem, że ja
Etwas erzählte, was	Opowiadam coś, czego
Ein Mensch nicht verstehen kann	Człowiek nie może zrozumieć.

Sagten sie zu mir, ihr hättet müssen	I powiedzieli do mnie, powinniście byli
Eure Häuser ändern oder euer Essen	Zmienić wasze domy lub wasze jedzenie
Oder euch, sage du uns, gab es	Lub was samych, powiedz nam, czy nie było
Keine Vorlage für euch und war es	Dla was jakiegoś wzorca a może były
Nur in Büchern vielleicht älterer Zeiten	Tylko w księgach może z dawniejszych
Vorlage von Menschen, gezeichneten oder	czasów
Beschriebenen, denn uns scheint	Wzorce ludzi, wyrysowanych czy
Es war ganz niedrig, was euch bewegte	Opisanych, bo nam się wydaje
Ganz leicht änderbar, beinah von jedem	Że podle mieliście pobudki do działania
Zu durchschauen als falsch, unmenschlich	Łatwe do zmiany, w sumie prawie każdy
und einmalig	Mógł je przejrzeć i pojąć ich zło, niel-
Gab es nicht solch einen alten	udzkość i jednorazowość
Einfachen Plan, daß ihr euch	Czy nie było takiego starego
Danach gerichtet hättet in Verwirrung?	Prostego planu, którym mogliście się
	Byli kierować w tym pomieszaniu?

Sagte ich: die Pläne gab es	Powiedziałem: takie plany były
Aber seht, sie waren beschrieben	Ale spójrzcie, były zapisane
Mit neuen Zeichen fünfmal darüber unlesbar	Nowymi znakami pięć razy jedne na dru-
Fünfmal umgeändert die Vorlage nach un-	gich stąd
serm	nieczytelne
Verkommenen Bildnis, so daß selbst	Pięć razy zmieniany wzór zgodnie z naszym
Unsere Väter auf diesen Berichten	Upadłym podobieństwem, że nawet
Nur mehr uns glichen	Nasi ojcowie w tych opisach
Da waren sie mutlos und taten mich ab	Byli bardziej do nas podobni
Mit dem lässigen Bedauern	I stali się przybici i odprawili mnie
Glücklicher Leute	Z lekkim ubolewaniem
	Szczęśliwych ludzi

(GBA 13, 356–358)

Brecht arbeitete 1926, zur Entstehungszeit des Gedichts, an seinem Drama *Joe Fleischhacker*, mit dem er nicht recht vorwärtskam und das letztlich auch unvollendet blieb. Möglicherweise führte eine gewisse Frustration zur Entstehung des Gedichts, und direkte Bezüge zum Fragment – das lyrische Ich gibt vor, die Geschichte eines Chicagoers Weizenhändlers erzählen zu wollen und nicht weitergekommen zu sein – sind unverkennbar: Fleischhacker ist im Dramenentwurf der Name jenes Weizenhändlers aus Chicago.

Der größere Kontext, in den sich das Gedicht fügt, ist jedoch der tiefe Pessimismus bzw. Fatalismus Brechts dieser Zeit, der bald dazu führen sollte, gemeinsam mit dem Komponisten Kurt Weill die Arbeit am Songspiel *Mahagonny* aufzunehmen. Songs, die später in das Mahagonny-Projekt übernommen wur-

den, sind zeitnah zu *Diese Babilonische Verwirrung der Wörter* entstanden.[116]
Auch der spezifische Titel verweist auf die spätere Oper. Das Demonstrativpronomen »diese« ist negativ konnotiert, im Sinne von »Diese verfluchte Babilonische Sprachverwirrung« verwendet. In der Oper ist entsprechend von »Diesem
ganzen Mahagonny«[117] die Rede, der verfluchten Stadt, in der der Mensch zugrunde geht.

Der Mensch ist, wie es gegen Ende des Gedichts heißt, nichts als ein »ver-
kommenes Bildnis«. Brecht spielt damit, wie die Kommentatoren der GBA
plausibel machen,[118] auf das Alte Testament, auf den Schöpfungsbericht des
»Ersten Buches Mose« an, nach dem Gott den Menschen als ein Bild, und zwar als
sein eigenes Abbild schuf.[119] Der Mensch und damit Gottes Werk ist misslungen.
Daraus ist zu folgern, dass es diesen allmächtigen Gott nicht gibt oder er aber mit
seiner Kreatur auf die eigene Mangelhaftigkeit, das eigene Unvermögen hingewiesen, also eine Karikatur seiner selbst geschaffen hat. Nicht nur als defekt,
»unvoll-kommen« erscheint dieser Gott allerdings, sondern, davon abgeleitet, als
»ver-kommen« in moralischem Sinne: er ist verwerflich. Dies ist ein Gottesbild,
das dem aus Brechts etwa gleichzeitig entstandenem Gedicht *Und immer wieder
gab es Abendröte* entspricht.

Gottes Schuld, wenn er denn existiert, liegt, so Brechts Gedankenspiel, darin,
dass er so eine fürchterliche Welt mit solch mangelbehafteten und verkommenen
Menschen schuf – gemäß seiner selbst. In ähnlicher Weise wird Gott in *Aufstieg
und Fall der Stadt Mahagonny* vorgeführt: Nur, um ihm selbst klarzumachen,
dass er längst passé ist. Es interessiert sich niemand mehr für ihn. Gegen Ende der
Oper lässt Brecht ihn noch kurz auftreten, damit man ihm mitteilen kann, dass er
ein Trottel ist und sich lächerlich macht, wenn er den Menschen mit der Hölle
droht: »Weil wir immer in der Hölle waren«[120] – eben in jener von ihm erschaf-
fenen, fürchterlichen Welt.

Zur Unvollkommenheit Gottes gehört, dass er seiner Kreatur bei ihrer Er-
schaffung die Verständigungsmöglichkeit mit anderen vorenthalten hat. Vergaß
Gott dies einfach? Brecht spielt damit abermals auf das erste Buch Mose an: Der
Mensch wollte Gott versuchen und einen Turm bauen, der bis zu ihm in den
Himmel ragt und wurde dafür mit der »Sprachverwirrung« bestraft.[121] Letztlich
nahm Gott seiner Kreatur damit eine der grundlegenden Voraussetzung ihrer
Existenz: ein »Miteinander« war nun ausgeschlossen. Brecht aber modifiziert die
biblische Vorlage an einem entscheidenden Punkt. Von Strafe ist in seinem

---

116 Vgl. GBA 13, 354–356, 359.
117 Ebd. 2, 388.
118 Vgl. ebd. 13, 533.
119 Vgl. Gen 1, 27.
120 GBA 2, 286.
121 Vgl. Gen 11.

Gedicht nämlich nicht die Rede, Gott konnte es wohl einfach nicht besser. Nun also herrscht Lähmung und Mühsal unter den Menschen, auch die Unfähigkeit, sich zwischen den Generationen zu verständigen. Es gibt keinerlei Orientierung, keine »Vorlagen«, keine »Pläne«. Und wenn, sind sie nicht gut, unvollkommen wie Gott selbst, der den Menschen erschuf.

Der Autor dringt mit seinen Werken nicht durch zu den Lesern späterer Generationen. Sie verstehen ihn nicht, wissen nicht, was er meint, was er überhaupt will. Denn sie, die Glücklichen, weil Naiven, sind der Überzeugung, dass die sozialen Missstände, die der Autor darzustellen versucht, leicht erkenn- und damit veränderbar gewesen wären. Warum dann noch schreiben? Stellt sich diese Frage, um auf die selbstreferenzielle Ebene zurückzukehren, nur bei Brechts *Fleischhacker*-Projekt so, oder grundsätzlich? Dann wäre Dichtung lediglich ästhetischer Selbstzweck, eine Art Eigentherapie, um nicht an der Welt zu verzweifeln, an der Schöpfung, die Gott derart misslang.

Das nächste Gedicht ist in einer anderen Konvention geschrieben – es verwendet Verweise auf das Alte Testament in verschiedenen Formen. Im Titel selbst ist das Adjektiv *babylonisch* zweideutig; es kann sich sowohl auf das Land Babylon als auch auf ein bestimmtes Bauwerk beziehen – die Zikkurat (ein Stufenturm) von Etemanki im Zentrum Babylons, im Esagila-Tempelkomplex, der zu Ehren des Gottes Marduk errichtet wurde. Diese Zikkurat wurde im Jahr 560 v.Chr. von König Nebukadnezar II. erbaut und kann als der mythische Turm von Babel gedeutet werden, auch wenn es darüber keine Gewissheit gibt. Nach der biblischen Erzählung gehörte der Ort Babel zum Reich des mächtigen Königs Nimrod, neben Erech, Akkad und Halne in Sinear (1. Mose 10, 10).

Der Turmbau zu Babel, dessen Name von Mose erläutert wird, erhielt ihn in Zusammenhang mit der Verwirrung der Sprachen der aus einem Volk stammenden Erbauer durch Gott. Diese führte dazu, dass sie das Bauwerk, das ein Zeugnis des Stolzes der Babylonier war, nicht vollenden konnten:

> »Daher heißt ihr Name Babel, daß der HERR daselbst verwirrt hatte aller Länder Sprache und sie zerstreut von dort in alle Länder« (1. Mose 11, 9).

Dies ist zugleich eine mythische Rechtfertigung für die Existenz einer Vielzahl von Sprachen in der Welt.

Das Gedicht ist in Prosaform verfasst und weist einen regelmäßigen Rhythmus auf, der direkt auf den Rhythmus des Psalmenbuches anspielt. Reime sind hier nicht zu finden. Von den Stilmitteln gibt es reichlich Enjambements, aber keine Metaphern, die Sprache ist eher sachlich. Der Ausdrucksstil ist hoch, was sich durch Konditionalsätze, Konjunktive und indirekte Rede bemerkbar macht. An einigen wenigen Stellen finden sich verallgemeinernde Weisheitsaussagen wie

z. B.: »was nützt es den Toten zu erzählen, wie man besser gelebt hätte«, sowie solche, die in ihrer Struktur Geboten ähneln: »streite nicht, gedulde dich«.

Die semantische Dominante des Werkes ist sein dialogischer Charakter – es gibt einen Wechsel von lyrischem Wir und lyrischem Ich. Außerdem gibt es eine Art von Antwort der Adressaten des Gedichtes, nämlich der ungeborenen Zuhörer. Dies ist ein direkter Verweis auf den biblischen Psalm, ein melisches Werk, das vom Vorbeter oder Kantor vorgetragen und dessen Refrain von der Gemeinschaft der Gläubigen gesprochen oder gesungen wird.

Das Ansprechen künftiger Generationen ist nicht ungewöhnlich und kommt in der Literatur recht häufig vor, von Mottos über Epitaphe und Grabsteininschriften mit einer Botschaft an den Vorübergehenden (denkt man an das antike *Quod tu es, fui, quod sum, tu eris*) bis hin zu ganzen Werken (z. B. Brechts *An die Nachgeborenen*).

Ungewöhnlich ist jedoch die inhaltsreiche Antwort der ungeborenen Zuhörer, die mit den Worten beginnt: »Sagten sie zu mir…«. Sie hören dem lyrischen Subjekt zu, geben Ratschläge, stellen Fragen, fällen Urteile und versuchen sogar, die im Titel genannte babylonische Sprachverwirrung zu erklären.

Das lyrische Subjekt gibt ihnen eine Antwort, die auf die chaotische Natur seiner Zeit und des Denkens der Menschen hinweist: Die bestehenden Pläne wurden so viele Male verändert, verbessert, korrigiert, bis sie unlesbar waren. Der Grund für diese Veränderungen ist bemerkenswert: Die Menschheit wollte die Vorstellung vergangener Generationen verbessern und der Gegenwart anpassen.

Brecht hat damit treffend auf das Problem der Verständigung verschiedener Generationen aus verschiedenen Zeiten hingewiesen: Nachdem sie das lyrische Ich höflich angehört haben, »taten [sie es] ab mit dem lässigen Bedauern glücklicher Leute«.

Interessant ist auch die Begründung der babylonischen Sprachverwirrung: Sprachen werden unverständlich, weil es keinen Sinn mehr hat, sie zu verstehen, wenn ihr Benutzer erkaltet, tot ist.

Dasselbe Problem greift der polnische Nobelpreisträger Czesław Miłosz in seinem Gedicht *Campo di Fiori* (1943) auf, in dem er die Vernichtung des Warschauer Ghettos mit dem Tod des Gelehrten Giordano Bruno auf dem Scheiterhaufen des römischen Marktes Campo di Fiori nach einem ungerechten Prozess vor der Inquisition im Jahr 1600 vergleicht. Wegen seiner Ansichten über die Vielfalt der bewohnten Planeten und seiner Ablehnung des von der Kirche propagierten geozentrischen Weltbildes wurde er mit zugebundenem Mund verbrannt, da seine Sprache angeblich eine Bedrohung für die Zuhörer darstellte. Diejenigen, die im Ghettobrand starben, konnten sich ebenfalls nicht äußern. Auch wenn sie sprachen, wurden sie nicht verstanden, aber eines Tages wird es gerade diese Sprache sein, die eine Revolution auslöst.

[…]

Ja jednak wtedy myślałem
O samotności ginących.
O tym, że kiedy Giordano
Wstępował na rusztowanie,
Nie znalazł w ludzkim języku
Ani jednego wyrazu,
Aby nim ludzkość pożegnać,
Tę ludzkość, która zostaje.

[…]

I ci ginący, samotni,
Już zapomniani od świata,
Język nasz stał się im obcy
Jak język dawnej planety.
Aż wszystko będzie legendą
I wtedy po wielu latach
Na nowym Campo di Fiori
Bunt wznieci słowo poety.

[…]

Ich dachte doch damals
An die Einsamkeit der Sterbenden.
Daran, dass, als Giordano
Den Scheiterhaufen bestieg,
Sich in der menschlichen Sprache
kein einziges Wort fand,
um sich von der Menschheit zu verab-
schieden.
Der Menschheit, die bleiben wird.

[…]

Und diese Sterbenden, Einsamen,
Sind von der Welt schon vergessen.
Unsere Sprache wurde ihnen fremd
Wie die eines alten Planeten.
Bis alles eine Legende ist.
Und dann, nach vielen Jahren
auf einem neuen Campo di Fiori,
zündet die Aufruhr das Wort des Poeten.

Übersetzung PS

In der Übersetzung waren keine besonderen Techniken erforderlich. Um den hohen Stil des Originals zu bewahren, habe ich an einigen Stellen stilistisch anspruchsvollere Kollokationen, wie z.B.: *okazać cierpliwość* (dt. ›Geduld zeigen‹), *podjąć wysiłek* (dt. ›die Bemühung anstreben‹), *mieć podłe pobudki do działania* (dt. ›niedrige / miese Beweggründe haben‹), *pojąć zło* (dt. ›das Übel begreifen‹) und das polnische Plusquamperfekt, eine an sich veraltete grammatische Form, *powinniście byli, mogliście byli,* verwendet.

* * *

Über das Urteilen

Ihr Künstler, die ihr zu Lust und Kummer
Euch dem Urteil der Zuschauer ausliefert, laßt euch bewegen nun
Auszuliefern von nun an dem Urteil der Zuschauer auch
Die Welt, die ihr darstellt.

Darstellen sollt ihr, was ist; aber auch
Was sein könnte und nicht ist und günstig wär, sollt ihr andeuten
Wenn ihr darstellt, was ist. Denn aus eurer Nachbildung

Lerne der Zuschauer das, was da nachgebildet, behandeln.
Dieses Lernen sei lustvoll. Als eine Kunst
Werde das Lernen gelehrt und auch das Behandeln der Dinge und Menschen
Lehret als Kunst, und Kunst auszuüben, ist lustvoll.

Freilich, ihr lebt in finsterer Zeit. Den Menschen
Seht ihr als Spielball übler Gewalten
Hin und her geworfen. Ohne Besorgnis
Lebt nur der Törichte. Schon ist gezeichnet zum Untergang
Wer ohne Argwohn ist. Was waren Erdbeben
Der grauen Vorzeit gegen die Heimsuchungen
Der Städte, die wir erfahren? Was die Mißernten
Gegen den Mangel, der uns verheert inmitten der Fülle?

(GBA 14, 386 f.)

O sądzeniu

O wy artyści, co wystawiacie się dla uciechy i wzruszenia
Osądowi widzów, pozwólcie się zachęcić do
Wystawienia na osąd widzów także
Świata, który przedstawiacie.

Macie przedstawiać, jak jest; ale też
Jak mogłoby być, a nie jak jest i mogłoby być korzystnie, macie zaznaczać
Kiedy przedstawiacie, jak jest. Ponieważ na podstawie waszej imitacji
Widz się uczy traktować to, co imitowane.

Ta nauka ma być rozkoszna. Jako sztuka
Będzie traktowana nauka i traktowania rzeczy i ludzi
Uczcie jako sztuki, a uprawianie sztuki jest rozkoszą.

Zaprawdę, żyjecie w mrocznym czasie. Człowieka
Postrzegacie jako igraszkę złych żywiołów
Rzucaną tam i sam. Bez trosk
Żyją tylko głupcy. Już naznaczony upadkiem
Jest ten kto żyje bez podejrzeń. Czymże były trzęsienia ziemi
W szarej prehistorii wobec nawiedzień
Miast, o jakich się dowiadujemy? Czymże były chude zbiory
Wobec niedostatku, który nas wyniszcza w środku dobrobytu?

Anlass des um 1937 entstandenen Gedichts ist mit großer Wahrscheinlichkeit eine Inszenierung von Brechts Drama *Die Gewehre der Frau Carrar* mit einem Ensemble von Arbeiterschauspielern am »Arbejdernes Teater« in Kopenhagen. Seine Geliebte und Mitarbeiterin Ruth Berlau führte Regie, Premiere war am 20. Dezember 1937. Brecht war bei den Proben regelmäßig anwesend.

Das Gedicht ist zweigeteilt. Es vereinigt in sich Themen, die Brecht zur Entstehungszeit beschäftigten, aber auf den ersten Blick hin wenig miteinander zu tun haben. Brecht befasste sich mit seiner Theatertheorie, die er darstellen wollte. Nicht lange nach der Entstehung des Gedichts begann er die Arbeit am *Messingkauf*, einer seiner bedeutendsten, allerdings Fragment gebliebenen Schriften, in der er seine Theorie des Epischen Theaters entwickelt. Diesem ist der erste Teil des Gedichts gewidmet. Dann wendet er sich fast unvermittelt dem nationalsozialistischen Barbarismus zu, der verschuldete, dass Brecht aus Deutschland fliehen musste, er seine künstlerische Infrastruktur verlor und sich mit kleineren, oft Laientheatern zu begnügen hatte wie jenem in Kopenhagen, das *Die Gewehre der Frau Carrar* auf die Bühne brachte.

Im ersten Teil fasst Brecht wesentliche Aspekte seiner Theatertheorie in ansprechender Form in Poesie. Überwunden werden soll das traditionelle aristotelische Theater und – vor allem – die Rollen, die dort Schauspieler wie auch Zuschauer zugewiesen werden. Kritisch, analytisch soll das neue Theater sein. Die Gesetze des menschlichen Miteinanders sollen transparent und damit nachvollziehbar gemacht und so deren potenzielle Veränderbarkeit aufgezeigt werden. Es sollen, wie Brecht später im *Messingkauf* formuliert, die »Vorgänge des wirklichen Lebens auf der Bühne so abgebildet werden, daß gerade ihre Kausalität besonders in Erscheinung tritt und den Zuschauer beschäftigt.«[122] Dieser werde in neuartiger Weise in seinem Urteilsvermögen gefordert. Wie in seinen theoretischen Schriften so oft lässt Brecht im Gedicht allerdings offen, ob er an eine tatsächliche Veränderung der Welt glaubt, vor dem Hintergrund seiner eher pessimistischen Weltsicht, oder ob dieses Demonstrierende, Analysierende seines Theaters letztlich nur ein höchst anspruchsvolles intellektuelles wie artistisches Spiel ist. Wie an anderen Stellen hebt Brecht das »Lustvolle« seines Theaters, dessen ästhetische Dimension hervor. Von marxistischer Indoktrinierung, wie z. B. im Theater eines Erwin Piscator, kann keine Rede sein. Auch war die Zeit von Brechts vermeintlich kommunistischen Kampfliedern aus den frühen dreißiger Jahren, die des *Proletarierunsers*[123] und des gewaltbereiten *Der Kommunismus ist das Mittlere*,[124] zunächst einmal vorbei. Für den »erhobenen Zeigefinger«, der den Zuschauer wieder auf die »Schulbank« verbannt, ist, so Brecht im *Messingkauf*,[125] im Epischen Theater kein Raum.

Das Adverb »Freilich«, mit dem Brecht den zweiten Teil des Gedichts mit dem ersten verbindet, ist Ausdruck jenes Pessimismus oder gar Fatalismus, der ihn zweifeln ließ, ob die Welt tatsächlich zu verändern sei. Angesichts der herrschenden »finsteren Zeiten« – eine berühmte Formulierung, mit der sich Brecht an sein bekanntestes Exilgedicht *An die Nachgeborenen* anlehnt,[126] erscheint

---

122 GBA 22, 698.
123 Vgl. ebd. 14, 136.
124 Vgl. ebd., 136f.
125 Vgl. ebd. 22, 723.
126 Vgl. ebd. 12, 85.

jenes Epische Theater umso mehr als ein Spiel, das es möglicherweise gestattet, in einer Art theatralem Elfenbeinturm in Einbeziehung mit dem kritischen Zuschauer gesellschaftliche Verhältnisse durchzuspielen, sie zu durchdringen. Ihre tatsächliche Veränderbarkeit jedoch wirkt angesichts dieser »finsteren Zeiten« als realitätsfern, beinahe als absurd. Was nutzt der mündige Zuschauer, was nutzt das »eingreifende Denken« auf der Bühne, wenn der Mensch doch nichts ist als ein ohnmächtiger »Spielball übler Gewalten«? Dies wird dem lyrischen Ich gerade jetzt schmerzlich bewusst, angesichts der Bedrohung durch den Nationalsozialismus. So erscheint das Epische Theater als eine Institution im Dienste gesellschaftlicher Fragen, die ästhetisches Refugium demjenigen ist, der an Veränderung nicht recht glauben kann und das Gedicht in seinem tiefen Pessimismus als eine Fortführung von *Diese babilonische Verwirrung der Wörter*.

Das Gedicht *Über das Urteilen* hat die Form einer direkten Ansprache an die Zuhörer. Die semantische Dominanz in der Übersetzung liegt eindeutig in seiner Zweiteilung, wie Jürgen Hillesheim zu Recht bemerkt. Die Zäsur des Gedichts ist der Wechsel des Themas, der durch die formale Abgrenzung der Strophen noch unterstrichen wird.

Der erste Teil erinnert an die Arbeit eines Regisseurs mit einer Gruppe von Schauspielern während der Proben für ein Theaterstück, wenn er ihnen bestimmte Anweisungen gibt.

Dieser Teil besteht aus drei Empfehlungen an die Zuhörer: Die erste ist nicht erfüllbar, da sie die von Immanuel Kant beschriebene *Urteilskraft* betrifft. Diese bildet sich jedoch im Bewusstsein des Zuschauers, und die subjektive Bewertung des Schauspielers durch den Zuschauer ist autonom. Wie eine solche Bewertung ausfällt und ob sie nur sein Schauspiel, seinen Charakter oder die im Stück geschaffene Welt oder vielleicht seine körperliche Attraktivität, Hautfarbe oder mögliche sprachliche Unzulänglichkeiten betrifft, kann der Schauspieler nicht beeinflussen. Im Gegenteil, es wäre eine unrealistische Erwartung, dies alles kontrollieren zu können und nicht dem Urteil des Zuschauers zu unterliegen. Diese Empfehlung ist also der Ausdruck einer idealisierten Ambition des lyrischen Subjekts als Dramatiker.

Die zweite Empfehlung des lyrischen Subjekts an die Schauspieler lautet, Distanz zur dargestellten Figur zu schaffen und das Publikum zu erziehen, das Stück mit Distanz betrachten zu lernen, entsprechend den Grundsätzen des Epischen Theaters, was durchaus machbar ist.

Es stellt sich jedoch die Frage, wie die Erziehung des Publikums lustvoll sein soll, wenn es darum geht, Stereotypen zu brechen. Noch schwieriger wird es sein, sie auf die Ebene der lustvollen Kunst zu heben. Kant stellt fest, dass das Geschmacksurteil einen ästhetischen Charakter hat und Wohlgefallen hervorrufen kann, was in zwei Situationen mit Interesse verbunden ist: im Fall von Wohlgefallen am Angenehmen[127] und Wohlgefallen am Guten.[128] Die Erziehung des Zuschauers wird also lustvoll, wenn er entweder mit dem Prozess zufrieden ist oder wahrnimmt, dass die Erziehung gut ist, was nicht unbedingt der Fall sein muss.

Im zweiten Teil übernimmt das lyrische Ich die Rolle des auktorialen Erzählers und kann, aus einer Position der Allwissenheit und eines außerhalb der Zeit Stehens, dank seines Blickwinkels antike und zeitgenössische Phänomene gegenüberstellen (»Erdbeben der grauen Vorzeit« vs. »Heimsuchungen der Städte«) und moralisierend das elende Dasein der Gesprächspartner resümieren.

Die Übersetzung dieses Gedichts war technisch nicht besonders anspruchsvoll, da der Autor auf die klassische Gedichtform (Rhythmus, Reime, Enjambements) verzichtete und die stilistischen Mittel deutlich auf wenige rhetorische Fragen reduzierte. Auch im Wortschatz weist das Werk keine Neuerungen auf.

Da der Text in hohem Stil geschrieben ist, habe ich in der Übersetzung an zwei Stellen geringfügige Änderungen vorgenommen. Das Apostroph »Ihr Künstler« wurde durch die typische Form des Vokativs ergänzt d. h.: *O, wy artyści* (dt. ›O, ihr Künstler‹), die in der Standardsprache sehr selten vorkommt, ich nutzte auch als Amplifikation die Partikel *zaprawdę* (dt. ›wahrlich‹), die ausschließlich in der Sprache der Bibel, insbesondere im Neuen Testament, vorkommt. Ich habe das Substantiv *Mißernte* mit *chude zbiory* (dt. ›schwache Ernte‹) übersetzt.

3.10 Die Zukunft

In den Zeiten der äußersten Verfolgung	*W czasach największego prześladowania*
Wenn ihr geschlagen seid	Gdyście pokonani
Was wird dann bleiben?	Co potem zostanie?
Hunger und Streit	Głód i ciągłe spory
Und Schneetreiben.	Śniegu zawiewanie.
Wer wird lehren?	Kto będzie uczył?
Der nicht fällt.	Ten, który nie padnie.
Der Hunger und die Kält	Głód i zimno razem
Die werden lehren.	Nauczą was snadnie.
Wird man nicht sagen:	Czy nie będą mówić:
Es ist nicht gegangen?	Nie stało się wcale?
Die Bürde tragen	Nosić swoje jarzmo będą
Werden wieder mit Murren anfangen.	Ze zrzędzeniem stale.

---

127 Vgl. Kant, 50 ff.
128 Vgl. ebd.

Wer wird ihnen berichten	Kto im wtedy powie
Von denen, die starben?	O zmarłych, co szczeźli?
Ihr Stümpfe und Narben	Kikuty i blizny
Werden ihnen berichten.	To świadkowie nieźli.

(GBA 15, 21)

Das Gedicht ist ein Paradebeispiel für Brechts grundsätzliche Ambivalenz bzw. Ideologieunwilligkeit auch zu Beginn der 40er Jahre, als die Bedrohung durch den Nationalsozialismus ins Unermessliche wuchs. Brecht war bereits mit Familie und Geliebten aus dem Deutschland nahen Dänemark geflohen, nach Schweden, nach Finnland, und immer klarer wurde, dass man auch hier nicht längerfristig bleiben konnte. Trotz seines grundsätzlichen Pessimismus und aller Vorbehalte Massenbewegungen und Ideologien gegenüber wollte er den Kommunismus, die Arbeiterschaft stärken angesichts der entfesselten nationalsozialistischen Barbarei; so, wie Brecht es bereits in der frühen Zeit seines Exils mit der Sammlung *Lieder, Gedichte, Chöre*, die im Dienst der politischen Agitation stehen sollte, versucht hatte.

Vor diesem Hintergrund ist *In den Zeiten der äußersten Verfolgung* lesbar. Brecht scheint sich an die Arbeiter und Unterdrückten zu richten. Auch wenn sie einmal eine Schlacht um die Diktatur des Proletariats verlieren sollten und Tod und Entbehrung Überhand gewinnen – es bedeutet nicht das Ende des Klassenkampfs. Spätere Generationen werden wieder aufstehen und gegen die Herrschenden kämpfen, gemahnt an Tod und Leid der Vorangegangenen durch die eigenen Wunden, die ihnen in der Unterdrückung zugefügt werden.

Brecht jedoch bleibt unkonkret. Das Gedicht ist parabelhaft, vermittelt Weisheiten, die die menschliche Existenz allgemein betreffen. Der Lebenskampf ist hart; gleich, ob es sich um Kriege, »Verfolgung« und »Streit« oder Leid an sich handelt. Die Menschen kommen und gehen. Ewig hingegen sind Entbehrungen in einer Welt der Kälte, die dazu führen, dass immer wieder aufs Neue aufbegehrt, nicht resigniert wird. Das ist eine Einsicht, die wertfrei vorgetragen wird.

Das Aufsichnehmen und Tragen einer Bürde lässt in zweifacher Weise Assoziationen zu. Brecht könnte auf das Neue Testament, an die Passion Jesu Christi anspielen, der das Kreuz trägt, um die Menschheit zu erlösen. Bezüge zur Passion finden sich in Brechts Werk immer wieder, von der *Legende vom toten Soldaten*[129] bis zum Lehrstück *Die Maßnahme*.[130] Die zweite Konnotation betrifft die griechische Mythologie, Sisyphos, der dazu verdammt ist, einen Felsblock den Berg hinaufzuwälzen. Kurz vor dem Gipfel rollt der Fels immer wieder zurück ins Tal, und Sisyphos folgt ihm und nimmt erneut seine Bürde auf sich; und zwar auf

---

129 Vgl. GBA 11, 112f.
130 Vgl. ebd. 3, z. B. 96–98.

ewig. 1942, also nicht lange nach Entstehung des Gedichts Brechts, befasste sich Albert Camus mit diesem antiken Stoff, in seinem großen Essay *Der Mythos des Sisyphos*. Camus sieht im Handeln des Sisyphos ein »trotziges Dennoch«, einen Akt, der die Absurdität der Welt negiert, um zu einem altruistischen Solidaritätsbewusstsein zu gelangen.

Um auf Brecht zurückzukommen: Tatsächlich scheint es der Natur des Menschen eingeschrieben, immer wieder aufs Neue seine Last auf sich zu nehmen. Doch wem nutzt das? Auf Erlösung, »metaphysischen Lohn« seitens eines Gottes darf er nicht hoffen. Für Brecht, den Materialisten, ist, um es zu wiederholen, »der Himmel leer«. Auch wurde die Welt durch das stete Aufbegehren nicht besser; sie scheint nur im Rahmen eines Denkmodells oder eines ästhetischen, hochartifiziellen Spiels, wie es Brechts Theorie eines Epischen Theaters nahelegt, veränderbar. Die Gesetzmäßigkeiten dieser Welt in seinem Werk und auf der Bühne für den Leser oder Zuschauer durchdringbar zu machen, aber bereitet Spaß, führt möglicherweise zu Lebensfreude auf der Basis eines analytischen Erkennens und künstlerischen Gestaltens. Trotz der letztlichen Sinnlosigkeit des Lebens.

Das Gedicht beschreibt in Form eines schwarzen Szenarios die von der Ideologie gekaperte Zukunft seiner Rezipienten. Der Text selbst, ohne den biographischen Kontext des Autors, verweist jedoch nicht auf das »Dritte Reich«, sondern ganz allgemein auf die Wechselfälle des Schicksals und der Geschichte. Das lyrische Subjekt versetzt sich in die Rolle eines Wahrsagers, dem die zukünftigen Ereignisse nicht verborgen bleiben und der wie eine Mutter, die ihre Kinder vor einem riskanten Spiel warnt, weiß, wie es enden wird. Ein solcher Text könnte heute mit Leichtigkeit in der politischen Diskussion gegen jedes System und jede geplante politische Aktion eingesetzt werden.

Der böse Prophet ist, wie auch die böse Fee, eine Figur, die in der Literatur seit dem Alten Testament präsent ist. In diese Rolle schlüpften in den letzten Jahren auch etliche Fin-de-Siècle-Autoren, in Deutschland z. B. Vertreter der »Stunde Null«.

In der Tat ist dies ein typisches Phänomen jeder beunruhigenden Zeit des Aufbruchs und der Revolution, man denke nur an das ominöse Motto, das angeblich aus der chinesischen Kultur stammt: *Mögest du in interessanten Zeiten leben*. Besonders im Gedächtnis geblieben ist mir ein Gedicht aus der polnischen Literatur von Tadeusz Borowski, *Das Lied* von 1942, das in ähnlicher Weise die Sinnlosigkeit des Kriegführens, den Niedergang der kämpfenden Generation, ihre unausweichliche Niederlage zeigt und eine düstere Vision einer Nachkriegszukunft und des Vergessens entwirft. Hier nur ein Ausschnitt:

T. Borowski *Pieśń*   *Das Lied* – Übersetzung PS

Nad nami noc. W obliczu gwiazd –   Nacht über uns. Im Antlitz der Sterne –
ogłuchłych od bitewnych krzyków   Die taub von Kriegsgeschrei sind
jakiż zwycięzców przyszły czas   Welche Siegerzeit kommt aus der Ferne
i nas odpomni, niewolników?   Und bringt uns die Sklavenschatten in den
[...]   Sinn?
                                             [...]

Niepróżno z piersi ciecze krew,   Nicht umsonst fließt Blut aus der Brust
pobladłe usta, skrzepłe twarze,   Münder verblassen, Gesichtszüge erstarren
wołanie znów, pariasów śpiew   Das Rufen wieder, Parias Gesang
i kupiec towar będzie ważył.   Der Händler wiegt wieder seine Waren.

Nad nami noc. Goreją gwiazdy,   Nacht über uns. Der Sterne Glut,
dławiący, trupi nieba fiolet.   Der lila Leichenhimmel drosselt.
Zostanie po nas złom żelazny   Es bleibt nach uns der Eisenschrott
i głuchy, drwiący śmiech pokoleń.   Generationen stumpfer Spott.

Die semantische Dominante des Gedichts *In den Zeiten der äußersten Verfolgung*
ist seine dialogische Form, die als innere Überlegung des lyrischen Subjekts oder
als ein Dialog mit dem antwortenden Chor gedeutet werden kann. Das Gedicht
besteht aus vier synthetischen Strophen, die in gleicher Weise aufgebaut sind. Es
beginnt mit einer Frage, die mit einem Fragezeichen und einer Antwort endet. In
der ersten Strophe hat die Antwort die Form einer Ellipse, in den anderen
Strophen sind es Aussagen, die aus der Standardsprache abgeleitet sind.

Ich habe die Verslänge nicht als Priorität für die Übersetzung betrachtet, da es
sich, abgesehen von der offensichtlichen Absicht des Autors, eine möglichst
kurze Zeile zu schaffen, nicht um eine regelmäßige Struktur handelt. Auch in
Bezug auf den Reim hat das Gedicht eine unregelmäßige Struktur: im Original
ABAB, ABBA, ABAB, ABBA. Der polnische Text reimt sich ebenfalls, hat aber
eine andere Struktur, was mit der Form der polnischen Wörter zusammenhängt,
weshalb es nur ein Reimpaar gibt: XAXA.

Die Anpassung an das stark verkürzte Metrum erforderte mehrere lexikalische
Entscheidungen.

Das Substantiv »Streit« kommt im Polnischen im Singular vor (*spór*), aber es
bestimmt dann das Geschehen. Die deutsche Sprache bildet mit einem Stabreim
einen lexikalischen Dreiklang: ›Hunger und Streit / Und Schneetreiben‹. In der
Übersetzung habe ich »Streit« in den Plural gesetzt, so dass das Wort ein immer
wiederkehrendes Phänomen beschreibt.

Zum Reim »*bleiben – Schneetreiben*« ist anzumerken, dass das grammatikalische Morphem der Infinitivverben *-en* und die identisch aussehenden Plural-
formen der 1. und 3. Person sowie die morphologisch identische Pluralform

vieler Substantive den Autoren im Deutschen nahezu unbegrenzte Reimmöglichkeiten geben, die in anderen Sprachen kaum umsetzbar sind.

In der zweiten Strophe wandte ich eine Amplifikation an – in der dritten Strophe »Der Hunger und die Kält« ist die Übersetzung gegenüber dem Original auf nur vier Silben gekürzt worden, daher habe ich ein Adverb *razem* (dt. ›gemeinsam‹) hinzugefügt.

In der vierten Strophe habe ich ein altpolnisches Adverb *snadnie* (dt. ›leicht, ohne Anstrengung, mühelos‹) hinzugefügt, so dass ein Reimpaar *padnie – snadnie* entstehen konnte. Eine ähnliche Lösung habe ich in der nächsten Strophe gefunden. Die Zeile »Es ist nicht gegangen« wurde um das Adverb *wcale* (dt. ›gar nicht‹) erweitert.

Die letzte Zeile habe ich mit dem Adverb *stale* (dt. ›ständig‹) ergänzt, und es entstand ein exakter Reim mit dem vorherigen Lexem.

In der letzten Strophe wurde der Reim durch die Verwendung eines archaischen Verbs *szczeznąć* (dt. ›sterben, eingehen, krepieren‹) gebildet, der mit der Amplifikation im letzten Vers *świadkowie nieźli* (dt. ›gute, nicht schlechte Zeugen‹) verbunden ist.

* * *

Die Ballade vom Wasserrad	*Ballada o młyńskim kole*
Von den Großen dieser Erde	A o wielkich tego świata
Melden uns die Heldenlieder:	Pieśni nam opowiadają:
Steigend auf so wie Gestirne	Ci co wschodzą niczym gwiazdy
Gehn sie wie Gestirne nieder.	Jak i one wnet spadają.
Das klingt tröstlich und man muß es wissen.	To pociesza i to trzeba wiedzieć,
Nur: für uns, die wir sie nähren müssen	Dla nas ważne, bo i żywić trzeba
Ist das leider immer ziemlich gleich gewesen.	To niestety zawsze było dość podobnie
Aufstieg oder Fall: wer trägt die Spesen?	Zwycięstwo, porażka: kto koszt niesie chleba?
Freilich dreht das Rad sich immer weiter	*Oczywiście koło kręci się wciąż dalej*
Daß, was oben ist, nicht oben bleibt.	*To co w górze jest, tak nie zostanie.*
Aber für das Wasser unten heißt das leider	*Ale woda w dole, co tym kołem kręci*
Nur: daß es das Rad halt ewig treibt.	*Wie: że ruch ten wieczny nie ustanie.*

Ach, wir hatten viele Herren	Ach mieliśmy tylu panów
Hatten Tiger und Hyänen	Mielim bestie, mielim hieny
Hatten Adler, hatten Schweine	Mielim orły, mielim świnie
Doch wir nährten den und jenen.	Ale my ich karmić mieli.
Ob sie besser waren oder schlimmer:	Może byli gorsi albo lepsi:
Ach, der Stiefel glich dem Stiefel immer	But ciemiężcy jednakowy, sprawa znana
Und uns trat er. Ihr versteht: ich meine	I nas kopał. Rozumiecie: nie innego
Daß wir keine andern Herren brauchen,	Nie potrzeba nam żadnego pana!
sondern keine!	*Oczywiście koło kręci się wciąż dalej*
Freilich dreht das Rad sich immer weiter	*To co w górze jest, tak nie zostanie.*
Daß, was oben ist, nicht oben bleibt.	*Ale woda w dole, co tym kołem kręci*
Aber für das Wasser unten heißt das leider	*Wie: że ruch ten wieczny nie ustanie.*
Nur: daß es das Rad halt ewig treibt.	
Und sie schlagen sich die Köpfe	Rozbijają sobie głowy
Blutig, raufend um die Beute.	W walce o łup krwią splutymi
Nennen einander gierige Tröpfe	Innym mówią że to sępy
Und sich selber gute Leute.	Siebie zowią zaś dobrymi.
Unaufhörlich sehen wir sie einander grollen	I wciąż widać ich jak ryczą na siebie
Und bekämpfen. Einzig und alleinig	I zwalczają. Tylko przy tém
Wenn wir sie nicht mehr ernähren wollen	Kiedy my nie chcemy żywić ich już więcej
Sind sie sich auf einmal völlig einig.	Stają się jedności monolitem.
Freilich dreht das Rad sich immer weiter	*Oczywiście koło kręci się wciąż dalej*
Daß, was oben ist, nicht oben bleibt.	*To co w górze jest, tak nie zostanie.*
Aber für das Wasser unten heißt das leider	*Ale woda w dole, co tym kołem kręci*
Nur: daß es das Rad für ewig treibt.	*Wie: że ruch ten wieczny nie ustanie.*

(GBA 14, 207)

Mit der nationalsozialistischen »Machtübernahme« verlor der früh ins Exil gedrängte Brecht nicht nur seine Lebensgrundlage, sondern auch die seiner Kunst. Er hatte, wie viele andere, Existenznöte und war abgeschnitten von den wichtigsten Bereichen, die er brauchte, um sich als Theaterautor entfalten und wirken zu können: von Verlagen, großen Bühnen und deren Publikum.

Sein Unbehagen war groß, dennoch: Brecht betrachtete nun den Kommunismus, konkretisiert im Staat der Sowjetunion, als einziges ernst zu nehmendes Bollwerk dem nationalsozialistischen Barbarismus gegenüber. Er selbst wollte als Schriftsteller, so gut es ging, am antifaschistischen Kampf teilnehmen, mit den Mitteln, die ihm zur Verfügung standen. So begann er im Spätsommer 1933, eine Sammlung von – teilweise schon älterer – Lyrik zusammenzustellen, die nun als eine Art Kampflieder dienen, also praktisch anwendbar sein sollten. *Lieder, Gedichte, Chöre* war dann der Titel, mit Vertonungen von Hanns Eisler. Der viel berühmtere Kurt Weill kam dafür nicht mehr infrage. Brechts Arbeitsbeziehung zu ihm hatte sich, nach den Erfolgen mit der *Dreigroschenoper* und *Aufstieg und*

Fall der Stadt Mahagonny, abgekühlt; außerdem war Weill zwar Jude und deshalb gleichfalls ins Exil gezwungen, aber im Gegensatz zum Marxisten Eisler völlig unpolitisch.

Viele der Gedichte und Lieder dieser Sammlung haben, wie schon die frühen vermeintlich nationalistischen Zeitungsbeiträge Brechts, einen doppelten Boden. Sie geben vor, für den Kommunismus Propaganda zu machen, dokumentieren jedoch gleichzeitig die Distanz, die der Autor dieser Ideologie gegenüber hat. So schreibt er beispielsweise über die kommunistische Partei: »In deinem Anzug steckt sie, Genosse, und denkt in deinem Kopf«[131] Könnte es eine erschreckendere Vorstellung, eine, wäre dies ernst gemeint, schlimmere Bankrotterklärung des freien Individuums, als das sich Brecht selbst immer sah, geben?

Vor dem Hintergrund dieser Ambivalenz ist auch *Die Ballade vom Wasserrad* zu betrachten. Das lyrische Ich ist in diesem Falle ein Wir. Es solidarisiert sich scheinbar mit den Armen und Ausgebeuteten, zu denen es sich zählt. Formelhaft scheint Klassenkampf betrieben zu werden, wenn etwa die Rede ist von Herren und Knechten, vom Getretenwerden der Niederen, die die Höheren, egal, wer diese seien, ernähren. Eine Dichotomie von Oben und Unten durchzieht das Gedicht, wie es tatsächlich typisch ist für Arbeiter- bzw. Klassenkampflieder. Der Refrain macht deutlich: die gesellschaftlichen Verhältnisse bleiben nicht so. Einst wird das Untere zum Oberen werden und umgekehrt.

Dieser Refrain scheint die gesellschaftlichen Forderungen voranbringen, ihnen Dynamik verleihen zu wollen. Doch das Gegenteil ist der Fall. Anders als bei anderen Refrains der Lyrik Brechts, die in der Wiederholung häufig variiert werden, ist der der *Ballade vom Wasserrad* immer genau gleich. Die Funktion ist klar, schaut man genauer hin: Es handelt sich gerade nicht um eine Bestätigung, Konsolidierung der einzelnen Strophen, sondern um einen immer gleich und gültig bleibenden Widerspruch. Zwei Geschichtsbilder nämlich treffen aufeinander: ein lineares, in der Tradition Kants, Hegels und Marx stehendes, das von einer steten Entwicklung des Menschen zum Besseren ausgeht, und ein in der Unerbittlichkeit des Refrains deutlich werdendes zyklisches in der Tradition Schopenhauers, Nietzsches, aber auch Büchners. Dieses erweist die klassenkämpferischen Parolen der einzelnen Strophen als illusorisch. Die Geschichte dreht sich im Kreise, mögen auch die Herren fallen, das Rad der Geschichte wird andere, wie auch der Sowjetstaat zeigte, möglicherweise noch schlimmere nach oben bringen. Und auch diese werden wieder versinken und Platz für abermals andere machen in dieser, mit Nietzsche zu sprechen, »Wiederkunft des Gleichen.« Albrecht Schöne erkannte bereits 1958, dass das Bild des Glücksrads, der sich ewig drehenden Rota Fortuna, das der Ballade zugrunde liegt, jegliche re-

---

131 Ebd. 11, 235.

volutionäre Dynamik ad absurdum führe.[132] Geschichte ist nicht plan- und somit veränderbar, sondern sie unterliegt festen Gesetzmäßigkeiten.

Das wusste bereits der junge Brecht, dessen Werk eine Fülle von Variationen dieses »ewigen Kreislaufs« präsentiert, etwa mit dem monoton leiernden Orchestrion in der *Trommeln in der Nacht*,[133] der Drehorgel in der *Dreigroschenoper*, dem Glücksrad, das ein wichtiges Motiv auch in *Leben Eduards des Zweiten von England* ist,[134] eben auch in der *Ballade vom Wasserrad* und, noch später, durch die Drehbühne, die »Mutter Courage« Anna Fierling nicht zu verlassen vermag.

Als Brecht sich dann für ein Leben in der DDR entschieden hatte, blieb ihm nichts anderes übrig als diesen Fatalismus durch eine Bearbeitung des Refrains zu durchbrechen, wollte er nicht allzu sehr anecken. Plötzlich drehte sich das Rad nicht mehr ewig; auch nicht in einer von Brecht nicht autorisierten Variante, die Eisler1956, im Todesjahr Brechts, zur Grundlage einer Neuvertonung der *Ballade vom Wasserrad* machte.[135]

Das Gedicht *Die Ballade vom Wasserrad* erfüllt die formalen Voraussetzungen, um tatsächlich eine Ballade zu sein. Es besteht aus drei Strophen mit einer Zäsur, die die ersten vier achtsilbigen ABAB-Reimzeilen von den nächsten vier Zeilen mit unterschiedlicher Länge (10–14 Silben) und Reimstruktur trennt. Jede Strophe der Ballade schließt mit einem gleichen Refrain. Eine solche Struktur erinnert an die bereits erwähnte *Liturgie vom Hauch.* In beiden Werken thematisiert Brecht, dass die Welt aus den Fugen geraten ist – in der *Liturgie* taucht der rote Bär auf und stört die Ordnung des Waldes, er frisst die Vöglein im Walde, hier nun dreht das Wasser scheinbar ewig das Rad, unterjocht in einem Sklavenstall.

Eine Priorität bei der Übersetzung war für mich, die formale Seite der Ballade zu rekonstruieren.

Die einleitenden Vierzeiler der folgenden Strophen wurden unter Beibehaltung der Verslänge des Originals übersetzt, aber die Reimstruktur wurde deutlich reduziert, was einmal mehr die morphologischen Unterschiede zwischen der Originalsprache und der Übersetzung verdeutlicht.

Um die 8 Silben in der Strophe beizubehalten, war ich gezwungen, bei der Übersetzung einige wesentliche Änderungen vorzunehmen.

---

132 Vgl. Schöne, 289.
133 Vgl. GBA 1, 377.
134 Vgl. ebd. 2, 89f.
135 Vgl. hierzu ausführlich: ebd. 14, 568.

Das Substantiv *Heldenlieder* wurde auf *pieśni* (dt. ›Lieder‹) reduziert, da das genaue Äquivalent (*pieśni o bohaterach / pieśni sławiące bohaterów*) zu viele Silben enthält.

Die Wendung *Gestirne gehen nieder* ändert sich im polnischen Text zu *gwiazdy spadają* (dt. ›Gestirne fallen‹), was die Dynamik des Originals deutlich ändert.

Im Vierzeiler der zweiten Strophe habe ich die regionale Form des Verbs »haben« in der Vergangenheitsform eingeführt, um das Metrum zu wahren. In der Standardsprache wird eine dreisilbige Form verwendet, *mieliśmy*, in regionalen Varianten kommt eine kürzere, in diesen Kontext besser passende Form, *mielim*, vor.

Ich habe eine ähnliche kürzere Variante im folgenden Vers verwendet: »Doch wir nährten den und jenen« – »Ale my ich karmić mieli« (dt. ›aber wir sollten sie nähren‹).

Die volkstümlichen Formen bringen eine zusätzliche soziale Stilisierung in die Übersetzung ein – das Gedicht wird zur Äußerung eines Bauern oder Proletariers, der, entsprechend seines Bildungsstands, seine politischen Erklärungen in einem einfachen Stil abgibt.

Im Vierzeiler der letzten Strophe wurde die Wendung *sich die Köpfe schlagen* zu *rozbijać sobie głowy* (dt. ›sich die Köpfe zerschlagen‹) emuliert, eine Bezeichnung, die der Länge des Verses entspricht und typisch für die polnische Sprache ist. Der weitere Teil der Beschreibung *blutige Köpfe* wurde zu einer unikalen Bezeichnung *krwią spluty* (dt. ›mit Blut bespuckt‹) emuliert, wodurch im Translat mehrere Silben gespart werden konnten.

Gierige Tröpfe wurde mit einer metaphorischen Bezeichnung *sępy* (dt. ›Aasgeier‹) übersetzt. Im Polnischen wie im Deutschen wird dieser Vogel mit einem besitzergreifenden und rücksichtslosen Aasfresser assoziiert. Im Volksmund ist ein Geier eine Person, die auf eine Gelegenheit lauert, um zu profitieren, sich zu bereichern, eine andere Person zu überlisten.

Die folgenden vier Verse erlaubten aufgrund ihres längeren Metrums eine freiere Übersetzung, aber auch hier waren einige Änderungen notwendig.

Für den Reim *gewesen / Spesen* wurde das letzte Wort zum mehr literalen *chleb* (dt. ›Brot‹), das sich im 2. Fall mit *trzeba* (dt. ›man muss‹) reimt.

In der zweiten Strophe wird *der Stiefel* mit einer stark kulturell geprägten Emulation übersetzt: *but ciemiężcy* (dt. ›der Schuh des Unterdrückers‹), der im polnischen Sprachgebrauch, insbesondere seit der Zeit der Teilungen Polens (1772, 1793, 1795), eine spezifische Bedeutung hat. Der Begriff bezeichnete in erster Linie die Teilungsmächte, sowohl Russland als auch Preußen und in geringerem Maße Österreich, und wurde mit den den Polen auferlegten Schikanen wie Zwangsgermanisierung und Russifizierung in Verbindung gebracht. Die zweite Bedeutung des Begriffs kann mit polnischen Aufständen in Verbindung gebracht werden, und seit dem Aufkommen der kommunistischen Bewegung ist er im politischen Diskurs auch zu einem Begriff für die unterdrückte Klasse des Proletariats geworden.

Eine geringfügige Änderung ergab sich bei der Übersetzung des Verses *Sie sind sich auf einmal völlig einig*. Es gelang, einen Reim mit der archaischen, polnischen Beugungsform *é* zu bilden, um das Substantiv *Monolith* zu verwenden, das die Vereinigung der Herren fokussiert: *tém / monolitem*.

Im Refrain hat die Übersetzung zu einem Perspektivwechsel geführt: Während im Original das Wasser ewig das Wasserrad bewegt, ist es im polnischen Text personifiziert – das Wasser weiß, dass die Bewegung des Wasserrads nicht aufhören wird. Sowohl hier als auch in der *Liturgie vom Hauch* hat das lyrische Subjekt eine ähnliche Botschaft – die Veränderung, der radikale Durchbruch wird wegen der sozialen Missstände kommen, da sich alles auf einem Teufelsrad der Geschichte befindet, das vom Zeitgeist gesteuert wird.

* * *

Es wechseln die Zeiten

Es wechseln die Zeiten. Die riesigen Pläne
Der Mächtigen kommen am Ende zum Halt.
Und gehn sie einher auch wie blutige Hähne
Es wechseln die Zeiten, da hilft kein Gewalt.
Am Grunde der Moldau wandern die Steine.
Es liegen drei Kaiser begraben in Prag.
Das Große bleibt groß nicht und klein nicht das Kleine.
Die Nacht hat zwölf Stunden, dann kommt schon der Tag.

(GBA 15, 92)

Zmieniają się czasy

Zmieniają się czasy. Butne plany możnych
Kończą się nagle i cisza zapada.
Zdychają niczym koguty, całe krwią zalane
Zmieniają się czasy, taka jest zasada.
Na dnie Wełtawy wędrują kamienie.
Trzej cesarze leżą w Pradze pogrzebani.
Wielkie wielkim nie będzie, ani małe małym,
Noc ma dwanaście godzin, znowu dzień nastanie.

Machen wir einen Zeitsprung in das Jahr 1943 und damit die Probe aufs Exempel. Das Gedicht *Es wechseln die Zeiten*, von Brecht selbst »Moldaulied« genannt, liegt in verschiedenen Fassungen vor. Eine von ihnen beschließt sein Drama *Schweyk*

im Zweiten Weltkrieg.[136] Damit wird das gesamte Theaterstück vor einen ein-
deutigen geschichtsphilosophischen Hintergrund gestellt.

Im Gegensatz zur *Ballade vom Wasserrad* prallen nun, etwa zehn Jahre später,
keine gegensätzlichen Geschichtsmodelle aufeinander. Die Bilder und Metaphern jedoch entsprechen einander in frappanter Auffälligkeit. Wieder ist es das
Wasser, der Fluss, der unaufhörlich seine Dynamik entfaltet, die Dinge voran-
treibt, gleich was geschieht: »da hilft kein Gewalt«. Und wieder scheint es um
Klassenkampf zu gehen, um ein Oben und Unten, wobei das möglicherweise in
Biegungen und Wendungen, aber doch eindeutig abfließende Wasser mehr oder
weniger geradlinig die Geschichte zum Guten oder Besseren zu führen scheint,
offenbar also gerade kein Kreislauf beschrieben ist. Es ist zwar richtig, dass das
Gedicht »einen historischen Wandel auf den Punkt« bringe, ja, ein »historisches
Gesetz«[137] spiegele. Abermals ist es jedoch keines, das, obwohl man das meinen
könnte, einem linearen Geschichtsmodell entspricht. Ambivalenz, Doppelbödigkeit bestimmen auch hier Brechts Schaffensweise.

Biblisch mutet das Bild an, dass das Große nicht groß, das Kleine nicht klein
bleibe: Im Buch Jesaja heißt es: »Alle Täler sollen erhöht, alle Berge und Hügel
sollen erniedrigt werden, und was uneben ist ,soll gerade, und was hügelig ist, soll
eben werden.«[138] Der allmächtige Gott also nivelliert auf ewig Höhen und Gräben,
das Oben und Unten, das Große und Kleine; so die Verheißung des Alten Tes-
taments. Er greift in seine Schöpfung ein, und da es jenen allmächtigen Gott bei
Brecht nicht gibt bzw. er sich nicht um seine Kreaturen kümmert, bleibt dieser
Eingriff notwendigerweise aus. Blind und unabänderlich verlaufen die Weltge-
setze, und es gibt auch keine Erlösung im Himmelreich. Mit Gewissheit wird
irgendwann das groß gewordene Kleine wieder klein, weil es eben inzwischen ein
Großes ist und umgekehrt. Dies ist völlig eindeutig; so wie das Wasserrad in
Ewigkeit das Obere nach unten bringt und umgekehrt. Denn dem Tag, dessen
Anbruch man schon, als Zeichen für eine bessere und gerechtere Zukunft,
wahrzunehmen meint, folgt wiederum eine Nacht; gleichfalls unweigerlich. Sollte
es eine Art Aufklärung geben, wird diese, wie Max Horkheimer und Theodor W.
Adorno in ihrem berühmten Buch beschreiben, wieder dialektisch aufgehoben.[139] Blind, unaufhaltsam treibt das Wasser der Moldau diesen ewigen Kreislauf des Werdens und Vergehens, der »ewigen Wiederkunft« voran. So ist auch
dem Gedicht *Es wechseln die Zeiten* ein tiefer Pessimismus eingeschrieben, dem
gegenüber keinerlei Utopie standhält.

---

136 Vgl. ebd. 7, 252.
137 Vgl. Schöttker, 170.
138 Jesaja, 49, 11.
139 Vgl. Horkheimer/Adorno.

Was heißt das für das Stück *Schweyk im Zweiten Weltkrieg?* Noch deutlicher als in der berühmten Vorlage Jaroslav Haseks durchdringt Brechts Schweyk diese Gesetze. Er stellt sich ihnen nicht entgegen, sondern laviert, ist flexibel, wie Brecht oft selbst, passt sich ihnen an. Diejenigen, die im Krieg kämpfen, egal ob für den Nationalsozialismus oder Kommunismus, werden untergehen. Der Leser oder Zuschauer erfährt am Ende nicht, ob das nicht auch Schweyks Schicksal sein wird. Indem er sich aber als Individuum der Waffe verweigert, verschafft er sich zumindest die Option, in den Wirren des Krieges als ein solches Individuum durchzukommen, aufgrund seiner Schläue, weisen Einsicht in das Wesen der Dinge und nicht zuletzt seiner Verweigerung der Masse gegenüber; gleich welcher.

Dieses interessante Gedicht, das im Vergleich zu den anderen analysierten recht kurz ist, hat eine regelmäßige Struktur und besteht aus zwei durch Kreuzreime verbundenen Vierzeilern, was seinen melodischen Charakter unterstreicht. Analysiert man das rhythmische Muster von *Es wechseln die Zeiten* genauer, so erkennt man eine Ähnlichkeit mit dem Dreivierteltakt des Wiener Walzers.

Von besonderer Bedeutung für das Reimschema ist der Wechsel von weiblichen, klingenden Reimen: *Pläne – Hähne, Steine – Kleine* und männlichen, stumpfen Reimen, die durch die Endung auf einen Konsonanten im Gedicht einen zusätzlichen Akzent bilden und das Ende des Verses hervorheben: *Halt – Gewalt, Prag – Tag.*

Das Gedicht hat eine logische Zäsur: In den ersten vier Zeilen finden sich allgemeine Einsichten über das Vergehen der Pläne großer Herrscher, im zweiten Teil konzentriert sich das lyrische Ich auf konkrete Bilder: die wandernden Steine in der Moldau, die begrabenen Kaiser in Prag und schließlich die Veränderlichkeit und Ungewissheit des Schicksals, eingefasst in einen regelmäßigen Rhythmus der vergehenden Zeit, wiedergegeben mit einem ebenso regelmäßigen rhythmischen Fuß, wie das Ticken einer Penduluhr.

Was die intertextuellen Bezüge anbelangt, so ist eine starke Inspiration durch die Bibel erkennbar: ein für dieses Gedicht grundlegendes Zitat, das in der polnischen Kultur besonders von Hanna Malewska in ihrem gleichnamigen Roman hervorgehoben wurde,[140] ist sicherlich: *Denn das Wesen dieser Welt vergeht* (1. Kor 7, 31).

Deutliche Anspielungen finden sich auch auf das Alte Testament, auf das Buch Hesekiel, wo die heute Angst einflößenden gottlosen Herrscher der Welt als bereits tot dargestellt werden, von Gott besiegt, mit ihrem Volk in der Erde begraben und schließlich in die Hölle geschickt:

---

140 Malewska, Hanna *Przemija postać świata*, Warszawa 1954.

»Das Schwert ist schon gefaßt und gezückt über ihr ganzes Volk. Von ihm werden sagen in der Hölle die starken Helden mit ihren Gehilfen, die alle hinuntergefahren sind und liegen da unter den Unbeschnittenen und mit dem Schwert Erschlagenen. Daselbst liegt Assur mit allem seinem Volk umher begraben, die alle erschlagen und durchs Schwert gefallen sind; ihre Gräber sind tief in der Grube, und sein Volk liegt allenthalben umher begraben, die alle erschlagen und durchs Schwert gefallen sind, vor denen sich die ganze Welt fürchtete« (Hesekiel 32, 20–23).

In ähnlicher Weise wird in anderen Büchern des AT das grausame Schicksal der Bösen geschildert:

»Erzürne dich nicht über die Bösen; sei nicht neidisch auf die Übeltäter. Denn wie das Gras werden sie bald abgehauen, und wie das grüne Kraut werden sie verwelken« (Psalme 37, 1–2, auch in Sprüche 24,19).

Und weiter:

»[...] die Bösen werden ausgerottet; die aber des Herrn harren, werden das Land erben. Es ist noch um ein kleines, so ist der Gottlose nimmer; und wenn du nach seiner Stätte sehen wirst, wird er weg sein« (Psalme 37, 9–10).

Bei der Übersetzung ging ich davon aus, dass die Melodizität des Textes Vorrang haben sollte – mein Augenmerk lag also auf der Beibehaltung der Versmaßlängen, der Wiedergabe eines einigermaßen regelmäßigen Metrums und der Reimstruktur. Keines dieser Elemente konnte jedoch genau rekonstruiert werden, was, wie bei vielen anderen hier besprochenen Werken Bertolt Brechts, an der unterschiedlichen Verteilung der Wortakzente im Deutschen und im Polnischen sowie an der unterschiedlichen Silbenzahl der einzelnen Wörter liegt. Daher muss der polnische Text als eine ungefähre Übersetzung eingestuft werden, die stellenweise unterschiedliche Verslängen (14 Silben) und hauptsächlich ungenaue Reime mit einer ABA′B CDXD′ Struktur enthält.

Ich habe ebenfalls versucht, die Anaphern, die den Gedichtaufbau betonen – *Es wechseln die Zeiten / zmieniają się czasy* – in der Übersetzung zu erhalten.

Es kann davon ausgegangen werden, dass die Grundaussage des Gedichts im polnischen Text und im Original sehr ähnlich zum Ausdruck kommt und daher – pragmatisch betrachtet – das Translat diesem Original deutlich eher entspricht als die bereits existierende polnische Version des *Liedes von der Moldau*.

3.11 In die Ferne

Ballade von den Seeräubern *Ballada o piratach*

1

Von Branntwein toll und Finsternissen!
Von unerhörten Güssen naß!
Vom Frost eisweißer Nacht zerrissen!
Im Mastkorb, von Gesichten blaß!
Von Sonne nackt gebrannt und krank!
(Die hatten sie im Winter lieb)
Aus Hunger, Fieber und Gestank
Sang alles, was noch übrig blieb:
O Himmel, strahlender Azur!
Enormer Wind, die Segel bläh!
Laßt Wind und Himmel fahren! Nur
Laßt uns um Sankt Marie die See!

1

Opici dżinem i w ciemności!
Zmoczeni ciągłym biczem dżdżu!
Rozdarci mrozem białej nocy!
W bocianim gnieździe, zjaw tam huk!
Nadzy, spaleni słońcem, chorzy!
(Ach w zimie tak lubili je)
W głodzie, gorączce no i w smrodzie
Śpiewali, póki dało się:
O nieba błękitu lazur!
Wspaniały wietrze w żagle dmij!
Pozwólcie dalej nam żeglować,
Przełynąć wokół Sankt Marii!

2

Kein Weizenfeld mit milden Winden
Selbst keine Schenke mit Musik
Kein Tanz mit Weibern und Absinthen
Kein Kartenspiel hielt sie zurück.
Sie hatten vor dem Knall das Zanken
Vor Mitternacht die Weiber satt:
Sie lieben nur verfaulte Planken
Ihr Schiff, das keine Heimat hat.
O Himmel, strahlender Azur!
Enormer Wind, die Segel bläh!
Laßt Wind und Himmel fahren! Nur
Laßt uns um Sankt Marie die See!

2

Żadnego pszenicznego łanu
A nawet knajpy z wódą brak
Nie ma też pląsów z kobitkami
Absyntu, ani szmeru kart.
Już przed jutrzenką mieli dosyć
Awantur i kobitek wszak:
Kochali tylko stare burty
Ich statek, bez ojczyzny wrak.
O nieba błękitu lazur!
Wspaniały wietrze w żagle dmij!
Pozwólcie dalej nam żeglować,
Przełynąć wokół Sankt Marii!

3

Mit seinen Ratten, seinen Löchern
Mit seiner Pest, mit Haut und Haar
Sie fluchten wüst darauf beim Bechern
Und liebten es, so wie es war.
Sie knoten sich mit ihren Haaren
Im Sturm in seinem Mastwerk fest:
Sie würden nur zum Himmel fahren
Wenn man dort Schiffe fahren läßt.
O Himmel, strahlender Azur!
Enormer Wind, die Segel bläh!
Laßt Wind und Himmel fahren! Nur
Laßt uns um Sankt Marie die See!

3

Ten ze szczurami i dziurami
Z zarazą, błotem brudem wkrąg
I klęli twardo nad kuflami
I kochać go musieli wciąż.
Wiązali zawsze się za włosy
W czas sztormu do zbutwiałych want
Pożeglowaliby w niebiosy
O ile statki puszczą tam.
O nieba błękitu lazur!
Wspaniały wietrze w żagle dmij!
Pozwólcie dalej nam żeglować,
Przełynąć wokół Sankt Marii!

4

Sie häufen Seide, schöne Steine
Und Gold in ihr verfaultes Holz
Sie sind auf die geraubten Weine
In ihren wüsten Mägen stolz.
Um dürren Leib riecht toter Dschunken
Seide glühbunt nach Prozession
Doch sie zerstechen sich betrunken
Im Zank um einen Lampion.
O Himmel, strahlender Azur!
Enormer Wind, die Segel bläh!
Laßt Wind und Himmel fahren! Nur
Laßt uns um Sankt Marie die See!

5

Sie morden kalt und ohne Hassen
Was ihnen in die Zähne springt
Sie würgen Gurgeln so gelassen
Wie man ein Tau ins Mastwerk schlingt.
Sie trinken Sprit bei Leichenwachen
Nachts torkeln trunken sie in See
Und die, die übrigbleiben, lachen
Und winken mit der kleinen Zeh:
O Himmel, strahlender Azur!
Enormer Wind, die Segel bläh!
Laßt Wind und Himmel fahren! Nur
Laßt uns um Sankt Marie die See!

6

Vor violetten Horizonten
Still unter bleichem Mond im Eis
Bei schwarzer Nacht in Frühjahrsmonden
Wo keiner von dem andern weiß
Sie lauern wolfgleich in den Sparren
Und treiben funkeläugig Mord
Und singen, um nicht zu erstarren
Wie Kinder, trommelnd im Abort:
O Himmel, strahlender Azur!
Enormer Wind, die Segel bläh!
Laßt Wind und Himmel fahren! Nur
Laßt uns um Sankt Marie die See!

4

Zbierali jedwab i precjoza
I złoto na swój stary bryg
I byli dumni, że w kokpicie
Kradzionych winek dobry łyk.
Na chudych grzbietach zdobne szaty
Błyszczący jedwab z katedr lśni
Lecz oni walczyć chcą na noże
W kłótni o lampion cali w krwi.
O nieba błękitu lazur!
Wspaniały wietrze w żagle dmij!
Pozwólcie dalej nam żeglować,
Przełynąć wokół Sankt Marii!

5

Mordują zimno i bez gniewu
Co tylko w szczęki wpadnie im
I duszą chętnie charczącego
Tak jak się linę wplata w lik.
I walą spiryt tuż przy trupach
A nocą schlani w wodę pad
A pozostali rżą w szalupach
Machają tamtym papapa:
O nieba błękitu lazur!
Wspaniały wietrze w żagle dmij!
Pozwólcie dalej nam żeglować,
Przełynąć wokół Sankt Marii!

6

Na tle fioletów horyzontu
W bladym księżycu poprzez lód
I w czarne noce wczesnej wiosny
Gdzie jako ślepcy mierzą grunt
Chowają w belkach się jak wilki
Mordują z błyskiem w oku swym
Zamarzliby, gdyby zamilkli
Dlatego ryczą pieśni rym:
O nieba błękitu lazur!
Wspaniały wietrze w żagle dmij!
Pozwólcie dalej nam żeglować,
Przełynąć wokół Sankt Marii!

7
Sie tragen ihren Bauch zum Fressen
Auf fremde Schiffe wie nach Haus
Und strecken selig im Vergessen
Ihn auf die fremden Frauen aus.
Sie leben schön wie noble Tiere
Im weichen Wind, im trunknen Blau!
Und oft besteigen sieben Stiere
Eine geraubte fremde Frau.
O Himmel, strahlender Azur!
Enormer Wind, die Segel bläh!
Laßt Wind und Himmel fahren! Nur
Laßt uns um Sankt Marie die See!

8
Wenn man viel Tanz in müden Beinen
Und Sprit in satten Bäuchen hat
Mag Mond und zugleich Sonne scheinen:
Man hat Gesang und Messer satt.
Die hellen Sternennächte schaukeln
Sie mit Musik in süße Ruh
Und mit geblähten Segeln gaukeln
Sie unbekannten Meeren zu.
O Himmel, strahlender Azur!
Enormer Wind, die Segel bläh!
Laßt Wind und Himmel fahren! Nur
Laßt uns um Sankt Marie die See!

9
Doch eines Abends im Aprile
Der keine Sterne für sie hat
Hat sie das Meer in aller Stille
Auf einmal plötzlich selber satt.
Der große Himmel, den sie lieben
Hüllt still in Rauch die Sternensicht
Und die geliebten Winde schieben
Die Wolken in das milde Licht.
O Himmel, strahlender Azur!
Enormer Wind, die Segel bläh!
Laßt Wind und Himmel fahren! Nur
Laßt uns um Sankt Marie die See!

7
Noszą bambuchy do jedzenia
Na obcych statkach w domu są
I przewalają ze znudzeniem
Się na kobitkach obcych wkrąg.
I żyją godnie jak zwierzaki
W wietrzyku i błękicie sfer
Często dosiada siedem byków
Upolowaną brankę wnet.
O nieba błękitu lazur!
Wspaniały wietrze w żagle dmij!
Pozwólcie dalej nam żeglować,
Przełynąć wokół Sankt Marii!

8
A kiedy nogi zmorze taniec
A w brzuchach spiryt miesza rym
Z księżyca, słońca przekładaniec
Pieśni i noża dosyć im.
Gwiaździste noce ich kołyszą
Jasne, z muzyką w słodki sen
Na pełnych żaglach suną dzisiaj
Po niezbadanych morzach hen.
O nieba błękitu lazur!
Wspaniały wietrze w żagle dmij!
Pozwólcie dalej nam żeglować,
Przełynąć wokół Sankt Marii!

9
Lecz w pewien wieczór ów kwietniowy
Który ni gwiazdki dla nich nie ma
Nagle i morze zauważa
Że dość już będzie rozmarzenia.
To wielkie niebo, tak kochane
Zasłania dymem obraz gwiazd
Zaś miłe wiatry przesuwają
Chmury w łagodne światło wraz.
O nieba błękitu lazur!
Wspaniały wietrze w żagle dmij!
Pozwólcie dalej nam żeglować,
Przełynąć wokół Sankt Marii!

10	10
Der leichte Wind des Mittags fächelt	Lekki wiaterek południowy
Sie anfangs spielend in die Nacht	Niesie ich z gracją w noc nieznaną
Und der Azur des Abends lächelt	Zaś lazur wieczornego nieba
Noch einmal über schwarzem Schacht.	Jeszcze raz błyśnie nad otchłanią.
Sie fühlen noch, wie voll Erbarmen	I czują jeszcze, że to morze
Das Meer mit ihnen heute wacht	Tak miłosierne wkrąg się toczy
Dann nimmt der Wind sie in die Arme	Potem wiatr bierze ich w ramiona
Und tötet sie vor Mitternacht.	Śmierć ich spotyka o północy.
O Himmel, strahlender Azur!	*O nieba błękitu lazur!*
Enormer Wind, die Segel bläh!	*Wspaniały wietrze w żagle dmij!*
Laßt Wind und Himmel fahren! Nur	*Pozwólcie dalej nam żeglować,*
Laßt uns um Sankt Marie die See!	*Przełynąć wokół Sankt Marii!*
11	11
Noch einmal schmeißt die letzte Welle	Jeszcze ostatnia rzuca fala
Zum Himmel das verfluchte Schiff	Przeklęty statek w nieba błysk
Und da, in ihrer letzten Helle	I stamtąd widzieć im pozwala
Erkennen sie das große Riff.	Ogromnej rafy straszne kły.
Und ganz zuletzt in höchsten Masten	W najwyższych masztach zaplątani
War es, weil Sturm so gar laut schrie	Jako że sztorm ryczał co sił
Als ob sie, die zur Hölle rasten	Jakby u piekieł bram już stali
Noch einmal sangen, laut wie nie:	Głośno śpiewali znany rym
O Himmel, strahlender Azur!	*O nieba błękitu lazur!*
Enormer Wind, die Segel bläh!	*Wspaniały wietrze w żagle dmij!*
Laßt Wind und Himmel fahren! Nur	*Pozwólcie dalej nam żeglować,*
Laßt uns um Sankt Marie die See!	*Przełynąć wokół Sankt Marii!*

(GBA 11, 85–89)

Richard Wagner und Bertolt Brecht – das ist in der Forschung kein neues Thema, obwohl dies, auf den ersten Blick, erstaunt: auf der einen Seite der als äußerst elitär geltende, in der romantischen, »antiaufklärerischen« Tradition Schopenhauers stehende Komponist, auf der anderen der angeblich kommunistische Autor, der sich gerade in die Tradition der Aufklärung stellt, ja, in seiner Theorie des Epischen Theaters jenen Zuschauer eines »wissenschaftlichen Zeitalters« fordert, der hellwach-analytisch Bühnenwerken zu begegnen habe. Dennoch hat Brecht Wagners Werk in einem Ausmaß wie kaum ein anderes aus der Operntradition rezipiert.

Die Analogien und Gegensätze zwischen Wagners Theorie des Gesamtkunstwerks und der von Brechts Epischen Theater sind das Eine, das Andere ist die Präsenz der Opern Wagners in dessen dichterischem Werk. Brecht, ähnlich wie Thomas Mann ein Meister in der Kunst der »Materialverwertung«, ist nicht nur gleichfalls den Philosophien Schopenhauers und Nietzsches verpflichtet, sondern Wagner ist in seinem Werk immer wieder gegenwärtig, in Form von parodierender Anlehnung und Anspielung, oder aber als Zitatsteinbruch.

Besondere Bedeutung kommt dabei der »romantischen Oper« *Der fliegende Holländer* zu, die 1843 uraufgeführt wurde. Brecht machte seine ersten »Theaterversuche« als Halbwüchsiger in Augsburg in der Wohnung eines Freundes mit einem Puppentheater, bei dem er Regie führte. Auf dem Programm standen Werke Shakespeares, Büchners und eben auch *Der Fliegende Holländer*;[141] offenbar Brechts erste intensivere Berührung mit einer Oper Wagners.

In seiner frühen Schaffensphase schrieb Brecht auffallend viele Gedichte, die der Seefahrt- oder gar Seeräuberthematik gewidmet sind. Sie scheinen Ausdruck einer romantisierenden, antibürgerlichen Haltung zu sein: Verwegene Menschen lassen die Gesellschaft und deren Konventionen hinter sich und suchen die Gefahr, das Abenteuer in weiter Ferne. Dies erinnert an Brechts erstes großes Drama *Baal*, dessen Protagonist gleichfalls der Zivilisation entflieht, um in der Wildnis ein entbehrungsreiches, gleichzeitig aber genussvolles Leben zu führen. Manche dieser Gedichte scheinen von Wagners *Fliegendem Holländer* inspiriert; bei der *Ballade von den Seeräubern* ist dies nachweisbar; ähnlich wie bei den Gedichten *Der Geist der Emden*,[142] *Romantik*,[143] *Ballade von den Abenteurern*[144] und *Ballade auf vielen Schiffen*.[145]

Die Atmosphäre des Gespenstischen, das heimatlose Schiff, die Schätze, die in ihm gehortet sind und manch andere Entsprechung lassen keine Zweifel daran, dass Wagners Märchenoper vom Holländer, der wegen Gotteslästerung dazu verdammt ist, mit seinem Schiff auf Ewig die Meere zu durchkreuzen, aber alle sieben Jahre an Land darf, um eine Frau zu finden, die ihn mit ihrer Liebe erlöst, Brecht inspirierte.

Anders als in Wagners Vorlage geht es bei Brecht allerdings nicht um den verfluchten Holländer, also einen Protagonisten, sondern um eine bzw. dessen Mannschaft. Das Hohe Lied des outlaws, des aus der Gesellschaft Ausgestoßenen, aber mit seinem Leben Zufriedenen scheint gesungen zu werden. Unbeschwert und all ihren Leiden zum Trotz geben sich die Seeräuber auf ihrer Reise ohne Ziel mannigfaltigen Genüssen hin. Sie singen, huren, saufen, aber vergewaltigen und töten auch. Am Ende fahren sie zur »Hölle«, in Einverständnis mit der Welt, mit der Natur und einem Himmel, der zwar wunderschön, ein »strahlender Azur« ist, aber ohne einen Gott, der in ihm waltet. Die Seeräuber scheinen dem erfüllten Leben, das sie hatten, an seinem Ende gerne ihren Tribut zu zollen.

---

141 Vgl. Frisch/Obermeier, 52.
142 Vgl. GBA 13, 79f.
143 Vgl. ebd., 97f.
144 Vgl. ebd. 11, 78.
145 Vgl. ebd., 78f.

Doch das Gegenteil ist der Fall. Das sehr eigene Glück, für das sich die Seeräuber offenbar entschieden haben oder zu dem sie gedrängt wurden, ist keines. Darüber kann der so oft besungene »strahlenden Azur« des Himmels nicht hinwegtäuschen. Dieser ist Kulisse für schlimmstes Leid, das die Männer erdulden, trotz oder gerade wegen ihres Lebens außerhalb der Regeln der Gesellschaft. Schon in der ersten Strophe bündeln sich Begriffe geradezu, die dies außer Zweifel stellen. Die Rede ist von »Finsternissen«, »Frost«; »Hunger«, »Fieber«, »Gestank«. Von der »Sonne gebrannt« und »krank« sind die Männer, viele von ihnen sterben, nur der Rest, die, die »übrig bleiben«, singen verzweifelt. Und so geht es weiter im Gedicht, das eines der längsten der späteren *Hauspostille* ist. Massenvergewaltigungen, empathiefreies Morden komplettieren das Schreckenssszenario. »Und liebten es, so wie es war« kauft man der erzählenden Instanz kaum noch ab; ebenso wie den von den Männern gesungenen Refrain, der ihnen immer schwerer über die Lippen kommt, bis sie ihn nur noch singen, »um nicht zu erstarren«.

Der Kapitän hat das Schiff offenbar verlassen. Möglicherweise ist er wieder an Land, um nach einer Geliebten und Erlösung zu suchen. Die seiner Mannschaft kümmert ihn nicht. Das übernehmen die Naturgesetze, die die Seeleute am Ende in die Tiefe und den Tod ziehen, scheinbar sanft, anthropomorphisiert; aber nicht aus Erbarmen, sondern weil dies nun einmal der Lauf der Welt ist. Es ist nichts anderes als der Wille zur Entromantisierung, mit der Brecht Wagners Oper begegnet. Sie wird auf den Boden der Tatsachen zurückgeholt, freilich ohne ihren Zauber zu zerstören.

Die *Ballade von den Seeräubern* ist das längste Gedicht, das in unserem Buch übersetzt und analysiert wird. Brechts thematische Inspiration war sicherlich die von Jürgen Hillesheim genannte Oper Richard Wagners, aber nicht ausschließlich. Brecht greift wie Wagner auf Motive der Weltliteratur zurück, in der maritime Themen seit dem 18. Jahrhundert eine große Rolle spielen (z. B. bei Daniel Defoe, Walter Scott, Joseph Conrad, Robert Louis Stevenson). Einen gewissen Einfluss hatten wohl auch die ab 1890 in Großbritannien und Deutschland populären »Groschenhefte«, in denen Piratenthemen in verschiedenen Studien abgehandelt wurden. Sie kamen auch in der Tagespresse vor.

Zweifellos wurden die maritimen (und einfach aquatischen) Themen auch von den zahlreichen Gewässern in Brechts Augsburger Umgebung inspiriert, von den Kanälen bei seinem Geburtshaus, die Tag und Nacht dahinplätschern, dem Inneren Stadtgraben, dem Lech und der Wertach mit ihren zahlreichen Abzweigungen bis hin zum malerischen Äußeren Stadtgraben mit seinen Booten, die Brecht von den Fenstern seiner Mansarde in der Bleichstraße 2 aus sehen konnte. Von dort war es nicht weit zur Inspiration zu Ophelie, zu Wasserleichen, zu Ideen für Gedichte wie *Vom Schwimmen in Seen und Flüssen*. Eine solche Umgebung machte für Brecht Aspekte jener Abenteuerliteratur gewissermaßen real erfahrbar.

Die Piraten, die in Brechts Werken auftauchen, sind vor allem Figuren aus dem karibischen Raum und damit aus dem goldenen Zeitalter der Piraterie, d. h. aus dem 16. bis 18. Jahrhundert, mit stereotypen Charaktereigenschaften wie Brutalität, Grobheit, Neigung zum Alkohol, Habgier und Urkraft. Solche Eigenschaften verbinden die Piratenfiguren mit den hier schon beschriebenen »echten Männern« wie Boxern (*Gedenktafel*), Liebhabern und Schlägern zugleich (Mackie Messer), zynische Machos oder, etwas später, Haie der kriminellen Welt und der der Geschäfte. Einige von Brechts Piraten treten auch in Asien in Erscheinung, wie im Gedicht *Mandalay*. Nicht selten konzentriert sich der Autor auf das Schicksal einzelner, kleiner Schiffsbesatzungen, wie im folgenden Gedicht *Tahiti*.

Die Staffage von Brechts Piratenballaden ist oft gleich. Die Schiffe der Piraten sind aus Holz, die Takelage ist aus Naturmaterialien, so dass Fäulnisprozesse, Ratten, Beschädigungen allgegenwärtig sind; die Besatzung muss aufpassen, dass sie nicht den Haien zum Fraß wird, die unter dem Mond in den seladonfarbigen Gewässern kreisen. Auch sind diese Schiffe leicht zu versenken. Brechts Piraten verwenden in der Regel nur blanke Waffen. Kanonen, Musketen oder Pistolen kommen in der dargestellten Welt nicht vor.

Brechts Schilderung der Greueltaten seiner Piraten bleibt bürgerlich und folgt dem antiken Decorum-Prinzip – die einschneidendsten Ereignisse werden im gehobenen Stil geschildert, die grausamen Details werden weggelassen, z. B. »Sie strecken selig ihren Bauch auf fremden Frauen«, »Sie treiben funkeläugig Mord«.

Vom Leser der Gegenwart wird die *Ballade von den Seeräubern* als Maskenlyrik wahrgenommen, als kunstvoller Spiegel des ungestümen Lebens der Jugend. Bisweilen sind die Interpretationen dieses Gedichts überraschend. So wurde die *Ballade* als Soundtrack für die letzten Tage des Zweiten Weltkriegs und den Untergang Nazideutschlands in einem der Youtube-Kanäle verwendet.[146] Eine solche Kombination ist erstaunlich, umso mehr, als die Botschaft der Ballade vom Ausharren bis zum Ende, vom Selbstverlust handelt, keinen politischen Kontext hat und kaum mit der Geschichte des »3. Reiches« in Verbindung gebracht werden kann.

In unseren Analysen weisen wir oft auf verschiedene intertextuelle und intersemiotische Relationen hin, die die Werke mit zusätzlichen Ebenen überlagern und die die Bedeutung des ursprünglichen Textes dramatisch verändern können. In der *Ballade von den Seeräubern* besteht der intertextuelle Bezug auch in der Übernahme von Rhythmus, Reimschema und Verslänge eines anderen Werkes. Es ist überraschend, dass die Quelle dieser Struktur *Die Internationale* ist und dass die *Ballade* ohne jegliche Anpassungen mit der Melodie dieser Arbeiterhymne gesungen werden kann.

Der Text der *Ballade* erweist sich auch heute noch als aktuell, nicht nur in der Originalmusik, sondern auch in einer zeitgemäßeren Version – die Band *Heiter*

---

146 https://www.youtube.com/watch?v=-G00O-2pOg.

bis Wolkig nahm 2005 ein Rock-Arrangement der Ballade in ihr Album *Terroristen* auf, das sich in Tempo, Instrumentierung und Stil vom Original unterscheidet.[147]

Die wiederholte kulturelle Verwendung eines Textes in verschiedenen Epochen ist der beste Beweis für seine intensive Rezeption. Nur wenige Texte Brechts haben eine ähnliche Medienkarriere gemacht, vielleicht mit Ausnahme der *Moritat von Mackie Messer* aus der *Dreigroschenoper*, die bis heute ein Jazzstandard ist, des *Alabama Songs* (1925), der von Elisabeth Hauptmann übersetzt und von *The Doors* und David Bowie popularisiert wurde, oder der *Kinderhymne* (1949) mit Musik von Hanns Eisler, die sogar als Deutschlandhymne gedacht war. Wie bei der *Ballade* wiederholt die *Kinderhymne* exakt die Form der bestehenden deutschen Hymne, und es besteht potenziell sogar die Möglichkeit, sie mit dem Text der *Kinderhymne* vorzutragen.

Die semantische Dominanz der Ballade ist recht kompliziert. Einerseits wird dem Übersetzer ein sehr strenges Rhythmus-Reim-Regime und eine formale Gliederung auferlegt, zusammen mit einem festen Refrain, so dass die Ballade in der polnischen Übersetzung mit der Originalmusik von Ernst Busch aufgeführt werden kann; andererseits ist die Bildsprache, die Konvention der dargestellten Welt, von großer Bedeutsamkeit.

Eine gewisse Überraschung für den Übersetzer war die Leichtigkeit, mit der sich die *Ballade* ins Polnische übersetzen ließ – die Form des Gedichts erwies sich als die optimale Verslänge für das Polnische, abwechselnd 9 und 8 Silben und 8 im Refrain, und es war möglich, den Kreuzreim ABAB mit wenigen ungenauen und stellenweise blanken Reimen zu rekonstruieren.

Was den Wortschatz betrifft, so gab es in der Übersetzung sehr viele Emulationen und einige Amplifikationen. Die Hauptabsicht bestand darin, eine Übersetzung alltäglicher, manchmal sogar derber Sprache zu erstellen, die zu Seeräubern passt. Daher *bambuch* (dt. ›Wanst‹), statt *Bauch*, umgangssprachliche Bezeichnungen wie *machać papapa* (dt. ›jm. zum Abschied winken‹),*walić spiryt* (dt. ›Sprit hineinschütten‹), *rżeć* (dt. ›wiehern‹) statt *lachen*, *kobitki* (dt. ›Weiber‹), eine emotional positiv gefärbte Bezeichnung, Kosenform *winko* (dt. ›Wein‹), statt *wino*. Genauso wichtig waren auch Fachbegriffe aus der Seemannssprache, die wörtlich übertragen wurden: *bociane gniazdo* (dt. ›Mastkorb‹), *burta* (dt. ›Bord‹), *maszt* (dt. ›Mast‹). Zusätzlich verwendete ich im polnischen Text folgende Fachbegriffe: *lik* (dt. ›Liek‹), *bryg* (dt. ›Brigg‹), *wanta* (dt. ›Want‹), *kokpit* (dt. ›Cockpit‹), *szalupa* (dt. ›Schaluppe‹).

* * *

---

147 https://www.youtube.com/watch?v=PbW24tRxpZc.

Tahiti

1
Der Schnaps ist in die Toiletten geflossen
Die rosa Jalousien herab
Der Tabak geraucht, das Leben genossen
Wir segelten nach Tahiti ab.

2
Wir fuhren auf einem Roßhaarkanapee
Stürmisch die Nacht und hoch ging die See
Das Schiff, es schlingert, die Nacht, sie sank
weit
Sechs von uns hatten die Seekrankheit.

3
Tabak war da, Schnaps, Papier, Irrigator
Das Bettlakensegel von Topp bedient
Mit: Gedde, zieh dich aus, es wird heiß, der
Äquator!
Und: Bidi, setz den Hut fest, der Golfstrom-
wind!

4
Kap Good Horn passierend durch Riechge-
wässer
Welch ein Kampf mit Piraten und eisgrünem
Mond!
Welch ein Taifun bei Java! Drei Menschen-
fresser
Sangen: Nearer, my God! in den Horizont.

5
Hinter Java mußte schließlich noch Schnaps
fließen
Denn Bidi mußte Topp standrechtlich er-
schießen
Zwei Tage später bekam Gedde von einer
Möwe ein Kind
Und sie fuhren weiter zu dritt gegen den
Nordpassatwind.

(GBA 13, 238)

Tahiti

1
Wódka spływa w toalety
Po żaluzjach tych różowych
Tytoń płonie, życia słodycz
Na Tahiti rejs gotowy.

2
Na kanapie z końskim włosiem
Przez noc, morze i sztorm srogi
Statek buja, w noc zapada
Sześciu chorych wśród załogi.

3
Mieli tytoń, wódkę, papier, irygator,
żagiel z poszwy sterowany z topu
Gede: rozbierz się, bo zaraz już Aequator!
Bidi, wciśnij czapkę Golfstrom dmie ze
stropu!

4
Gdy sunęli przez pachnące Kap Horn wody
Z piratami i księżycem zielonkawym!
Tajfun spotkał ich przy Jawie! Ludożercy
Trzej śpiewali *Nearer my God!* bez obawy.

5
A za Jawą jeszcze sznapsu dolewali
Bidi zabić topa musiał na wyroku mocy
Dwa dniu później mewa Gedde dała dziecko
W trójkę poszli dalej w pasatach północy.

Etwa drei Jahre später erreicht jener Prozess der Entromantisierung der »romantischen Oper« Wagners ein weiteres Stadium. Auf den ersten Blick scheint sich im Gedicht *Tahiti* nicht viel geändert zu haben. Wieder ist man auf See, wieder scheint man Freude zu haben, wieder ist man offenbar ohne Kapitän unterwegs. Er hat immer noch Wichtigeres zu tun hat als sich um seine Leute zu kümmern und scheint auf dem Lande wieder Frauen nachzusteigen. Bezeichnungen und Namen wie Äquator, Golfstromwind, Kap Horn, Java und das titelgebende Tahiti stehen für das Exotische, Ferne, außerhalb der Gesellschaft Befindliche, zu dem man sich auf den Weg macht. Alles, was man zum Vergnügen braucht, ist dabei: Tabak, Schnaps und eine Frau. Nur der »Irrigator« »irritiert«: ein Instrument, mit dem Einläufe vorgenommen werden. Im Vergleich zur *Ballade von den Seefahrern* ist der Duktus des Gedichts ein wenig humorvoller.

Die »Mannschaft« scheint Brecht bei dieser Reise aus dem eigenen persönlichen Umfeld rekrutiert zu haben; einschließlich seiner selbst: »Bidi« ist einer seiner Spitznamen aus der Jugendzeit. Fast scheint es sich um einen Ausflug von Mitgliedern des Augsburger Freundeskreises um Brecht zu handeln, ergänzt durch ein Mädchen namens »Gedde«, das nicht verifizierbar ist. Entweder handelt es sich um einen bisher unbekannten Schwarm Brechts oder »Gedde« ist einfach fiktiv; ebenso wie »Topp«, der niemandem zuzuordnen ist.

Doch es handelt sich um keine »Vergnügungsreise« in die Fremde; auch hier nicht. Der Schluss des Gedichtes ist desillusionierend und wirkt abrupt. Um Gewalt, eine Erschießung und Absurdes, ein von einer Möwe gezeugtes Kind, geht es in der letzten Strophe. Der weitere Verlauf der Reise, die nun offenbar zu Dritt gemacht wird, mit Bidi, Gedde und dem merkwürdigen Kind, scheint nichts Gutes zu verheißen.

Schaut der Leser genauer hin, muss er feststellen, dass es sich gar nicht um eine verwegene Schifffahrt, vergleichbar mit der der *Ballade von den Seeräubern*, handelt. Es ist nichts als eine Spielerei von Verzweifelten, die diese Verzweiflung hinter Übermut verstecken. Dies poetisch zu realisieren bedarf es keines Todesreigens ausgemergelter Gestalten mehr und auch keines »blauen Azurs«, der diesen konterkariert. Das Schiff ist nichts als ein Sofa, das Segel ein Betttuch. Tahiti, Java, der Äquator sind romantische Wünschbarkeiten; unerreichbar, weil das »Schiff« das Wohnzimmer nicht verlässt. Erstarrung und Hoffnungslosigkeit herrschen auf dieser Irrfahrt, die keine ist; wie auch im Leben.

So ist es nachvollziehbar, dass Brecht Jahre später Auszüge des Gedichts in seine und Kurt Weills zutiefst fatalistische Oper *Aufstieg und Fall der Stadt Mahagonny* montierte; an der Stelle, als Paul Ackermann den Sündenpfuhl Mahagonny wieder verlassen und nach Alaska zurückkehren möchte; auf einem Schiff, das er selbst steuert. Als die Passagiere aussteigen, müssen sie erkennen, dass sie noch in Mahagonny sind,[148] dem man ebenso wenig entrinnen kann wie dem bürgerlichen Wohnzimmer in *Tahiti*. Es hat sich nichts bewegt, nichts geändert. Das Unheil, das mit der Ermordung Paul Ackermanns, des Protagonisten, der nicht einmal mehr ein Mensch sein will,[149] endet, nimmt seinen Lauf.

2021, kurz vor dem Ukraine-Krieg, als die Welt noch halbwegs in Ordnung schien, wurde bei den Bayreuther Festspielen Wagners *Fliegender Holländer* neu inszeniert; unter dem Dirigat einer Ukrainerin und der Regie des Russen Dmitri Tschernjakow. »Entromatisierung« dieser Oper war das erklärte Ziel des Regisseurs, mit teilweise guten Einfällen bei allerdings totaler Verbiegung des Werkes. Eine solche Entromantisierung gelang dem jungen Brecht hundert Jahre zuvor besser; mit bescheideneren Mitteln und ohne Gewaltanwendung der Wagnerschen Vorlage gegenüber. Dass Brecht durch die Aufnahme von Teilen des Gedichts ins Libretto dann noch sich selbst als »Bidi« indirekt in *Aufstieg und Fall der Stadt Mahagonny* schmuggelt, ist ein literarisches Kabinettstück ganz besonderer Art.

Das Gedicht schildert anschaulich einen durchzechten Abend der sechs Protagonisten. Trotz der Verwendung des Motivs einer Schiffsreise, das hier stilisiert wird, tauchen an vielen Stellen Elemente der bürgerlichen Wohnkultur (*Roßhaarkanapee, Jalousien, spülbare Toiletten*) auf, die die Illusion einer Seereise und ferner Meere untergraben.

Wie Jürgen Hillesheim zu Recht bemerkt hat, sind die im Gedicht verwendeten Namen zufällig und wahrscheinlich durch ihre Exotik und den für Brechts musikalisches Ohr schönen Klang miteinander verbunden.

Der Übersetzer wird vergeblich nach einem Seeweg suchen, der die Insel Java in Asien mit dem zu Französisch-Polynesien gehörenden, mitten im Pazifik gelegenen Tahiti logisch verbindet. Man kann vermuten, dass die betrunkene Mannschaft, die sich ohne Kapitän auf der Couch tummelt, keine genauen Navigationsinformationen hat. Es kam sogar so weit, dass zwei durch den Atlantik getrennte Kaps – *Kap Horn* (Südamerika) und *Kap der Guten Hoffnung* (Afrika) – zu einem neuen Kap verschmolzen wurden.

Die laszive, einfache und lebensfrohe Lebenseinstellung der Protagonisten bringt sie in die Nähe eines literarischen Vorbilds aus dem 15. Jahrhundert: Sebastian Brants *Das Narrenschiff*. Auch hier segeln jene Narren auf einem imaginären Schiff, das in der Realität im Sand und Schlamm steckt, zu Ländern mit schönen und bedeutungsvollen Namen. In den Augen der Narren geht alles

---

148 Vgl. GBA 2, 371 f.
149 »Oh Jungens, ich will doch gar kein Mensch sein.« ebd., 351. Es handelt sich um eine gezielte Attacke Brechts auf Sarastros Menschheitspathos aus Mozarts *Zauberflöte:* »Er ist Prinz! Sarastro: Noch mehr – er ist Mensch!«; Mozart, 958.

mit rechten Dingen zu: Sie starten von *Narrbon* aus, sie wählen *Montflascun* als einen ihrer Reisepunkte, weil er wie *Flasche* klingt. *Narragun* ist ihr gelobtes Land, sie nehmen jeden in ihre Mannschaft auf, der auf eine ewige Reise nach Nimmerland segeln will. Auch hier fließt der Alkohol in breitem Strom, die vorbeiziehende Welt ist voller Zauber, die Besatzung verliert einige Matrosen, und das Meer wiegt die anderen wie die »Seeräuber« Brechts in den Schlaf. Schauen wir auf einen Ausschnitt aus dem Originalgedicht von Sebastian Brant:

Abb. 9: S. Brant *Das Narrenschiff* (Quelle: www.projekt-gutenberg.org/brant/narrens/chap109.h tml).

Glaub nicht, *wir* seien Narrn allein:
Wir haben Brüder groß und klein;
In allen Landen, überall,
Ist endlos unsre Narrenzahl;
Wir fahren um durch jedes Land
Von Narrbon ins Schlaraffenland;
Wir wollen ziehn gen Montflascun

Und in das Land gen Narragun.
Wir suchen nach Häfen und Gestaden
Und fahren um mit großem Schaden
Und können doch nicht treffen an
Das Ufer, wo man landen kann;
All unser Fahren ist ohn Ende,
Denn keiner weiß, wo er anlände;
So fehlt uns Ruhe Tag und Nacht,
Doch keiner hat auf Weisheit acht.
Wir haben auch noch viel Kumpanen,
Trabanten und auch Kurtisanen,
Die unserm Hof stets nachgeschwommen
Und auch zuletzt ins Schiff noch kommen
Und mit uns fahren auf Gewinn.
Ohn' Sorg, Vernunft, Weisheit und Sinn
Ist doch voll Sorge unsre Fahrt,
Denn wer hätt Sorgfalt wohl verwandt
Auf Tabelmarin und Kompaßstand
Oder das Stundenglas umgewandt?[150]

Im Gegensatz zu Jürgen Hillesheim vermute ich, dass es sich bei dem im Gedicht genannten *Topp* nicht um eine Person, sondern um den dekorativ maskierten Penis von Bidi handelt. Der Name *Topp* könnte durch die Assoziation mit dem Topsegel alter Segelschiffe entstanden sein, im Sinne von »ganz oben« (vgl. den Begriff »Topsegel-Schoner«).

Solche Maskeraden kommen bei Brecht auch in anderen Gedichten vor, bei denen durch den Austausch eines Buchstabens (P für H) der Text »stubenreiner« wird: *blasser Himmel*, von dem es tropft (*Ballade vom Liebespaar*). In *Tahiti* wird das Bettlakensegel durch das Fortpflanzungsorgan gestützt, eine häufige Selbstbeobachtung bei heranwachsenden Jungen; schließlich muss Bidi ihn »standrechtlich erschießen«, was als Masturbation gedeutet werden kann. Eine solche Interpretation wird durch die nächste Zeile gerechtfertigt, in der von Geddes Kind die Rede ist, das jedoch, im naiven (oder ironischen) Glauben des lyrischen Subjekts, von einer Möwe abstammt.

Die Übersetzung ergab ein Gedicht mit ähnlicher Struktur, mit einem Reimpaar außer in der dritten Strophe, wo es gelang, Kreuzreime zu schaffen. Dafür wurde in der polnischen Fassung das lateinische Wort *Aequator* verwendet, das sich auf *Irrigator* reimt.

---

150 S. Brant (1499): »Das Narrenschiff«, Basel.

In der zweiten Strophe wurde der Reim durch Hinzufügen des Adjektivs *srogi* (dt. ›streng, stark‹) und den Formenwechsel *sechs von uns* gegen *sechs Kranke in der Besatzung* erzielt.

* * *

Das Lied der Rosen vom Schipkapaß	*Pieśń o różach z Schipkapaß*
Ein Sonntag war's in meinen Jugenjahren Und Vater sang mit seinem schönen Baß Und sang, als Krug und Glas geleeret waren Das Lied der Rosen vom Schipkapaß.	Była niedziela w moich latach młodych A ojciec w pieśni pięknej rozwijał swój bas I śpiewał, kiedy już wszystko wypito Tę pieśń o różach z Schipkapaß.
Und wieder war's ein Sonntag, wieder Sang Vater uns mit seinem schönen Baß Er sang von Lilien nicht und nicht vom Flie- der Er sang von Rosen am Schipkapaß.	Znów była niedziela, znowu ojciec W pieśni przepięknej rozwijał swój bas Nie śpiewał o liliach ani rozmarynie Lecz pieśń o różach z Schipkapaß.
Und so noch oft im Schnurrbart manche Träne Sang Vater uns in seinem schönen Baß Nicht von den Rosen sang er von Mykenae Nein, nur von Rosen am Schipkapaß.	I czasem w jego wąs łza wpadła Kiedy w pieśni przepięknej rozwijał swój bas Nie śpiewał o różach z Myken, pełnych czaru Nie, lecz pieśń o różach z Schipkapaß.
Uns sanken oft vor Schlaf die Augenlider Doch unseres Vaters Auge war noch naß Vom letzten Male, und er sang schon wieder Das Lied der Rosen vom Schipkapaß.	Często nam oczy ze zmęczenia Zamknęły się a w oczach ojca łza co raz Już spadła. Znów śpiewał Pieśń o różach z Schipkapaß.
Man grub sein Grab schon in die Erde Da sang er noch, schon etwas blaß Wenn er persönlich auch vergessen werde So blühn doch Rosen am Schipkapaß.	Grób wykopali mu już w ziemi cały On śpiewał jeszcze, nieco blady wraz Że kiedy jego dawno już zapomną To kwitnąć nadal będą róże na Schipkapaß.

(GBA 13, 261)

In eine Ferne ganz anderer Art strebt der Sänger jenes *Liedes der Rosen vom Schipkapaß*. Sie ist weniger exotisch als die im Gedicht *Tahiti*, auch weniger abenteuerlich und gefährlich. So verwegen auch das Aufrufen des Schipkapasses, der in Bulgarien über das Balkangebirge führt, wirken mag: es ist beschaulich dort, es blühen Rosen, die besungen werden. Zweifelhaft ist, dass in dieser rauhen

Gebirgswelt tatsächlich Rosen gedeihen, aber das ist irrelevant. Der singende Vater des lyrischen Ich war nie dort, er will auch nie zum »Schipkapaß«. Vielmehr tritt er die Flucht in die Innerlichkeit an, mithilfe des romantisierenden Bildes der Rosen und der möglicherweise schönen Melodie, die sie umspielt.

Es ist denkbar, dass es einen autobiografischen Anstoß zu diesem Gedicht gibt: Brechts Vater war Mitglied in einem Männerchor, der »Augsburger Liedertafel«, einer wichtigen gesellschaftlichen Institution der Stadt, die in der Regel »Honoratioren«, also verdienten und wohlhabenden Bürgern, vorbehalten war. Berthold Friedrich Brecht allerdings war Tenor. Es ist gut möglich, dass Brecht sich in seinem Gedicht für die Stimmlage »Bass« entschied, einfach weil sie sich auf »Schipkapaß« reimt.

Was dann allerdings folgt, hat mit dem Vater Brechts, der als weltzugewandter, fröhlicher und beruflich sehr erfolgreicher Mann beschrieben wird, nichts zu tun. Das lyrische Ich kennt den Vater nicht anders als dass er rührselig die »Rosen vom Schipkapaß« besingt. Sonst tut er nichts. Auch erfährt der Leser nichts Weiteres über ihn. Das »uns«, das das lyrische Ich verwendet, deutet darauf hin, dass es wohl eine Familie, Mutter, Geschwister, geben muss. Mehr Informationen aber werden nicht bereit gestellt.

Der Leser hat sich also Gedanken zu machen. Klar ist, dass abermals der Alkohol seine wohltuende Wirkung entfaltet; und dies offenbar regelmäßig. Der Alkohol macht dem Sänger die Welt schön, befreit ihn von den Verpflichtungen und Lasten des Lebens. Dass er arbeitet und seine Familie ernährt oder sich zumindest um deren Auskommen sorgt, steht nicht zu erwarten. Das ist vorbei, schon in der ersten Strophe, sollte es überhaupt jemals so gewesen sein.

Wie in *Über den richtigen Genuss von Spirituosen* trinkt sich der Sänger nicht schnell zugrunde, sondern er nimmt den Alkohol in einer Weise zu sich, dass er in einen Zustand angenehmer Lethargie gerät, in dem er der Welt entfliehen kann, er aber offenbar über Jahrzehnte am Leben bleibt; Jahrzehnte, in denen nichts passiert, außer dass sich der Vater in stetiger Wiederholung auf die Reise in seine eigene Gedankenwelt, in seine Träume und schönen Bilder, macht und jene Rosen besingt, die nur existieren, weil er sie erschaffen hat. Was soll er auf Tahiti, wenn es in seinem Kopf doch wesentlich schöner und die Reise dorthin kürzer und weniger anstrengend ist? Die Monotonie allerdings, in der er sich immer wieder mit jenen Rosen beschäftigt und nicht auch einmal anderen schönen Illusionen Raum gibt, könnte darauf hindeuten, dass der permanente Alkoholgenuss Schäden an seinem Gehirn verursachte.

Aber wäre das schlimm? Dem Vater gelingt schließlich dank des Alkohols und der »Rosen vom Schipkapaß« eine offensichtlich sanfte und unaufgeregte Reise aus dieser Welt. Die Frage, wie sehr seine Familie unter dieser Jahrzehnte währenden Realitätsferne und Handlungsunfähigkeit litt, stellt sich bestenfalls indirekt. Gut möglich, dass der Vater sie ins soziale Elend gestürzt hat, es sich um eine Tragödie handelt, zu der der Humor des Gedichts in Kontrast steht.

Für sich selbst scheint der Vater alles richtig gemacht zu haben. Oder müsste eine solche Welt, die zu derartiger Flucht zwingt, gleich ob nach Tahiti oder in die eigene Phantasie, nicht besser doch geändert werden? Aber wie? Brecht verrät dies nicht.

Aus der Sicht des Übersetzers hat das Gedicht eine regelmäßige Struktur, mit Kreuzreimen in den fünf Strophen und mit der Anapher »Rosen vom Schipkapaß« am Ende. Die Strophenlängen sind nicht einheitlich und variieren um 11 Silben.

Bei der Suche nach der Quelle für diesen Namen wäre es naheliegend anzunehmen, dass er den Autor wegen seiner phonetischen Form ansprach. In Wirklichkeit ist der Schipkapaß (bulg. ›Шипченски проход‹), der 1150 m über dem Meeresspiegel liegt, ein wichtiger Verkehrsknotenpunkt in Bulgarien und ein Ort nationalen Gedenkens. Auf dem Schipkapaß befindet sich eine Gedenkstätte für bulgarische Kämpfer und russische Truppen während des Russisch-Türkischen Befreiungskrieges 1877–1878, eines Krieges zwischen dem Russischen Reich und dem Osmanischen Reich. Die Russen wurden dabei von der Balkanbevölkerung – einschließlich Bulgarien, Georgien und Rumänien – unterstützt. Ein markantes Ereignis der Kriegsanstrengungen war der Kampf um die Straße nach Konstantinopel, die genau über jenen Schipkapaß führte. Am 14. Juni 1877 eroberte eine bulgarisch-russische Truppe von etwa 20.000 Mann diesen Pass und machte damit den Truppenweg nach Konstantinopel frei. Im weiteren Verlauf des Krieges war dieser Ort mehrmals ein Widerstandspunkt der russischen Armee gegen die Türken.

Es ist nicht auszuschließen, dass der Schipkapaß als patriotischer Ort die Bulgaren zu dem im Gedicht erwähnten Lied inspiriert hat, das ich allerdings nicht ermitteln konnte. Es ist sicherlich ein Beispiel für den Bestand an patriotischen Liedern und Kriegsliedern, der in jedem Land vorhanden ist und aus dem auch oft eine Nationalhymne hervorging (es genügt, die polnische Hymne *Jeszcze polska nie zginęła* oder die französische *Marseillaise* zu erwähnen).

Traditionelle Militärlieder sind in jeder Kultur fester Bestandteil der Folklore und werden gerne gemeinsam gesungen, da sie die Menschen nicht nur zusammenbringen, sondern auch historisch belehren. Gelegentlich wurden Sammlungen solcher Lieder zensiert.

In Deutschland führte der Nationalsozialismus zu einem Bruch mit dieser Tradition. Es existierte ein großer Bestand an musikalisch und literarisch gelungenen Liedern, die aber aufgrund ihrer politischen Instrumentalisierung im »Dritten Reich« heute nicht mehr gesungen werden können und sollten.

Der im Gedicht dargestellte Protagonist, vielleicht ein ehemaliger Soldat oder Aufständischer (möglicherweise bulgarischer Herkunft), kehrt im Lied immer wieder zärtlich in die unruhigen Zeiten des Krieges zurück, die für ihn auch ein Synonym für die wilde Jugend sein könnten.

Ähnliches ist auch in der polnischen Kultur zu beobachten, wobei die patriotischen Lieder historisch den Zeitraum vom Novemberaufstand (1830) bis zum Ersten und Zweiten Weltkrieg umfassen. Auch hier tauchen in der Staffage Blumen oder Kräuter als Symbol des Lebens und seiner Omnipotenz im Gegensatz zum in den Tod marschierenden Soldaten auf.

Hier sind zwei Auszüge aus beliebten polnischen Liedern: *O mój rozmarynie* (dt. ›Weiße Rosen‹, um 1915, Autor unbekannt) und *Białe róże* (dt. ›Weiße Rosen‹, 1914, Musik: Mieczysław Kozar-Słobódzki, Text: Kazimierz Wroczyński / Jan Lankau):

O mój rozmarynie

O mój rozmarynie rozwijaj się,	O mein Rosmarin, entfalte dich.
Pójdę do dziewczyny, pójdę do jedynej,	Ich gehe zu meinen einzigen Mädchen
zapytam się.	Und frage sie.
[...]	[...]
A jak mi odpowie: Nie kocham cię.	Und wenn sie mir sagt: Ich liebe dich nicht.
Ułani werbują, strzelcy maszerują,	Ulane werben, die Schützen marschieren,
zaciągnę się.	Ich lasse mich anwerben.

Białe róże

Rozkwitały pąki białych róż.	Es entfalteten sich die Knospen weißer Rosen.
Wróć Jasieńku z tej wojenki wróć.	Komm, Jasiek, von diesem Krieglein zurück.
Wróć, ucałuj, jak za dawnych lat.	Komm, küss mich, wie in alter Zeit.
Dam ci za to róży najpiękniejszy kwiat.	Ich gebe dir dafür die schönste Rosenblüte.
[...]	[...]

Um die kräftige und warme Wiedergabe solch traditioneller Lieder nachvollziehen zu können, sollte man sich auf das Stereotyp der slawischen, aber auch südlichen Seele einlassen, die besonders zu lyrischen Tönen und tragischen Geschichten neigt.

Die Übersetzung bereitete keine größeren Schwierigkeiten – sie wurde auf einem einzigen Reimpaar aufgebaut, das mit dem ursprünglichen Schipkapaß identisch ist, und auf einer ähnlichen, unregelmäßigen Strophenlänge (9–13 Silben).

Änderungen am polnischen Text waren an zwei Stellen notwendig. Die Ellipse »Und so noch oft im Schnurrbart manche Träne« baute ich zum vollständigen Satz: »I czasem w jego wąs łza wpadła« (dt. ›Und manchmal fiel in seinen Schnurrbart eine Träne‹) aus.

In der Auflistung der möglichen Lieder des Vaters führte ich einen anderen IT-Faktor ein: »Er sang von Lilien nicht und nicht vom Flieder« – einen Bezug auf das erwähnte Rosmarin-Lied, dem polnischen Leser sehr gut bekannt.

4   Literatur

Quellen

Brecht, Bertolt: Große kommentierte Berliner und Frankfurter Ausgabe. Hrsg. von Werner Hecht, Jan Knopf, Werner Mittenzwei und Klaus-Detlef Müller. Berlin, Weimar, Frankfurt/Main 1988–2000 (abgekürzt: GBA).

Ders.: Was ist ein Einbruch in eine Bank gegen die Gründung einer Bank? Das Brecht-Brevier zur Wirtschaftskrise. Hrsg. von Tom Kindt. Frankfurt/Main 2016.

Büchner, Georg: Werke und Briefe. 6. Aufl., München 1985.

Europa. Almanach. Malerei, Literatur, Musik, Architektur, Plastik, Bühne, Film, Mode. Außerdem nicht unwichtige Nebenbemerkungen. Hrsg. von Carl Einstein und Paul Westheim. Berlin 1925.

Goethe, Johann Wolfgang: Berliner Ausgabe. Poetische Werke. Berlin 1960f.

Horkheimer, Max / Adorno Theordor W.: Dialektik der Aufklärung. Philosophische Fragmente. Frankfurt/Main 1986.

Kant, Immanuel: Kritik der Urteilskraft. Hrsg. Von Otfried Höffe. Berlin, Boston 2018.

Leoncavallo, Ruggero: Pagliacci/Der Bajazzo. Stuttgart 1986.

Malewska, Hanna: Przemija postać świata. Warszawa 1954.

Mozart, Wolfgang Amadeus: Sämtliche Opernlibretti. Hrsg. von Rudolph Angermüller. Stuttgart 2005.

Nietzsche, Friedrich: Werke. Kritische Gesamtausgabe. Hrsg. von Giorgio Colli und Mazzino Montinari. Berlin 1967.

Puccini, Giacomo: La Bohème. Stuttgart 2018.

Ders.: Madama Butterfly/Madame Butterfly. Stuttgart 2006.

Verdi, Guiseppe: La Traviata. Stuttgart 2009.

Wagner, Richard: Der fliegende Holländer. Stuttgart 2004.

Sekundärliteratur

Arendt, Christine: Natur und Liebe in der frühen Lyrik Brechts. Frankfurt/Main 2001.

Auf den Schultern des Anderen. Festschrift für Helmut Koopmann zum 75. Geburtstag. Hrsg. von Andrea Bartl und Antonie Magen. Paderborn 2008.

Bakhtin, Michail: Problems of Dostoevsky's Poetics. Übersetzt von C. Emerson. Manchester 1973.

Balcerzan, Edward: Zagadnienie pola znaczeniowego w badaniach przekładów poetyckich (Jasieński i Majakowski). Maschinenschr., Jagiellonen-Bibliothek 1969.

Ders.: Tłumaczenie jako »wojna światów«. W kręgu translatologii i komparatystyki. Poznań 2009.

Barańczak, Stanisław: Uciekinier z Utopii: o poezji Zbigniewa Herberta. Wrocław 1994.

Ders.: Ocalone w tłumaczeniu. Kraków 2007.

Bartmiński, Jerzy / Niebrzegowska-Bartmińska, Stanisława: Tekstologia. Warszawa 2009.

Bay, Jürgen: Brechts Utopie von der Abschaffung der Kälte. Stuttgart 1975.

Berg, Günter: Nachwort. In: Brecht, Bertolt: Der Kinnhaken und andere Box- und Sportgeschichten. Hrsg. von Günter Berg. Frankfurt/Main 1998, S. 131–151.

Bernhardt, Rüdiger: Bertolt Brecht. Das lyrische Schaffen. Hollfeld 2008.

Bertolt Brecht. Zwischen Tradition und Moderne. Hrsg. von Jürgen Hillesheim. Würzburg 2018.

Bertolt Brechts *Hauspostille*. Text und kollektives Lesen. Hrsg. von Hans-Thies Lehmann und Helmut Lethen. Stuttgart 1978.

Bödeker, Peter: Das Ende der Naturlyrik? Brechts Gedichte über das Verhältnis von Natur und Gesellschaft. In: Naturlyrik und Gesellschaft. Hrsg. von Norbert Mecklenburg. Stuttgart 1977, S. 163–179.

Bohnert, Christiane: Brechts Lyrik im Kontext. Zyklen und Exil. Königstein 1982.

Brecht-Handbuch. Hrsg. von Jan Knopf. Bd. 1–5. Stuttgart, Weimar 2001–2003.

Brecht-Lexikon. Hrsg. von Ana Kugli und Michael Opitz. Stuttgart, Weimar 2006.

Brechts Lyrik – neue Deutungen. Hrsg. von Helmut Koopmann. Würzburg 1999.

Buono, Franco: Bertolt Brecht 1917–1922. Jugend, Mythos, Poesie. Göttingen 1988.

Der junge Brecht. Aspekte seines Denkens und Schaffens. Hrsg. von Helmut Gier und Jürgen Hillesheim. Würzburg 1996.

Der Philosoph Bertolt Brecht. Hrsg. von Mathias Mayer. Würzburg 2001.

Dümling, Albrecht: Laßt euch nicht verführen. Brecht und die Musik. München 1985.

Even-Zohar, Itamar: The Position of Translated Literature Within the Literary Polysystem. In: The Translation Studies Reader. Hrsg. von Lawrence Venuti. Oxford 2000, S. 192–197.

Fahrenbach, Helmut: Bertolt Brecht – Philosophie als Verhaltenslehre. Mössingen-Talheim 2018.

Fix, Ulla: Aspekte der Intertextualität. In: Text- und Gesprächslinguistik. Hrsg. von Klaus Brinker et al. Berlin, New York 2000, S. 449–457.

Frenken, Herbert: Das Frauenbild in Brechts Lyrik. Frankfurt/Main, Berlin, Bern 1993.

Frick, Werner: »Ich, Bertolt Brecht...« Stationen einer poetischen Selbstinszenierung. In: Brechts Lyrik – neue Deutungen, a. a. O., S. 9–47.

Frisch, Werner/Obermeier, Kurt Walter: Brecht in Augsburg. Erinnerungen, Dokumente, Texte, Fotos. Berlin, Weimar 1975.

Frühwald, Wolfgang: Bert Brechts Lyrik. Außenansichten. Tübingen 2011.

Genette, Gerard: Palimpsesty. Literatura drugiego stopnia. Gdańsk 1982.

Grätz, Katharina: Korallenchor und Matrosenpuff: Entwürfe des Exotischen bei Benn und Brecht. In: Gottfried Benn – Bertolt Brecht. Das Janusgesicht der Moderne. Hrsg. von Achim Aurnhammer, Werner Frick und Günter Saße. Würzburg 2009, S. 131–152.

Grimm, Gunter E.: Moderne Lyriker. Benn – Brecht – Enzensberger. Baden-Baden 2019.

Grün, Max von der: Fragen und Antworten. In: Gruppe 61. Arbeiterliteratur – Literatur der Arbeitswelt? Hrsg. von Heinz Ludwig Arnold. München 1972, S. 52 f.

Hecht, Werner: Brecht-Chronik. 1898–1956. Frankfurt/Main 1997.

Henning, Dieter: Das Leben in Beschlag. Kapitalismus, Sowjetkommunismus und Nationalsozialismus in Brechts *Buckower Elegien*. Würzburg 2013.

Hillesheim, Jürgen: Augsburger Brecht-Lexikon. Personen – Institutionen – Schauplätze. Würzburg 2000.

Ders.: Über die Verführung Adrian Leverkühns. Bertolt Brechts »pornographisches« Sonett und Thomas Manns Faustus-Roman. In: Thomas Mann-Jahrbuch 15–2002, S. 175–189.

Ders.: »Ich muß immer dichten«. Zur Ästhetik des jungen Brecht. Würzburg 2005.

Ders.: »Instinktiv lasse ich hier Abstände…« Bertolt Brechts vormarxistisches Episches Theater. Würzburg 2011.

Ders: Zwischen »kalten Himmeln« und »schnellen Toden«. Brechts Nietzsche-Rezeption. In: Der Philosoph Bertolt Brecht, a. a. O., S. 175–197.

Ders.: Bertolt Brechts Hauspostille. Einführung und Analysen sämtlicher Gedichte. Würzburg 2013.

Ders.: Brecht in den Zwanzigern oder Von den Mühen in den Hinterhöfen. In: »Man muß versuchen, sich einzurichten in Deutschland!«, a. a. O., S. 7–12.

Ders.: »Ich habe Musik unter meiner Haut…« Bach, Mozart und Wagner beim frühen Brecht. Freiburg 2014.

Ders.: Vom Opportunisten zum Moralisten? Brechts Weg durch den Ersten Weltkrieg. In: Blutgeld. Propaganda-Medaillen aus dem Ersten Weltkrieg. Hrsg. von Christoph Emmendörffer und Christof Trepesch. Augsburg 2015, S. 121–138.

Ders.: Woyzeck im »Himmel der Enttäuschten«. Zur frühesten Büchner-Rezeption Bertolt Brechts. In: Bertolt Brecht. Zwischen Tradition und Moderne, a. a. O., S. 51–64.

Ders.: »Als es kälter auf Erden wurde…« Bertolt Brechts *Ballade von der Freundschaft* in Carl Einsteins und Paul Westheims Almanach *Europa* (1925). In: Jahrbuch zur Kultur und Literatur der Weimarer Republik 19–2018, S. 89–99.

Ders.: Bertolt Brecht wird »Städtebewohner«. Vom *Baum Green* bis zur *Dreigroschenoper*. In: Bertolt Brecht und das moderne Theater 38–2018, S. 187–205.

Ders.: Die Geburt eines Konterrevolutionärs aus dem Geiste des Krieges. Bertolt Brecht und die Räterepublik. In: »vollens ganz zum Bolschewisten geworden…«?, a. a. O., S. 13–64.

Ders.: Zwischen Affirmation und Verweigerung. Brecht und die Revolution. Würzburg 2019.

Ders./Wittstock, Uwe: Was Brecht auf dem Augsburger Plärre erlebte. In: Brecht-Heft 7–2021, 2. Hrsg. vom Institut für fremdsprachige Philologie der Staatlichen Iwan Franko-Universität Zhytomyr, Ukraine, S. 10–12.

Holthuis, Susanne: Intertextuality and Meaning Constitution. An Approach to the Comprehension of Intertextual Poetry. In: Approaches to poetry: some aspects of textuality, intertextuality and intermediality. Hrsg. von Janos S. Petöfi & Terry Olivi. Berlin 1994, S. 77–93.

Intertextualität. Formen, anglistische Fallstudien. Hrsg. von Ulrich Broich und Manfred Pfister. Tübingen 1985.

Kittstein, Ulrich: Das lyrische Werk Bertolt Brechts. Stuttgart, Weimar 2012.

Klement, Andreas: Brechts neues Leben in der DDR. Die späte Lyrik. Marburg 2012.

Knopf, Jan: »Sehr weiß und ungeheuer oben«. Gedichte von Bertolt Brecht. Hrsg. von Jan Knopf. Stuttgart 1995, S. 32–41.

Ders.: Gelegentlich: Poesie. Ein Essay über die Lyrik Bertolt Brechts. Frankfurt/Main 1996.

Ders.: Bertolt Brecht. Lebenskunst in finsteren Zeiten. München 2012.

Krabiel, Klaus-Dieter: Gedichte im Exil. In: Brecht-Handbuch, Bd. 2, a. a. O., S. 372–380.

Kugli, Ana: Gedichte 1941–1947. In Brecht-Handbuch, Bd. 2, a. a. O., S. 349–351.

Kuhn, Tom: Politische Vertreibung und poetische Verbannung in einigen Gedichten Bertolt Brechts. In: Deutschsprachige Exillyrik von 1933 bis zur Nachkriegszeit. Hrsg. von Jörg Thunecke. Amsterdam, Atlanta 1998, S. 25–38.

Ders.: Brecht als Lyriker. In: Brecht-Handbuch, Bd. 2, a. a. O., S. 1–21.

Lesner, Emil / Sulikowski, Piotr: Träger der (Un-)übersetzbarkeit in der künstlerischen Übersetzung. Eine kontrastive Analyse. Hamburg 2013.

Licher, Edmund: Zur Lyrik Brechts. Aspekte ihrer Dialektik und Kommunikativität. Frankfurt/Main u. a. 1984.

Linke, Angelika / Nussbaumer, Markus: Intertextualität. Linguistische Bemerkungen zu einem literaturwissenschaftlichen Konzept. In: Die Zukunft der Textlinguistik. Hrsg. von Gerd Antos, / Heike Tietz. Tübingen 1997, S. 109–126.

Lorenz, Benjamin: Bertolt Brechts *Buckower Elegien*. Der Aufstand am 17. Juni 1953. München 2010.

Lotman, Jurij M.: The Structure of the Artistic Text. Übersetzt von G. Lenhoff und Ronald Vroon. Michigan Slavic Contributions, Nr. 7. Michigan 1977.

Lucchesi, Joachim/Shull, Ronald K.: Musik bei Brecht. Frankfurt/Main 1988.

»Man muß versuchen, sich einzurichten in Deutschland!« Brecht in den Zwanzigern. Hrsg. von Jürgen Hillesheim. Würzburg 2015.

Marsch, Edgar: Brecht-Kommentar zum lyrischen Werk. München 1974.

Mews, Siegfried: *Fragen eines lesenden Arbeiters*. In: Brecht-Handbuch, Bd. 2, a. a. O., S. 281–284.

Mittenzwei, Werner: Das Leben des Bertolt Brecht oder der Umgang mit den Welträtseln. Frankfurt/Main 1987.

Morley, Michael: *Bertolt Brechts Hauspostille*. In: Brecht-Handbuch, Bd. 2, a. a. O., S. 147–161.

Müller, Hans-Harald/ Kindt, Tom: Brechts frühe Lyrik. Brecht, Gott, die Natur und die Liebe. München 2002.

Nida, Eugene: Towards a Science of Translating. With special reference to principles and procedures involved in Bible translating. Leiden 1964.

Nycz, Ryszard: Tekstowy świat. Warszawa 1995.

Osbo, Johannes: »Etwas zum Verweilen gebrachtes Flüchtiges«: Über Naturbilder in Brechts Lyrik. In: Zweifel – Fragen – Vorschläge. Bertolt Brecht anlässlich des Einhundertsten. Hrsg. von Thomas Jung. Frankfurt/Main 1999, S. 139–159.

Parker, Stephen: Brecht. Eine Biographie. Frankfurt/Main 2018.

Petersdorff, Dirk von: Fliehkräfte der Moderne. Zur Ich-Konstitution in der Lyrik des frühen 20. Jahrhunderts. Tübingen 2005.

Pickhardt, Richard: »In der Nacht noch spät sangen die Telegraphendräht'...« Lärmen, Schreien, Töne: Akustische Zeugen des Frontsterbens in Brechts früher Kriegslyrik. In: Bertolt Brecht. Zwischen Tradition und Moderne. Hrsg. von Jürgen Hillesheim. Würzburg 2018, S. 27–50.

Pietzcker, Carl: Die Lyrik des jungen Brecht. Vom anarchischen Nihilismus zum Anarchismus. Frankfurt/Main 1974.

Rastegar, Nosratollah: Die Symbolik in der späten Lyrik Bertolt Brechts. Frankfurt/Main 1978.

Riffaterre, Michel: Semiotics of Poetry. Bloomington 1978.

Ders.: Sémiotique intertextuelle: l'interprétant. In: Revue d'Esthétique 1979, 1-2, S. 128–150.

Ders.: Text Production. New York 1983.

Ders.: Semiotyka intertekstualna :interpretant. In: Pamiętnik Literacki 9/1 1988, S. 297–314.

Ders.: Fictional Truth. Baltimore 1990.

Rolek, Bogusława: Stan badań nad intertekstualnością w lingwistyce tekstu w Niemczech – próba bilansu. In: Lingwistyka tekstu w Polsce i w Niemczech. Hrsg. von Zofia Bilut-Homplewicz et al. Wrocław 2009, S. 233–244.

Rosteck, Jens: Zwei auf einer Insel. Lotte Lenya und Kurt Weill. Berlin 1999.

Sändig, Reinhard: Brechts politisch-operative Lyrik aus dem Exil. Berlin 1983.

Schäffner, Christina: Intercultural intertextuality as a translation phenomenon. In: Perspectives: Studies in Translatology, Bd. 20, 3, September 2012, S. 345–364.

Schleiermacher, Friedrich: Ueber die verschiedenen Methoden des Uebersetzens. In: Das Problem des Übersetzens. Hrsg. von Hans Joachim Störig. Darmstadt 1969, S. 38–70.

Schnell, Ralf: Dichtung in finsteren Zeiten. Deutsche Literatur und Faschismus. Hamburg 1998.

Schölzel, Arnold: Nietzsche und Brecht: Anmerkungen zum Thema. In: Brecht 85: Zur Ästhetik Brechts. Fortsetzung eines Gespräches über Brecht und den Marxismus. Dokumentation. Hrsg. vom Brecht-Zentrum der DDR. Berlin 1986, S. 301–30.

Schöttker, Detlev: Brechts Ästhetik des Naiven. Stuttgart 1989.

Schuhmann, Klaus: Themen- und Formenwandel in der späten Lyrik Brechts. In: Weimarer Beiträge. Brecht-Sonderheft 1968, S. 39–59.

Ders.: Der Lyriker Bertolt Brecht. 1913-1933. München 1971.

Schwarz, Peter Paul: Legende und Wirklichkeit des Exils. Zum Selbstverständnis der Emigration in den Gedichten Brechts. In: Wirkendes Wort 19–1969, S. 267–276.

Ders.: Brechts frühe Lyrik. Nihilismus als Werkzusammenhang des frühen Brecht. Bonn 1971.

Ders.: Lyrik und Zeitgeschichte. Brecht: Gedichte über das Exil und späte Lyrik. Heidelberg 1978.

Sengle, Friedrich: Moderne deutsche Lyrik. Von Nietzsche bis Enzensberger (1875-1975). Heidelberg 2001.

Sheeran, P.F.: Colonists and Colonized: Some Aspects of Anglo-Irish Literature from Swift to Joyce. The Yearbook of English Studies, Bd. 13, Colonial and Imperial Themes Special Number 1983, S. 97–115.

Speirs, Ronald: Gedichte 1913-1917. In: Brecht-Handbuch, Bd. 2, a.a.O., S. 23–27.

Spies, Bernhard: »Aber wie kann das nicht sein, das so betrügen kann?« Die Auseinandersetzung des Lyrikers Bertolt Brecht mit Sprache und Denkweise des religiösen Glaubens. In: Religionskritik in Literatur und Philosophie nach der Aufklärung. Hrsg. von Carsten Jakobi, Bernhard Spies und Andrea Jäger. Halle 2007, S. 143–173.

Sprenger, Karoline: Bertolt Brechts Kinderlyrik. Hintergründe, Analysen und fachdidaktische Perspektiven. Würzburg 2019.

Steffensen, Steffen: Bertolt Brecht's Gedichte. Kopenhagen 1972.

Sulikowski, Piotr: Neologismus in der polnischen Dichtung – eine translatorische Analyse. Besprochen an Hand der Beispiele aus dem übersetzerischen Werk von Karl Dedecius. Hamburg 2007.

Ders.: Strategie und Technik der literarischen Übersetzung an ausgewählten Beispielen aus *Bertolt Brechts Hauspostille* im Polnischen und Englischen. Szczecin 2008.

Ders.: Mountains and Words. Tadeusz Różewicz's Selected Poems in English. On Translation Techniques in the Language of Poetry. Hamburg 2013.

Ders.: Der literarische Text und I-Faktoren in der Übersetzung. Anhand ausgewählter Werke Zbigniew Herberts im Deutschen und Englischen. Eine kontrastive trilinguale Analyse. Frankfurt/Main 2016.

Ders.: Intertextualität, Intersemiotizität und Interkulturalität eines Textes und seiner Übersetzung im medialen Zeitalter. Hamburg 2021.

Ders.: Media texts and the imperative of image linguistics. In: Świat i Słowo 1 (38) / 2022. http://doi.org/10.53052/17313317.2022.21. GICID 01.3001.0016.1722.

Šubik, Christof: Einverständnis, Verfremdung und Produktivität. Versuche über die Philosophie Bertolt Brechts. Wien 1982.

Thomson, Philip: The Poetry of Brecht. Seven Studies. Chapel Hill, London 1989.

Valentin, Jean-Marie: Ut exercitium poesis. Sur la *Hauspostille* de Bertolt Brecht. In: L'Allemagne des Lumières à la Modernité. Hrsg. von Pierre Labaye. Rennes 1999, S. 295–305.

Ders.: *Die Hauspostille* (1927). Brecht e la quête de la modernité poétique. In: Études Germaniques 66–2011, 2, S. 357–370.

»…vollens ganz zum Bolschewisten geworden…«? Die Räterepublik 1919 in der Wahrnehmung Bertolt Brechts. Hrsg. von Jürgen Hillesheim und Karl-Georg Pfändtner. Augsburg 2019.

Venuti, Lawrence: The Scandals of Translation: Towards an Ethics of Difference. London 1998.

Ders. (Hrsg.): The Translation Studies Reader. 2. Auflage. New York/London 2000/2004.

Ders.: Translation, Intertextuality, Interpretation. In: Romance Studies. 27–2009, S. 157–173. 10.1179/174581509X455169, 2009.

Wagenknecht, Regine: Bertolt Brechts Hauspostille. In: Text + Kritik. Sonderband Bertolt Brecht II. Hrsg. von Heinz-Ludwig Arnold. München 1973, S. 20–29.

Whitaker, Peter: Brecht's Poetry. A Critical Study. Oxford 1985.

Żmudzki, Jerzy: Über Heterogenität intertextueller Relationen. In: Zur Mehrdimensionalität des Textes. Hrsg. von Zofia Bilut. Rzeszów 1999, S. 247–261.

5 Personenregister